講座　明治維新　9

明治維新と女性

明治維新史学会 編

有志舎

刊行にあたって

明治維新が歴史学の研究対象とされてからすでに久しい。戦後半世紀以上が過ぎるなかで、日本を取り巻く国際的環境も国内政治・社会情勢も大きく変化し、明治維新史研究が担うべき課題もそれに対応して変質し、隣接学問分野との協力をも含めて広範な分野における厖大な研究が蓄積されてきた。

この間、一九五八～五九年に平凡社『明治維新史研究講座』（全六巻、のち六九年に別巻刊行）が、近年では吉川弘文館『幕末維新論集』（全一二巻）の刊行があり、それぞれの時代状況のなかで明治維新史研究の総括が行われた。前者は通史的構成の下に「研究史」の整理を行い、後者はテーマごとに各巻を編成してそれに関係する既発表論文を集成している。いずれも体系的ではあるが、視点が研究史の総括に向けられており、最新の研究成果を取りまとめたシリーズではなかった。また、『明治維新史研究講座』の刊行前後に、御茶の水書房『明治史研究叢書』（全一二巻）が刊行されているが、この叢書には体系性の欠如という大きな欠陥があった。

そうした中で明治維新史研究の動向は、一九八〇年代に入ると新しい視点にもとづいた、また新たな研究対象を見出した潮流が続々と輩出し、すぐれた研究が数多く公表され今日に至っている。だが、そこでは個々の研究水準の向上とは裏腹に、歴史を総体的に見据える視座が薄くなり、研究の蓄積はかえって明治維新史像を捉え難くしているようでもある。明治維新史研究は混沌とした状況の中に置かれていると言ってよい。

本講座が目指すところは、（一）明治維新に関する最新の良質な研究成果を体系的に提示し、今日の研究水準と残された課題とを明らかにすること、（二）各巻は総論と個別論文から構成されるが、研究史を十分に意識しつつこれまでの研究成果に触れることで、その研究史的位置を明示すること、（三）個別実証に軸をおく論文であっても、その個別事象の意味を明治維新史総体のなかに位置づけること、等々である。

講座の枠組みは、明治維新の歴史的性格を考えるにあたって、より幅広い対象領域を設定することとした。政治、外交、経済、社会、文化等々のジャンルはもとより、取り上げる時代についても今日のグローバル化現象の進展や、アジア社会の台頭が顕著となった時代相から明治維新を見据えた場合、西欧の衝撃だけにとどまらず東アジア社会の変容のなかで、明治維新がいかに準備され展開されていったのかを究明する視点が不可欠となる。

明治維新の始期と終期については諸説があるが、右のような今日的課題をふまえれば、一九世紀というスパーンのなかで明治維新の時代背景を論じることが重要な意味をもつことになろう。具体的に言えば、一八、一九世紀の交わりから顕著となる対ロシア関係を起点とし、一九世紀末の日清戦争までを対象時期と設定することである。一九世紀は、また、西欧に端を発した資本主義と近代が目覚ましい勢いで全地球的規模に拡大していった時代でもある。日本の国内に眼を転じれば、一九世紀初頭には地域社会が次第に自律的な成長をはじめ、その新たな可能性を模索しつつ躍動を開始した時代であり、同世紀の末には市制・町村制によってその個性を国家に剥ぎ取られてしまう一世紀である。これらの相即のなかに明治維新の歴史も存在するとなれば、一九世紀史のなかで明治維新を再検討することは、その見直しをはかり新しい歴史像を創り出す契機となるだろう。

構成について一瞥すると、第一～五巻までは通史的構成に基づき、一九世紀の初頭から末期までの時代のなかで政治史を軸に明治維新史を描き上げ、その中では触れ得なかった事象をジャンル別に取り上げる第六～一一巻を用意する。最後の第一二巻は総括的分析に充てられる。

各巻の構成については冒頭に総論を配し、当該巻のテーマとそれに関連する個別論文を研究史に触れながら解説する。事情により取り上げられなかったテーマについても、体系性に配慮しつつ研究史を意識しながら言及する。総論に続いてテーマに即した個別論文を七～八本配列し、巻末の数十頁を文献目録に充てる。

この講座は明治維新史学会の発足三〇周年記念事業の一環として企画されたものでもある。新しい二一世紀の建設に向けて、その一助となりうるような充実した講座刊行に向けて、学会の総力をあげて奮闘する所存である。

二〇一〇年九月

明治維新史学会　『講座　明治維新』編集委員会

講座

明治維新 9

明治維新と女性

〈目次〉

刊行にあたって　iii

総　論　明治維新と女性　横山百合子／西澤直子　1

一　ファッションをめぐる社会の変容
——在来産業の技術革新と女性——　田村　均　25

二　地域社会における女性と政治
——黒澤止幾子を中心に——　ラウラ・ネンツィ（横山百合子　訳）　55

三　明治維新期のリテラシーとジェンダー　大口勇次郎　89

四　明治前期の判決例にみる女性と相続　村上一博　117

五　幕末維新期の社会と性売買の変容　横山百合子　145

六　セクシュアリティの変容と明治維新
——芸娼妓解放令の歴史的意義——　人見佐知子　178
七　「産み育てること」の近代　沢山美果子　205
文献目録　239

（凡例）

1．年号は西暦を主体とし、適宜（　）で和暦を挿入した。なお、明治六年一月一日からは陰暦が陽暦に変わるが、それ以前の年月日は、和暦による陰暦年はそのまま陽暦年とし、月日は陰暦のままとした。

2．参考文献については、本文中では〔　〕内に著者名と発行年のみ表示し、各章末に文献の詳しい情報を掲げた。

本研究は、平成二二～二四年度科学研究費補助金（基盤研究(A)「明治維新の総括的研究」、研究代表者佐々木寛司、22242017）による研究成果の一部である。

総論　明治維新と女性

横山百合子
西澤直子

1　性差の視点から明治維新を再考する

明治維新史研究における今日の到達点の総括的論集『講座　明治維新』に「明治維新と女性」と題する巻が設けられたのは、研究の現状をまことに正確に反映しているといえよう。もし、一九九〇年代にこのような試みがなされていたとしても、女性をテーマとする巻が設けられることはなかったかもしれない。一九八二年の『日本女性史』全五巻（東京大学出版会）の刊行による女性史のアカデミズムへの本格的参入からようやく一〇年、当時、女性あるいはジェンダーを重要なテーマであるとする維新史研究者はまだ稀であっただろう。一方、仮に、今世紀の第二4半期にこのような企画がたてられるとして、「明治維新と女性」といったタイトルが設定されるかどうかは微妙である。女性史・ジェンダー史研究、そして明治維新史研究が発展し、政治、対外関係、地域社会、経済、文化等々、いずれの分野においても社会的階層や国家などへの関心とともに常に性差が意識され、各分野で性差をふまえた専論が登場し、とりたててそのような巻を設ける必要がないという状況が、あるいは希望的観測かもしれないが、想定されうるからである。これまで、維新史研究は、女性史、ジェンダー史からは遠い位置にあった。本巻は、遅ればせながらこのような状況を克服し、維新史研究が性差という問題の入口に立ったことを示しているのである。

性差をふまえて明治維新を論じるという新たな視角は、一九九〇年代以降のジェンダー研究によって提起されてきた。ジェンダー概念の歴史学への導入は、J・W・スコットの『ジェンダーと歴史学』の翻訳を契機として大きく進んだが〔J・W・スコット　一九九二年〕、実証的歴史学への方法的懐疑を含む「構築主義」とともに提起されたため、その受け止め方はさまざまであった。しかし、ジェンダー研究が発見した〝生命の生産と再生産〟労働という概念の意義を否定する研究者は、もはや多くはないであろう。性と生殖、教育、育児、介護、身体、そして男性・女性の規範・モデルなど、再生産労働の発見は多くの新たな研究分野を生み出し、家や家族研究の深化をもたらした。同時に、ジェンダー研究は、維新史研究にたいして、これまでの政治、対外関係、地域社会、経済、文化等々の既成の研究諸分野を性差の視点から読み直し批判するという、容易くはないが重要な課題を投げかけている。この点こそ、維新史研究が正面から取り組むべき課題であることをまずは強調したい。ジェンダーは近代批判を苗床として成立した概念であり、前近代史研究――特に性や家族といった直接的なテーマ以外の研究においては、必ずしも取り組みやすい課題とはいえない。しかし、幕末政治をはじめとして一見性差とは無関係とみえる諸分野の事象の裏に張り付いている性差の意味を解くことは、明治維新史研究を大きく発展させるものである。

では、ジェンダー視点にたった維新史研究の読み直しと新たな叙述のために必要なことは何だろうか。私見では、重要なのは、事実の発見を通して不可視化されていた女性／男性の実態を浮かび上がらせ、そこから出発することだと考える。すなわち、既知の事実の背後に存在する性差にかかわる新たな事実の発見と、それが既知の事実や制度、社会システム、規範・イデオロギーとどのような複雑な連関や葛藤をもって存在したのかを解明する作業が、まず基礎に据えられるべきであろう。また、そのために、女性に関わる史料が作成されない／残りにくいという研究上の制約を乗り越えていく史料の博捜、分析方法の開拓・錬磨も重要な課題となる。ジェンダーの歴史学は、男女それぞれの実態すなわちジェンダーズの解明ではなく、ジェンダーという差異のありようとその構築過程を明らかにするものであり、その視座は既存の歴史解釈を見直すうえできわめて重要な示唆を与えるものである。とはいえ、充実した女性史による女性の実態解明、さらには充実した男性史なくして、既存の歴史解釈を批判し、対象とする社会の性による差異のありようとその変化を明らかにすることもまた困難なのではないか。なぜなら、不可視の状態にある女性の実態について十分な解明がないままに差異に着目した場合、〝女性は……から排除されていった〟あるいは〝非対称なジェンダーの構築〟という以上の結論は導き出しにくく、既存の歴史解釈に内在してその問題性を具体的に指摘するには至らないからである。ジェンダーをふまえた維新史研究の歴史はまだ浅く、本巻はその端緒的試みともいえるが、右のような歴史学における実証という方法的見地に立つことをまずは確認しておきたい。

2　幕末維新期の性と生殖の変容

本巻では、ジェンダーの提起するものを、再生産労働にかかわる性と生殖を中心としたテーマと、幕末維新期における法制度、政治、経済、教育などを問い直すものに区分している。前者の性と生殖というテーマは多様な内容を含むが、本巻では、家族／家の内部で行われる生命の生産・再生産労働と、その疎外的形態としての買売春という二つの基本的な局面をとりあげた。

家族／家の内部での生殖、出産、育児、介護、あるいはライフサイクルのあり方については、民俗学や人類学などからは種々の関心が寄せられてきたが、歴史学の分野ではこれらをテーマとする研究が本格的に行われるようになったのは一九九〇年代のことだといえよう。近世を対象とする大口勇次郎、柳谷慶子、大藤修らの研究をはじめ〔大口勇次郎　一九九五年、大藤修　一九九四年・二〇〇三年、柳谷慶子　二〇〇七年〕、「産み育てる」行為そのものに着目して近世から近代への移行を探る沢山美果子らの仕事が注目される〔沢山美果子　一九九八年・二〇〇五年〕。

一方、性と生殖の疎外的形態である近世の買売春については膨大な言説が生産され続けているが、戦前以来の蓄積をふまえたいくつかの実証研究〔古賀十二郎　一九六八年・一九六九年、牧英正　一九七〇年ほか〕を除けば、史料に基づく学問的成果は必ずしも多くはない。網野善彦をはじめとする遊女に聖なる性格を見出す見解〔網野善彦　一九九四年など〕も、近世ともなればそのような言説が到底成り立ちえない実態が露わになる一方で、実際の研究は芸娼妓解放令の制定過程に関心が限られており、遊廓の実態や幕府の政策との関係が論じられることは少なかった。これは、性や女性に関わる事象が研究対象として意識されていなかった近世史・維新史研究の動向と軌を一にするものであろう。一九八〇年代までの遊廓研究としては、宮本由紀子の「吉原細見」に基づく新吉原遊廓研究〔山城（宮本）由紀子　一九七六年ほか〕が注目されるにとどまる。

このような状況が変わったのは八〇年代半ば以降である。進展の契機の一つは、塚田孝が提起した近世社会史研究の見地からの社会構造論的遊廓研究であり〔塚田孝　一九九二年・一九九七年〕、もう一つは、小林雅子、宇佐美ミサ子、曽根ひろみらによる女性史研究からの買売春研究〔小林雅子　一九八二年、宇佐美ミサ子　二〇〇〇年、曽根ひろみ　二〇〇三年〕である。塚田は、近世社会の身分的特質をふまえて遊廓の構造を解明するという斬新な視座を提起して研究史を画し、塚田の提起を受けて社会構造論的遊廓研究をすすめた吉田伸之は、新吉原遊廓を中核とする性売買の重層的社会構造を「遊廓社会」と規定した〔吉田伸之　二〇〇六年〕。これを受けて、各地の買売春の実態研究〔都市史研究会　二〇一〇年、佐賀朝・吉田伸之　二〇一三年〕や性売買を支える侠客の広域ネットワークの発見、男色研究〔神田由築　一九九九年・二〇一三年〕など、性売買研究も活発化している。これに対して、曽根ひろみは、公認の遊女以外の私娼や芸者を含め近世社会全体を「売春社会」とするシェーマを打ち出し、九〇年代以降のジェンダー論の展開を意識しつつ、売春女性自身を主題化することの重要性を強調してきた。このような買売春をめぐる二つの研究動向は相互に批判的立場にあるが、研究史的には、むしろ両者は相互に補完されるべき段階に立ち至っているともいえるのではないか。本書**横山百合子「五　幕末維新期の社会と性売買の変容」**は、このような見地から近代移行期の性売買の変容を重要な課題として受け止め、その詳細を明らかにしたものである。

また、商品としての近世の遊女から近代における「自売」する娼婦に大きく位置づけが変わった一八七二年（明治五）芸娼妓解放令以降、解放令の内容とこれを受け止めた地域社会に着目し、解放の実態と娼妓の行動に留意しながら近代公娼制の成立への展望を探るのが、**人見佐知子「六　セクシュアリティの変容と明治維新―芸娼妓解放令の歴史的意義―」**である。これまで、解放令の制定過程と近代公娼制の特質については政府・東京府の動向を軸に政策史分析が積み重ねられてきたが〔大日方純夫　一九九二年、阿部保志　一九九六年・一九九七年、早川紀代二〇〇五年、佐賀朝　二〇一四年〕、芸娼妓自身にとっての解放令の意味や、近世身分制の解体から近代国家形成にいたる時期の地域社会と解放令の関係などは未だ十分に検討されておらず、政策と社会的実態との関係の解明は今後の課題であろう。人見論文は、芸娼妓解放令の制定過程をふまえてこの点に迫るものである。ただし、近世身分制社会における買売春の特質をふまえて考察すること、また当事者である芸娼妓を考察の軸に据えるという点で、人見論文と横山論文は共通の視座に立つが、東京府や区戸長が芸娼妓の「解放」に積極的であったとする人見にたいして、それらが旧来の遊廓社会の解体には抑制的であったとみる点で〔横山百合子　二〇一一年〕、当該期の地域社会と地方制度の位置づけについて両者には見解の相違がある。

さらに、二〇〇〇年代になると、右の動向とは別に、国民国家の相対化という問題意識や近世対外関係史研究を反映し、主として長崎の遊女と外国人の関係を素材とする新たな研究動向が現れてきた〔荒野泰典　二〇〇四年、今西一　二〇〇七年、松井洋子　二〇一〇年・二〇一三年、横田冬彦　二〇一一年、吉田ゆり子　二〇一四年〕。その視座は、芸娼妓解放令を焦点とする性売買の変容と近代化を考える際にも示唆に富む。

以上述べてきた通り、近世国家と社会の特質をふまえた性売買研究が日本史学の課題として正面に据えられるようになったのは比較的最近のことである。このような研究の進展は、遅きに失するとはいえジェンダー論の登場と世界的な女性の人権への関心の高まりに対する、日本史学からの応答ともいえよう。

3　幕末維新期の政治と女性

では、本書のもう一つのテーマである、幕末維新期の政治、経済、法制度、教育などの諸分野をジェンダーの視点から問い直すという課題は、どのような現状にあるのだろうか。

幕末維新期に尊攘運動に参加し志士的行動をとった女性や、和宮《かずのみや》・天璋院《てんしょういん》などその身分から幕末政治に関わることとなった女性への関心は戦前期から見られ〔布村安弘　一九三六年〕、戦後も散発的な言及はあったが、志士的女性については、概して男性の尊攘派志士に付随する二・三流の天皇中心のナショナリストという位置づけを越えることはなかった。このような状況が変化しはじめるのは、前述した女性史のアカデミズムへの参入以降のことである。高木俊輔は、尊攘派女性たちを男性志士と比較しつつ、「草莽」という幕末維新期の在地における変革思想の展開のなかにその行動を位置づけた〔高木俊輔　一九八二年〕。さらに、このような尊攘派女性とその社会的背景をふまえつつも、そこにジェンダー視点を導入して研究の構図を大きく転換させたのがアン・ウォルソールである〔アン・ウォルソール　二〇〇五年〕。ウォルソールの松尾多勢子研究は、第一に明治維新において女性が果たした役割を追求するのではなく、維新変革が女性にとっていかなる意味をもったのかを問うとして研究の視座を逆転させ、これまでの明治維新史研究に対するジェンダー視点の意義を明示したこと、また、二つめに、対象とする女性やそこで取り扱う史料を、その背後に存在する社会との関係のなかで理解することの重要性を実践的に示したことに意義がある。ウォルソールが、「豪農の生活や、国学の平田篤胤門、さらには明治維新につながる出来事に参加した庶民の奮闘がしのばれる、思いがけない眺望の広がる窓が開かれていた」と述べているように、同書は、松尾多勢子という女性が自身を取り巻く社会の諸要素といかなる交渉、連関、対立、協力の関係を形成していったのかを具体的に解明するものであり、伝記的な叙述方法とも相俟って、多勢子の支配的ジェンダーへの侵犯のありようを生き生きと掬《すく》い上げることに成功したのである。

また、本書所収のラウラ・ネンヅィ「二　地域社会における女性と政治―黒澤止幾子を中心に―」もウォルソールの伝記的手法を参照しているように、伝記は、ある個人をめぐる多様な社会的連関を並行して論じていくのに適合的であり、女性史やジェンダー史における有力な叙述方法の一つとなっている。ネンヅィ論文は、黒澤止幾子《ときこ》という、多勢子と同じく農村出身の尊攘派女性を取り上げたものである。豪農出身の多勢子と異なり、黒澤止幾子は在方の庶民層というさらに低い出自の女性であるが、行商、手習い師匠、歌人、易者、修験者など驚くべき多様な顔をもち、そこで作り得た広汎な社会的ネットワークを存分に活かして当時の女性規範を軽々と超える活動を展開した。その活動が幕末政治そのものに与えた影響は微々たるものであるが、ネンヅィ論文の主題は、活動の政治的影響の大きさによって歴史的意義を評価することではなく、一庶民女性がそのような活動を展開しえたのがなぜなのかを、社会的条件と止幾子自身のアイデンティティという複眼的な眼で解剖していくところにあり、維新史への視座の転換と伝記的叙述の効果をよく示すものといえよう。その他、安蔵良子によって、教育者としての止幾子の姿も解明されている〔安蔵良子　二〇〇〇年〕。

ウォルソールやネンヅィ論文にみるように、伝記的叙述は、ある個人をめぐる多様な社会関係を併行して論じていくのに適合的であり、女性史・ジェンダー史が開拓してきた有力な叙述方法の一つである。しかし、本講座に収録された諸論文からも窺えるように、一般に近世史・幕末維新史研究は、論点を絞り精緻な史料解釈と論理構成によって論述するものが多い。今後、このような近世史・幕末維新史研究にジェンダー視点を導入しその深化を図るためには、「ジェンダーの視点が欠落している」という枠組みの批判にとどまらず――もちろんそれは不可欠なものであるが――、ジェンダー視点を欠いているためにその論点をめぐっていかなる誤りや不十分さが生じているのかを史料に即して指摘し、より具体的に直截にジェンダーをふまえた主張を対置していくことが重要であろう。

また、本巻では専論を設けることはできなかったが、幕府・藩における女性の政治的役割とその近代移行期における変容も注目される。将軍・大名の権力の維持・再生産は「家」を通して行われ、具体的には「奥」が「家」の維持・継承の機能を負った。したがって、女性が「表」の政治的領域や決定権を行使する公共的場所から排除されているにもかかわらず、「奥」は不可避的に政治的性格を帯びた〔長野ひろ子　二〇〇三年、福田千鶴　二〇一三年、柳谷慶子　二〇一四年〕。このような見地をふまえ、近世の著名な女性である天璋院や和宮についても時代背景や「奥」の特質をふまえた研究が生まれてきた〔畑尚子　二〇〇七年、辻ミチ子　二〇〇八年〕。また、明治維新によってそのような「奥」の政治的性格は否定されていくが、維新後の奥女中と男性家臣団の解体の違いにジェンダー差別を見出す研究のほか〔長野ひろ子　二〇〇九年〕、華族への転身も視野に入れて大名家の「家」のあり方の変化を見る研究〔松崎瑠美　二〇一二年〕、一七世紀から一九世紀末までの奥向を含む「女」に関わる言説とその変容をダイナミックに捉える関口すみ子の研究も注目されよう〔関口すみ子　二〇〇五年〕。

4　幕末維新期の労働（生業）と女性

ここでは、女性の労働（生業）について、幕末開港期の経済史研究における女性労働の位置、および近世身分論における女性の生業という二つの点からふり返ってみたい。

田村均「一　ファッションをめぐる社会の変容―在来産業の技術革新と女性―」の的確な研究史整理にもあるように、「外圧」の捉え方は、開港開市後の輸入品が国内生産物の何と競合したとみるかによって異なる。しかし、近年は、官立工場を中心とする上からの工業化政策の背景に在来産業の発達があったことが改めて注目されてきた〔松浦利隆　二〇〇六年〕。女性は、化政・天保期からの流行市場と技術革新の連動にファッションを媒介として主体的に関与し、在来産業の重要で革新的な担い手でもあったが、田村論文は、衣料生産と生活の変貌という点から、衣料品における選好性と女性の労働、デザインとその伝播、織布技術と素材、坪売りと市売り、消費などの諸局面を検討し、在来産業における女性労働の実態を具体的に解明する。幕末開港から明治維新にいたる経済変化における女性の役割は、経済史研究に見え隠れするこのような女性労働の実態を正面から問い直すことで見えてくるものであろう。そして、前述のウォルソールの提起にならっていえば、そのような到達点をふまえてはじめて、逆に女性にとってそれがどのような意味を持ったのかという問いへの転換が果たされ、そこに現れるジェンダーの越境や攪乱の様相が明らかになっていくのではないだろうか。

幕末維新期の生業と女性について検討すべきもう一つの論点は、分業と所有という視点に基づく近世身分論との関係である。一九八〇年代以降展開してきた近世の身分研究は、さまざまな見解の相違はありながらも、農業をはじめとする種々の分業とそれに基づく所有と集団のあり方を身分理解の基底に据えるという点で一定の共通理解に立っている〔朝尾直弘　二〇〇四年、吉田伸之　一九九八年〕。また、それによって、身分を社会のなかで捉えること、特に生業としての労働すなわち社会的分業との関係で身分という社会的システムを捉えることが可能になり、身分的周縁論など、分業と集団化を通して身分が生成、発展、衰退、変容する過程を明らかにする分析手法も追求されてきた。とはいえ、長野ひろ子が正しく指摘するとおり、ジェンダーの視座、あるいは身分と女性の関係についての研究の欠落は動かし難い事実である〔長野ひろ子　二〇〇三年〕。

このような政治社会と女性の生業の関係を解明するためには、近世において男性であれば身分化の可能性を持つであろう労働（生業）が、女性の場合にどのようなメカニズムによってそれが閉ざされ異なる途をたどったのかを明らかにすること、その上で、そのようなメカニズムが明治維新によってどう変化するのかを問うという、ある意味で二段構えの分析が必要であろう。筆者（横山）は、かつて右のような問題意識に立って、近世における髪結《かみゆい》と女髪結のあり方の差異、およびその維新後の変化を通して、公的な徴税体制を受容せず、集団化からもあえて遠ざかるという選択をした女髪結たちの姿を明らかにする試みを行ったことがあるが〔横山百合子　二〇〇九年〕、そこから浮かび上がってきたのは、研究史上、対立的にとらえられてきた髪結集団と町共同体の（つまり男性集団間の）相補的関係と、それらに依存しない女髪結の行動の主体的性格であった。そして、維新によって前者は解体していくが、後者はむしろ強まっていくのである。このような事例が広く見られるのかどうかを含めて、女性の労働（生業）とジェンダーという視座は、経済史研究、身分研究を問い直す大きな可能性を秘めているといえよう。

5　明治初期における西洋文明の受容と女性観

明治という時代を迎えて、女性を取り巻く環境も変化する。幕末に、幕府あるいは各藩が派遣した使節やその随行員、公式非公式（あるいは非合法）の留学生として海外を見聞する機会を得た人びとは、レディファーストの習慣など欧米での男女関係のあり方や、盛んになっていた男女同権の議論に接し、日本の近代化の一翼を担うべき女性の姿について考えるようになった。一八六九年にロンドンで刊行されたJohn Stuart Mill *The Subjection of Women*『女性の隷従』は、翌年にかけてすぐにフランス、ドイツ、スウェーデン、ポーランド、イタリアなど各国で翻訳出版されて反響を呼び、日本でも同権の議論を呼び起こした。たとえば福澤諭吉は、一八七〇年にニューヨークアップルトン社から出版された版を読んだと思われ〔安西敏三　二〇〇七年〕、『学問のすゝめ』第八編（一八七四年）では男女の価値は等しいと主張し、第一五編（一八七六年）ではミルについて、評価が妥当であるかは別として「男子は外を務め婦人は内を治る」というほとんど「天然」と考えられている習慣を破ろうとしたと紹介している。

無論、西洋に接した者が一様に同じ反応を示したわけではない。一八七一年に米欧に派遣された岩倉使節団に関する研究は、特に一九九〇年代以降の学際的視点を交えた田中彰等により、維新史研究にも多くの成果をもたらした。田中は使節団に同行した女子留学生たちが、なぜ薩長土肥ではなく「維新の敗者、もしくはそれに近い立場にある下級官員の娘たち」なのか、そこから「人身御供」的色合いを論じるなどジェンダー的側面からの指摘もしてはいるが〔田中彰　二〇〇二年〕、使節団の見聞は、その後の近代化過程における男女の関係に影響を及ぼしていると考えられ、いまだ研究の余地は大きい。全権副使の木戸孝允は、留学生がアメリカ人の風俗を「軽慕」する姿を「軽燥《ママ》浮薄」と非難し〔『木戸孝允日記』、一八七三年三月八日条〕、久米邦武は使節団の報告書『米欧回覧実記』のなかで、「最モ奇怪ヲ覚ヘタルハ、男女ノ交際」と述べ、女性に奉仕する男性の姿を苦々しく感じ、東洋の男女の「条理」ある「弁別」を守らなければいけないと考えた。留学を終えて一八八二年に帰国した津田梅子が、直後から女性の社会的地位における困難に直面し、はからずも政府が意図した女子教育に「抵抗」して、私塾としての教育機関設立に奮闘しなければならなかった事実に、目を向けなければならない〔高橋裕子　二〇一三年〕。

また森有礼《もりありのり》の提唱によって結ばれた明六社では、刊行していた『明六雑誌』誌上で男女同権をめぐる論争が起こった。森は、一八七四年五月刊行の第八号から七五年二月刊行の第二七号まで五回にわたり「妻妾論」を掲載し、一夫一婦制の確立と婚姻における男女の同等を主張した。それに対し加藤弘之は、七五年三月刊行の第三一号に「夫婦同権の流弊論」を寄せ、夫が妻を蔑視する悪風やみだりに妾をもつ醜俗がなくなるのは同権の実現であり、森（「妻妾論」）や福澤（『学問のすゝめ』）の功績といえるが、そもそも女性を優先するのは、女性が弱く扶助すべきものであることに由来し、扶助される者が扶助する者より上位にくることはありえない。しかし欧米では女性の歓心を得るために諂《へつら》うようになり、それは夫婦同権を誤認した弊害であると述べた。阪谷 素《さかたにしろし》も同月刊の第三二号「妾説の疑」で、加藤同様森や福澤の論説は「耳目を一洗」したが、「わが邦皇統の重き」を考えれば、一律に一夫一婦は実現できないという。津田真道《つだまみち》は翌四月発行の第三五号で「男女同権弁」と題し、西洋でも私的領域の「民権上」は男女の権利は同じだが「国家の政事に関係する公権」では差があり、夫婦の同権は私的領域においても認められていない、中途半端な変革はかえって混乱を生じると主張した。福澤諭吉は第三一号に「男女同数論」を載せ、長く封建体制下にあって、未だ権利とは何かがわからない段階で同権を論じるのは意味がなく、まずは「同権の初段」として男女が等しいことを誰もが認識すべきであると主張した。これらの議論に対し、『郵便報知新聞』は一八七四年八月二四日付で「外国帰りの大先生達」を揶揄している。明六社自体をジェンダー的視点から分析したものは、管見の限りではまだないが、彼らの議論は論理基盤に差異があるにせよ、性別役割分業論あるいは良妻賢母論を含み、その点の考察については金子幸子、早川紀代等の業績がある〔金子幸子　一九九九年、早川紀代　二〇〇五年〕。

6　戸籍と民法をめぐる問題

明治政府にとって、国民をいかに把握するかは大きな課題であった。一八六九年三月二二日付東京府への太政官達では戸籍が「治道の基」とされたが、当初から近代的な制度が模索されたわけではなく、廃藩置県に至るまでは、政府は身分制の再編を目指し〔奥村弘　一九九二年、横山百合子　二〇〇五年a〕、「支配身分と被支配身分の区分を再び明確化し被支配諸身分を整理統合」する方針であった〔前掲横山論文〕。一八七一年四月の全国惣体戸籍法（太政官布告第一七〇）も、個々人を臣民として水平的に把握し居住地主義によって国民を定義したが〔遠藤正敬　二〇一三年〕、その編成作業は再編された身分組織に依拠するという矛盾を抱えていた〔横山百合子　二〇〇五年b〕。

戸籍は戸主による届出制であったため、必ずしも実態を反映せず「観念化」され、反面そのために人びとの中に「戸籍意識」が生まれた〔福島正夫・利谷信義　二〇〇二年〕。また女戸主が中継的存在として定められことにより、近世後期には存在が認められる自律的相続人になる可能性を失うことになった。ただし、土地ごとの慣習もあり、また「現実的な生活の共同体としての家」は保護せざるを得ず〔大竹秀男　一九七七年〕、政府が意図したように、華士族の家督相続法を画一的に平民にまで浸透させるのは困難であった。**村上一博「四　明治前期の判決例にみる女性と相続」**にみられるように、実際には女性相続人についてもさまざまな事例が存在した。村上論文は法令・伺・指令や判決例から女性による家督相続を追い、政府の方針が必ずしも一定しておらず、女性による相続は現実的かつ便宜的な措置として認められていたことを報告している。

法的に家族の姿が確立するのは、明治民法であろう。親族編の施行は一八九八年であり、本講座が範囲とする日清戦争の終結を超えるが、民法の制定は明治初期から政府が取り組んだ案件であり、明治維新がもたらした近代化と女性を考えるうえで、触れておきたい。民法は司法省や左院などから草案が出されたが施行には至らず、編纂はなかなか進展しなかった。お雇い外国人ボアソナードがフランスから来日したのち、一八八〇年頃より本格化した。条約改正をにらみ西洋的な家族関係を推進しようとする人々と、「民法出デテ忠孝亡ブ」（『法学新報』五）の帝国大学法科大学教授穂積八束《ほづみやつか》に代表される守旧派の人々との間で、実施時期や改正を巡って論争が繰り広げられた。民法典論争を経て一八九三年に設置された法典調査会は、延期派の穂積陳重、富井政章と断行派の梅謙次郎を起草委員に委嘱し調整を試みた。明治民法については、法制史分野での研究に加えて〔近年では宇野文重　二〇〇七年〕、家族法学の小口恵巳子〔二〇〇九年〕、ジェンダーの視点からは早川紀代の詳細な検討がある〔二〇〇五年〕。一八九八年に全編施行となった民法で定められた「家」は、①永遠性の尊重、親子関係の重視　②「家」を統轄する家長権（戸主権）の付与　③上下の身分関係と支配と服従、恩と報恩の原理　④本家分家関係や地域共同体への拡大　⑤「家族国家観」という特徴を示していた〔井戸田博史　二〇〇二年〕。ここに戸主を中心とする「家」制度は成立を見る。明治民法に対する同時代の評価には、離婚規程の制定等によりその進歩性に着目するものもあり、たとえば『時事新報』は「古来日本に行われたる家族道徳の主義を根柢より破壊して更らに新主義を注入し」たとする（一八九九年四月一四日付）。

7　自由民権運動における女性

近世後期になれば女性の入札《いれふだ》事例も現れていたが〔青木美智子　二〇一一年〕、納税者である楠瀬喜多の地方参政権の要求や一八七八年の第二回地方官会議での女性参政権に関する議論、高知県内の二町村会（上街町会・小坂村会）での女性による投票権の行使を経て、一八七八年の府県会規則以降、八四年改正区町村会法、八八年市制町村制、八九年衆議院議員選挙法、九〇年府制県郡制とことごとく女性参政権が否定された。同年には、女性の政談演説会への参加、政党政治結社への加入も禁止された。

一八七四年の民撰議院設立建白書以降、自由民権運動が盛んになっていくなかで、岸田俊子や福田英子といった女性の活躍については、すでに多くの論文で取り上げられている。また華々しい活動がなくとも、岡山女子懇親会や豊橋婦女協会、遠陽婦女自由党、愛甲婦女協会など女性による結社が行われた意義は大きい。ほかにも自由党などへの加入、演説会の周旋、獄中の運動家への差し入れ、演説会の傍聴などを行った女性がいた〔大木基子　二〇〇三年〕。ただ岸田の論説については、近年本人によるものか疑問が提示されている〔関口すみ子　二〇一一年〕。彼女たちの活動の意義付けには政治史としては懐疑的な目もあるが、政治上の役割以外の点からの評価も重要である。また象徴化された人物だけでなく、多様な参加者を追うことで、青鞜《せいとう》までの系譜を考えることができよう。

国会開設や憲法制定といった国家レベルでの政治的な要求を男権とし、教育や就職、財産所有権といった私的生活レベルの要求を女権として、男性の政治的権利獲得を第一の目標としたという問題点も指摘されている。男性についても、今後は植木枝盛等オピニオンリーダーとして知られる人だけではなく、束髪会を組織して改良運動を行った渡部《わたなべ》鼎《かなえ》等〔田崎公司　一九八九年〕や前掲ミルの著作を『男女同権論』の題で翻訳出版した深間内《ふかまうち》基《もとい》〔鈴木しづ子　二〇〇七年〕などの動向にも着目すべきである。

8　儒教主義の導入と女子教育

一八八一年五月の小学校教則綱領で、修身は儒教主義によることが明記された。元田《もとだ》永孚《ながざね》らが意図してきたように、一八八一、八二年頃になると、教育に再び儒教主義が導入されるようになる。儒教主義の復活ともいわれるが、目指されたのは近世的儒学教育ではなく、新しい儒教的理想主義であった〔沼田哲　二〇〇五年〕。明治以後、教育制度においては西洋化が進んだ。しかし**大口勇次郎「三　明治維新期のリテラシーとジェンダー」**が報告するように、寺子屋など江戸時代の教育機関からの継承性が強い面もあり、また地域による多様性もあった。大口論文は、東京府の「開学明細書」のデータを基に、東京府は初等教育では近世からの接続によって性差が少なく、しかし中等教育では就学の機会、さらに内容にも男女間に大きな差があったことを指摘している。幕藩体制下の女子教育も、単にリテラシーの高さの指摘だけではなく、たとえば女性に三従や七去といった儒教的規範を説いたとされる「女大学」も、頭注部分による職業紹介や男性の文体である漢字読み下し文使用への着目など、多面的な評価がなされるようになった〔中野節子　一九九七年〕。明治初期の初等教育は、男女同一の教育内容がうたわれ、お雇い外国人David Murrayモルレーの一八七三年の意見書をうけて、母親の役割を担える女性教員が多く採用された。しかし中等教育では、一八七〇年に出石藩、豊岡藩、名古屋藩、翌年には松江藩、壬生藩、福山藩、岩国藩が藩校を女子にも開放し、洋学・漢学塾でも「女書生」が見られたが、七二年には文部省直轄で女学校（のち東京女学校）が設立され、一八七九年の教育令では、「凡《およそ》学校ニ於テハ男女教場ヲ同クスルコトヲ得ス」と男女別学が定められた。それまでは、私立中学校に在籍し男子と机を並べて学ぶ女生徒も増加していたが、中学校の正格化路線の強化とともに、女子のための教育目的が明確化されていった。儒教主義の導入について、福澤諭吉は当初楽観視していたが、一八九一年五月二二日に娘婿に宛てた書簡では、一八八一、八二年頃から「政府之様子改まり」教育を問題視し、儒学を用い「文明流」を排斥するようになった影響について心配している。一八九三年には文部省は「女子教育ニ関スル」訓令を出し、教育の必要においては男女に差はないが、女子は将来家庭教育に「至大ノ関係」を有し裁縫科は必須であると、それまでの方針を再確認した〔篠塚英子　一九九五年、水野真知子　二〇〇九年〕。

9　産み育てることのネットワークと情報網

明治以後、女性の情報環境は大きく変化した。政府にとって人口問題と社会政策は切り離せない課題であり、**沢山美果子「七　『産み育てること』の近代」**が取り上げているように、「産み育てること」についても、近世後期以降からの性や生殖に対する権力の介入に、近代化という新たな局面が加わることになる。明治以降に起こった出生率の上昇は、政府側の「堕胎罪体制」による人口増加政策、あるいは産む側の儒教的生活規律、その両方など様々な見解がある〔藤目ゆき　一九九七年、石崎昇子　二〇〇二年　荻野美穂　二〇〇八年〕。女性たちが、衛生や医療、養育や教育に関する新たな情報を得ることによって、出産による危険を回避し、子どものいのちを守ることができる確率が高まっていった。沢山は、乳母養育の是認から否定へと向かう福澤諭吉の論調の変化に、母親に子育ての責任が担わされる近代における「産み育てること」の展開の象徴を見る。だが、医制の公布（一八七四年）や堕胎罪の制定（一八八〇年）、暦や時間の改編という制度的な変化が「産み育てること」に影響を及ぼすまでには時間が掛り、近世から近代への変化は単線的なものではなかった。沢山は、岡山県邑久郡に残された幕末から近代初頭の祝儀簿や医者の処方の記録、神職の日記を史料に、その重層性を検証している。明治以降も、近世以来の「産み育てること」をめぐる多様な紐帯は重層的に存在していた。しかし一九一〇から二〇年代に都市に新しく形成された新中間層の「家庭」でのそれは、多様な紐帯から切り離された閉鎖的な営みとなる〔沢山美果子　二〇一三年〕。

また女性をめぐる情報網として、マスメディアの発達が挙げられる。新聞や一般誌、文芸誌などに掲載された記事をめぐって、女性読者も含めて投書による誌上論争が行われるようになった。『神戸又新日報』や『頴才新誌』では男女交際の是非に関して、『田舎新聞』では女子教育のあり方に関して討論が行われた〔人見佐知子　二〇〇四年、

宋恵敬　二〇一〇年、野田秋生　二〇〇六年〕。また女性の権利拡張をうたう『女学雑誌』のような雑誌も現れた〔浮須婦紗　一九八四～九二年〕。一方で慶應義塾関係者を中心に、「世務諮詢」を目的とした新たな情報ネットワークの側面を持つ交詢社は、女性を会員にすることはなく、都鄙の情報格差を埋めることは課題とされたが、男女差は問題視すらされなかった。

10　反省と今後の展望

明治維新の影響には短い期間で結果が現れるものと、長い時間をかけて徐々に変化を遂げるものがある。本講座では、編集方針により天保期から日清戦争終結までを射程として、明治維新と女性をとりまく具体的な事象に基づく論考を取り上げた。しかし女性史あるいはジェンダー史の視点では、通常明治維新をとりあげる際に語られる期間よりは、長いスパンで幅広く検討する必要がある。どこまでを明治維新と捉え、どこからその後の改革とするかは線引きもむずかしく、また建設的な作業になるとも思えない。ただ近代における家族関係や教育体制を考えたとき、少なくとも一八九八年の民法全面施行や一九〇〇年の小学校令全面改訂頃までを視野に論ずる必要があろう。

紙幅に限りがあり、今回関係論文を掲載することはできなかったが、まだいくつも取り上げるべき視点がある。たとえば先に述べた儒教主義の導入に続き展開される良妻賢母論では、深谷昌志の先駆的研究〔一九九〇年〕が意義を有しながら、儒教主義との関係を論じた中嶌邦〔一九八四年〕や、日本の特殊な近代化過程の産物とは考えない小山静子〔一九九一年〕、東アジアという枠組の中で捉えた陳姃湲〔二〇〇六年〕、高等女子教育の中で論じた水野真知子〔二〇〇九年〕等の業績がある。本書大口論文で取り上げた近世から近代への教育の接続や、沢山論文が明らかにした「産み育てること」をめぐり求められる母親の役割の変化からも、その性格をより明らかにすることができよう。今後は一様に語られることが多い明治期の良妻賢母論、あるいは性別役割分業論の各言説の差異に着目することによって、規範が通俗化する過程を検討することも必要である。

本巻には文化に関する論文も収録することができなかった。一九八〇年代以降、歴史学の中にも積極的に取り入れられてきたイコノグラフィーあるいはイコノロジーによる分析は、明治維新研究においてもより深化が期待される。明治政府は女性の国民化にあたって、皇后の表象を最大限に利用し〔若桑みどり　二〇〇一年〕、琉球において針突を禁ずるのも、国民同化策の面でみれば、必ずしも蛮習からの解放であったとはいえまい〔比嘉道子　一九九五年〕。

またジェンダーに苦しむのは、女性だけではない。近年はマスキュリニティ、男性性に関する研究も多い。近現代史研究の第一人者たちによる男性史の論集も出版されるようになった〔阿部恒久・大日方純夫・天野正子　二〇〇六年〕。旧中津藩主奥平昌邁に随行してアメリカに留学し、途中岩倉使節団とも同行した小幡甚三郎は、慣れない習慣のなかでも、嫁入りした「若イ江戸ノ御娘」がするように身だしなみを整える辛さを述べている。彼は日本人——それはとりもなおさず日本男児としていかに生きるべきかに苦しみ、フィラデルフィアの精神病院で二六歳の若い生涯を閉じたが、彼を必死で看病した阿部正弘の側近福山藩儒江木鰐水《えぎがくすい》の子高遠《たかとう》もまた、アメリカの地でかけられた嫌疑に抗議して自殺する〔西澤直子　一九九八年〕。彼らの精神性をジェンダーの側面からも見ることによって、日本の近代化が作り上げた内面がより明らかになろう。

参考文献一覧

〈史料〉

『木戸孝允日記』全三巻（妻木忠太編、日本史籍協會、一九三二〜一九三三年）
『米欧回覧実記』全五巻（久米邦武編・田中彰校注、岩波書店、一九八五年）
『明六雑誌』上・中・下（山室信一・中野目徹校注、岩波書店、一九九九〜二〇〇九年）

〈著書・論文〉
青木美智子「近世村社会における女性の村政参加と『村自治』」（『総合女性史研究』二八、二〇一一年）
朝尾直弘『朝尾直弘著作集　第七巻　身分制社会論』（岩波書店、二〇〇四年）
阿部恒久・大日方純夫・天野正子編『男性史』（日本経済評論社、二〇〇六年）
阿部保志「明治五年井上馨の遊女『解放』建議の考察」（『史流』三六、一九九六年）
――「明治五年横浜における貸座敷制の成立」（『史流』三七、一九九七年）
網野善彦『中世の非人と遊女』（明石書店、一九九四年、講談社学術文庫、二〇〇五年）
荒野泰典「近世日本の国家領域と境界」（史学会編『歴史学の最前線』東京大学出版会、二〇〇四年）
安蔵良子「女寺子屋師匠の生活」（『江戸期おんな考』一一、二〇〇〇年）
安西敏三『福澤諭吉と自由主義』（慶應義塾大学出版会、二〇〇七年）
石崎昇子「明治維新と生殖倫理」（黒田弘子・長野ひろ子編『エスニシティ・ジェンダーからみる日本の歴史』吉川弘文館、二〇〇二年）
井戸田博史「法的家族像と家族法制」（『日本文化史研究』一七、一九九二年。のち『日本家族史論集3　家族と国家』吉川弘文館、二〇〇二年）
今西　一『遊女の社会史』（有志舎、二〇〇七年）
ウォルソール・アン著、菅原和子・田崎公司・高橋彩訳『たをやめと明治維新』（ぺりかん社、二〇〇五年、原著　Anne Walthall, *The Weak Body of a Useless Woman: Matsuo Taseko and the Meiji Restoration*, The University of Chicago Press,1998）
浮須婦紗「『女学雑誌』の整理　一～一六」（『学苑』五四〇～六三二号、一九八四～一九九二年）
宇佐美ミサ子『宿場と飯盛女』（同成社、二〇〇〇年）
宇野文重「明治民法起草委員の『家』と戸主権理解」（『法政研究』七四巻三号、二〇〇七年）
遠藤正敬『戸籍と国籍の近現代史』（明石書店、二〇一三年）
大木基子『自由民権運動と女性』（ドメス出版、二〇〇三年）
大口勇次郎『女性のいる近世』（勁草書房、一九九五年）

大竹秀男『「家」と女性の歴史』（弘文堂、一九七七年）
大藤　修『近世農民と家・村・国家』（吉川弘文館、一九九四年）
――『近世村人のライフサイクル』（山川出版社、二〇〇三年）
荻野美穂『「家族計画」への道』（岩波書店、二〇〇八年）
小口恵巳子『親の懲戒権はいかに形成されたか』（日本経済評論社、二〇〇九年）
奥村　弘「近代地方権力と『国民』の形成」（『歴史学研究』六三八号、一九九二年）
大日方純夫『日本近代国家の成立と警察』（校倉書房、一九九二年）
金子幸子『近代日本女性論の系譜』（不二出版、一九九九年）
神田由築『近世の芸能興行と地域社会』（東京大学出版会、一九九九年）
――「江戸の子供屋」（佐賀朝・吉田伸之編『シリーズ遊郭社会一　三都と地方都市』吉川弘文館、二〇一三年）
古賀十二郎『丸山遊女と唐紅毛人』（長崎文献社、一九六八・一九六九年）
小林雅子「公娼制の成立と展開」（女性史総合研究会編『日本女性史　第三巻　近世』東京大学出版会、一九八二年）
小山静子『良妻賢母という規範』（頸草書房、一九九一年）
佐賀朝・吉田伸之編『シリーズ遊廓社会一　三都と地方都市』『同二　近世から近代へ』（吉川弘文館、二〇一三年・二〇一四年）
坂本忠久『天保改革の法と政策』（創文社、一九九七年）
沢山美果子『出産と身体の近世』（勁草書房、一九九八年）
――『性と生殖の近世』（勁草書房、二〇〇五年）
――『近代家族と子育て』（吉川弘文館、二〇一三年）
篠塚英子『女性と家族』（読売新聞社、一九九五年）
スコット・ジョーン・W著、荻野美穂訳『ジェンダーと歴史学』（平凡社、一九九二年、二〇〇四年に増補新版）
鈴木しづ子『「男女同権論」の男』（日本経済評論社、二〇〇七年）
関口すみ子『御一新とジェンダー』（東京大学出版会、二〇〇五年）
――「岸田俊子を読み直す」（『法学志林』一一〇巻一号、二〇一二年）

曽根ひろみ『娼婦と近世社会』（吉川弘文館、二〇〇三年）
曽根ひろみ・人見佐知子「公娼制の成立・展開と廃娼運動」（服藤早苗・三成美保編著『ジェンダー史叢書1　権力と身体』明石書店、二〇一一年）
宋　恵　敬「文明開化期『男女交際論』の受容と展開」（『総合女性史研究』二七号、二〇一〇年）
高木俊輔「草莽の女性」（女性史総合研究会編『日本女性史　第三巻近世』東京大学出版会、一九八二年）
高橋裕子「津田梅子とアメリカ」（『歴史評論』七五六号、二〇一三年）
田﨑公司「婦人束髪運動の展開」（『福大史学』四六・四七合併号、一九八九年）
田中　彰『岩倉使節団の歴史的研究』（岩波書店、二〇〇二年）
陳　姃　湲『東アジアの良妻賢母論』（勁草書房、二〇〇六年）
塚田　孝『身分制社会と市民社会』（柏書房、一九九二年）
『近世身分制と周縁社会』（東京大学出版会、一九九七年）
辻ミチ子『和宮』（ミネルヴァ書房、二〇〇八年）
都市史研究会編『年報都市史研究一七　遊廓社会』（山川出版社、二〇一〇年）
中嶌　邦「女子教育の体制化」（『講座　日本教育史』第三巻近代Ⅱ／近代Ⅲ　第一法規、一九八四年）
中野節子『考える女たち』（大空社、一九九七年）
長野ひろ子『日本近世ジェンダー論』（吉川弘文館、二〇〇三年）
「維新変革とジェンダー」（長野ひろ子・松本悠子編『ジェンダー史叢書六　経済と消費社会』明石書店、二〇〇九年）
西川祐子『近代国家と家族モデル』（吉川弘文館、二〇〇〇年）
西澤直子「小幡甚三郎のアメリカ留学」（『近代日本研究』一四号、一九九八年）
布村安弘『明治維新と女性』（立命館出版部、一九三六年）
沼田　哲『元田永孚と明治国家』（吉川弘文館、二〇〇五年）
野田秋生『豊前・中津「田舎新聞」「田舎新報」の研究』（エヌワイ企画、二〇〇六年）
畑　尚子『幕末の大奥』（岩波書店、二〇〇七年）

早川紀代『近代天皇制と国民国家』（青木書店、二〇〇五年）
比嘉道子「美から蛮風へ」（奥田暁子編『女と男の時空　Ⅴ鬩ぎ合う女と男』藤原書店、一九九五年）
人見佐知子「欧化主義の『男女交際』論の射程」（『ヒストリア』一九〇号、二〇〇四年）
深谷昌志『良妻賢母主義の教育』（黎明書房、一九九〇年）
福島正夫・利谷信義「明治前期における戸籍制度の発展」（『「家」制度の研究』資料編一　東京大学出版会、一九五九年のち『日本家族史論集3　家族と国家』吉川弘文館、二〇〇二年）
福田千鶴「奥向研究の現状と課題」（『メトロポリタン史学』九、二〇一三年）
藤目ゆき『性の歴史学』（不二出版、一九九七年）
牧　英正『近世日本の人身売買の系譜』（創文社、一九七〇年）
松井洋子「ジェンダーから見る近世日本の対外関係」（荒野泰典・石井正敏・村井章介編『日本の対外関係六』吉川弘文館、二〇一〇年）
――「長崎と丸山遊女」（佐賀朝・吉田伸之編『シリーズ遊郭社会一　三都と地方都市』吉川弘文館、二〇一三年）
松崎瑠美「大名家の正室の役割と奥向の儀礼」（『歴史評論』七四七、二〇一二年）
松浦利隆『在来技術改良の支えた近代化』（岩田書店、二〇〇六年）
水野真知子『高等女学校の研究』上・下（野間教育研究所、二〇〇九年）
山城（宮本）由紀子「『吉原細見』の研究」（『駒沢史学』二四、一九七六年）
宮本由紀子「隠売女と旗本経営」（『駒沢史学』五五、二〇〇〇年）
柳谷慶子『近世の女性相続と介護』（吉川弘文館、二〇〇七年）
――「武家のジェンダー」（大口勇次郎・成田龍一・服藤早苗編『新体系日本史九　ジェンダー史』山川出版社、二〇一四年）
横田冬彦「〈境界〉を越える混血児追放令と異人遊郭の成立」（ひろたまさき・横田冬彦編『異人文化交流史の再検討』平凡社、二〇一一年）
横山百合子「明治維新と近世身分制の解体」（歴史学研究会・日本史研究会編『日本史講座　第七巻　近世の解体』東京大学出版会、二〇〇五年ａ）

――――『明治維新と近世身分制の解体』（山川出版社、二〇〇五年b）
――――「一九世紀江戸・東京の髪結と女髪結」（『別冊都市史研究　パリと江戸』山川出版社、二〇〇九年）
――――「一九世紀都市社会における地域ヘゲモニーの再編」（『歴史学研究』八八五、二〇一一年）
――――「新吉原における『遊廓社会』と遊女の歴史的性格」（『部落問題研究』二〇九、二〇一四年）
吉田伸之『近世都市社会の身分構造』（東京大学出版会、一九九八年）
――――『身分的周縁と社会＝文化構造』（部落問題研究所、二〇〇三年）
――――「遊廓社会」（塚田孝編『身分的周縁と近世社会四　都市の周縁に生きる』吉川弘文館、二〇〇六年）
吉田ゆり子「幕末開港と『倭夷之差別』」（佐賀朝・吉田伸之編『シリーズ遊郭社会二　近世から近代へ』（吉川弘文館、二〇一四年）
若桑みどり『皇后の肖像』（筑摩書房、二〇〇一年）

（付記）本「総論」は、第1節から第4節までを横山百合子が、第5節以降を西澤直子が分担して執筆した。

一　ファッションをめぐる社会の変容

——在来産業の技術革新と女性——

田村　均

はじめに

幕末開港後、輸入額の過半を占めたのは毛織物（四三・八％）をはじめ綿織物（三五・八％）や綿糸（六・六％）といった繊維製品であった〔『横浜市史』、比率は一八六五年〕。横浜開港が、金巾《かなきん》（白木綿）・更紗《さらさ》（染木綿）・唐桟《とうざん》（縞木綿）・羅紗《らしゃ》（毛織物）・呉呂服倫《ごろふくりん》（同）など、幕末期にかけて旺盛となっていた舶来織物に対する庶民層の潜在的需要をいっきょに国内市場の表舞台に押しだしたからであった。興味を引くのは、当時の日本で綿織物や綿糸は自給商品であったが、それまでまったく国内生産されていなかった毛織物を第一位とする繊維三品目が輸入上位であったことの歴史的含意である。

あらかじめ断っておくが、輸入毛織物は防寒用ないし洋装や軍需用として大量消費されたものではなかった。それは、伝統的な和装ファッションに鮮明で華やかなアクセントを加飾する新たなテキスタイルとして、しかも着物の多色鮮明化と軽量カジュアル化を支持しはじめた幕末庶民に熱狂的に歓迎され、速やかに受容されたものであった。

なかでも開港直後から庶民需要が集中したのが、繊度均質な細番手の羊毛糸を用いて生産された梳毛絨《そもうじゅう》（ウーステッド）の呉呂《ごろ》である。それまで羽織地や火事装束用として人気があった厚手の紡毛絨《ぼうもうじゅう》（ウッルン）の羅紗よりも平滑軽量で、しかも毛織物特有の鮮やかな色彩に加えなめらかな光沢としなやかな質感が持ち味であった呉呂は、女性用の帯地としてとりわけ愛用された。いっぽう、輸入綿織物のうち、ヨーロッパ製の白金巾（キャラコ）とその捺染製品である更紗、そして縞木綿の唐桟は、織物組織・配色・軽量平滑性の点において国産品よりも格段に高品質で、木綿製品なのに平絹や太織・八丈・紬《つむぎ》などの下級絹織物の品質水準に匹敵した〔田村均　二〇一〇年〕。開港を契機に、これらの輸入織物は幕末期に成長しつつあった流行市場の内部に潜在していた熱烈な庶民需要に即応するものとして大量に日本市場に流入し、流行市場に不断のダイナミズムをあたえていった。

開港前後の国内市場の動向を理解するうえで欠かせないのは、幕末期にかけて発布された幕府の奢侈禁止令や諸藩の倹約令の背後で着実に進んでいた、絹織物の低品質化と木綿の高品質化という、新需要をめぐる国産製品のベクトルである。織物市場の趨勢が軽量化をともない中・下級品へとシフトするなかで、低価格化した絹織物に手が届くようになった幕末庶民は都市的なファッションや新素材に関心を向け、日常生活においても木綿の上級軽量品を身にまとい流行を追随するようになっていた。開港するやイギリス製の機械紡績糸が大量に輸入されるのも、それまでの太く不均質な手紡糸では平滑軽快な流行木綿を生産するのに大きな制約があったからである〔田村均　二〇〇四年〕。

注目しておきたいのは、開港以前から進行していた絹織物の低品質化と木綿の高品質化が手織り＝手工業段階にあった日本織物業のプロダクト・イノベーションのトリガーとなって、女性を重要な担い手とする農村工業化をさらに促進させた点である。それは、生糸の品質を落とし低品質＝低級化した絹織物と綿糸の品質を上げ高品質＝高級化した綿織物（縞木綿）の生産過程が、分散的な女性労働を効率的に集約・吸引したという通説的理解によるものではない。特筆すべきは、女性が生産過程に能動的かつ主体的に関与することによって、農村経済において地機よりも品質と価格（製造原価）の相互調整パフォーマンスが良好な高機の機能特性が高まり、もって問屋制経営下の緩やかな生産組織＝家内工業・小工場の製品開発やデザイン面での機動性と柔軟な市場対応力が引き出された点にある。それは、男性に替わって女性が高機を操り、生産管理のみならず試作研究やデザイン所有の中心であったという事実の再評価に関わる問題を新たに浮上させる。

しかも、在来織物業のプロダクト・イノベーションに連動・呼応した養蚕・製糸業の発展は、北関東・甲信越・南東北地方など広範囲の農村地域での農民の購買力を上昇させた。当該業種への女性の関与と市場アクセスが増大したこれらの地域では、幕末開港以前から舶来織物をはじめ上級木綿や絹織物類などの衣料支出が目立ち、大都市の流行トレンドに敏感に反応する消費生活が出現している。もはや幕末にかけて、農民衣類といえども流行と無縁ではありえず、在地庶民層のなかにも値段は多少高くとも見栄えや流行りによって衣類を選好し、絹や舶来織物などを外出着や晴れ着として桐簞笥《きりだんす》に備えておくライフスタイルが定着しはじめていた（古川貞雄　一九八七年、田村均　二〇〇四年）。

本章は、幕末開港が日本社会にあたえた影響を、ファッションを媒介に女性が流行市場および在来産業の重要かつ革新的な担い手となった史実からとらえ直し、日常生活に密着した在来産業の技術革新によって新しいものが生み出され、またさらなる新たなものを創り出すために技術革新がなされるという、技術革新と消費生活のサイクルへの女性の関わりを考察する。なお、本章が使用する技術革新という用語は、労働生産性を飛躍的に高める量産対応型の工程革新（プロセス・イノベーション）ではなく、マーケットの変動に即応する多品種変換型の継起的な製品革新（プロダクト・イノベーション）を意味する。

1　幕末開港と流行市場

あらかじめ、幕末開港以前に出現していたファッションをめぐる地方の情勢を具体的に考察しておく。次の史料は、文化〜安政期に信州佐久郡八満村（現・長野県小諸市八満）の名主を務めた小林四郎左衛門が、当時の生活風俗が華美に流れるあり様を憂い、晩年の一八五七年（安政四）に心得として小林家の子や孫たちに書き残した手記の一部を抜粋したものである。

(1)　ファッションをめぐる地方の情勢

……（おれが――引用者）廿四五文化十三四頃より男も女も真岡染ならでは人中に出られぬやうにいひ、袷《あわせ》も綿入も小紋になりしが、下中込の六兵衛といふ紺屋真岡染にひとしき手際の染を仕出し思ひ思ひに註文せしが、間もなくかいわいの紺屋おとらぬ新形を染出し、猫も杓子も打ぬきを着る事になり、それも廃れて紺縞になり、四十天保二三頃より紺も三割染めまた八三割五分、わり糸もお納戸、うす花と紺同様の高染め、縞がらも色々に手を尽し、地織の引織具も弘化はじめ頃より高はた具に変り損徳をいはず、此頃は冬物夏物とも絹糸入の縞になりし。

昔とかはり女衆の手際もよくなり、我おとらじと競い織出し、白木綿は晒屋《さらしや》へ遣《つかわ》して雪の如く、縞は砧《きぬた》にかけて結城足利に見まがふ如く、仕立栄第一と布の弱るに構はぬ世の中、汚れたなら野田着にするであらうが、絹糸から抜はじめ菰《こも》をほごすやうにならねばよいが〔「幾利茂久佐」（きもの）〕。

八満村は、小諸城下から追分に至る北国街道から北に分け入る浅間山南麓に位置し、農間に機織り（女性）や中馬稼ぎ（男性）が行われた畑勝ちの農村であった。俳諧をたしなみ、名主職のかたわら家塾（寺子屋）を開いて農民子弟の教育にも力を注いだ四郎左衛門にとって、文化文政〜幕末期は日々の生活がファッションや流行品に振りまわされる、なんとも落ち着きのない時代となった。

一七九三年（寛政五）の生まれの四郎左衛門が青年（二〇歳代後半）であった文化末〜文政初年に流行したのは「真岡染《もうかぞめ》」（上質な白木綿の真岡晒に模様を後染めしたもの）で、なかでも外出着用に小紋《こもん》染めの打ち抜き（細密紋様の表裏同一染め）が流行った。村人たちは真岡染めでないと外に出られないというほどであり、袷（表地に裏地を付けた小袖）も綿入れ（袷に中綿を入れた防寒用の着物）にも細かな小紋柄が染め付けられ、男も女もだれもがもっぱら打ち抜きを着用した。近在の紺屋も真岡染めに近い染め出しを盛んに行ったが、しかしそれも中年（四〇歳）を過ぎた天保初年にはすたれ、それ以降は紺縞（紺地に縦のストライプが入った縞木綿）が流行した。

天保期になると、紺地の染め（藍染《あいぞ》め）に費用をかけるようになり、「わり糸」（縞糸）に用いる絹糸にも染色を施し「縞がら」（紺縞の柄合い）の配色に工夫が凝らされるようになった。その後、弘化期に機織り道具が「地織の引織具」（地機《ぢばた》＝低機）から「高はた具」（高機《たかばた》）に変化し、だれもが冬でも夏でも絹糸を織り込む上等の糸入縞を着るようになった。機織りの腕を上げた女性たちが競って見栄えのよい木綿を織り、白木綿は晒加工を施して雪のように白くし、縞木綿は砧打ちをして艶出しをするまでになった。

還暦を過ぎ、安政期に小諸藩主から殖産興業と民力維持のための近隣数ヵ村の復興方世話係に起用されていた四郎左衛門の眼にゆゆしく映ったのは、都市的なファッションの流行に追随する村人たちの熱狂ぶりであった。他人の目を意識するようになった村人たちが衣服の仕立てや見栄えを気にしはじめ、彼らの日常衣料であった木綿がファッション性を強く帯び流行に左右されるようになった。その様子を仔細に綴ったのが、灸治してのぼせないようにせよとの思いをタイトルにした四郎左衛門の手記、『幾利茂久佐』であった。

なかでも、都市ファッションの地方伝播として注目しておきたいのが、北佐久地方において化政期に真岡染め（真岡晒＋小紋染め）が流行ったのち、天保〜弘化期になると紺縞（縞木綿）への流行シフトが惹起したという指摘である。しかも、紺縞着用の流行にともない、ストライプを構成する縞糸に絹糸を入れる上等な糸入縞（絹綿交織物）が織り出され、織機もそれまでの地機から新しい高機へと替わって綿布の仕上げ作業（艶出《つやだ》し）まで行われるようになったという。

まず、化政期に流行した真岡染めについて補足しておく。その材料は上級品の真岡晒（上質な真岡木綿を晒して白くした布地）ではなく、おそらく常州真岡・下館地方産の上質な真岡木綿ではなく、「紛《まがい》真岡」と呼ばれた他地方産の模造品＝中・下等品であった可能性が高い。化政期の頃から江戸市中の富裕な町人層が好んで着用したのが、遠目からは無地にみえる微細な小紋模様であり〔『守貞謾稿』〕、それには染色性に優れた平絹類や真岡木綿が求められた。それゆえ、上等品であれば良質な「本真岡」であったと想定されるが、中・下等品であれば品質が下がる紛真岡などの類似品であったとみなければならない。四郎左衛門の述懐によれば「下中込（現・佐久市下中込――引用者）の六兵衛といふ紺屋真岡染にひとしき手際の染を仕出し」とあるので、北佐久地方の紺屋が紛真岡を使うなどして真岡風の小紋打ち抜きを手際よく染め出すようになったと読みとれる。

それが事実であったとすれば、江戸市中で流行り全国的に定評があった本真岡（晒）の小紋打ち抜きが当世風のファッションとして北佐久地方にも広まり、在地でもそれを真似る代替品生産の動きが出現したことを意味する。「かいわいの紺屋おとらぬ新形を染出し」たとも言及されているので、近在の紺屋業者が小紋染めの型紙を取り替えては手間を惜しまず各種の打ち抜きを熱心に染め出していたことになろう。紛真岡のような白木綿の生産が盛んになったというより、実態としては紺屋業者が忙しくなったことになる。男女ともに村人のライフスタイルを大きく変えた打ち抜きの流行は、在地の生産過程において機織り（白木綿の生産）よりも染色加工業のほうに強い影響をおよぼしたとみられる。

しかし、小紋打ち抜きは天保期にすたれてしまう。奢侈禁止令や倹約令の影響も無視できないが、その変化は大都市の流行に追随しはじめた地域に流行の次なる新しい波が押し寄せ、小紋打ち抜きが飽きられたのが原因であったろう。この場合、身をもって流行の波を体感したのは名主の四郎左衛門や打ち抜きファッションに身を包んだ村人よりも、むしろ紺屋業に従事した人たちであったといわなければならない。手間のかかる両面同一模様の布地染めに腐心したかと思えば、次には綛糸の染色に集中したことになる。要は、ファッションの流行シフトが染色の方法を変化させたのである。

小紋は、白生地の綿布を捺染《なせん》用の模様型紙を使って染め抜く後染め加工の製品であった。これに対し、紺縞は原料（綛糸《かせいと》）の綿糸を先に染め上げておき、その染糸を織り合わせて縞柄を表出させる先染め製品であった。したがって、染色業者はもはや微細に彫られた小紋用の型紙は不要となり、綿糸や絹糸を各種の紺色に染め分ける藍染めに専念するようになったことになる。ただし、紺屋などの染色加工業は男性が独占していた職種であったので、紺縞への流行シフトが織物の生産過程における女性の役割を大きく変えたか否かが論点として浮上する。なお、小紋とおなじく江戸市中の富裕な町人層が好んで着用し、遠目からは無地にみえる細かなストライプが江戸流の「粋」なデザインとして好まれたのが、紺地細縞系の縞木綿であった（『守貞謾稿』）。

女性の関与をめぐって注視したいのは、四郎左衛門が言及する「昔とかはり女衆の手際もよくなり、我おとらじと競い織出し」という状況である。その述懐表現からは、ファッションへの熱狂のなかで村人がみずから着用する糸入縞を競って織り上げるようになった動きのように読みとれる。けれども、その前段には「縞がらも色々に手を尽し」という指摘があるので、いわゆる手前織り（自給用）の範囲を超えるような商品生産へのベクトルを示唆するものとして見逃せない。というのも、紺地に紺色以外の経糸《たて》（縞糸）を比例配分してストライプを表現する縞木綿を織るには地機でも高機でも可能であるが、縞糸の一部に絹糸を割り込む上級縞木綿の糸入縞《いといれじま》を織り上げるには商品生産にも向いていた高機が好適であったからである。

地機で紺縞を織る場合、縞糸には未染色の白もしくは紺色以外の綿糸を使うことになるが、太く不均質で毛羽立ちの多い在来の手紡糸を用いるとストライプが不鮮明となってしまう。そこで、ストライプのぼやけをより明快なものにするには在来綿糸よりも細くて均質な紬糸や玉糸・生糸などの絹糸を交織する必要性が生じる。そうなると、綿糸とは糸それ自体の伸張力が大きく異なる絹糸の調整機能が備わる高機のほうが好適となる〔田村均　二〇一〇年〕。そのため、縞柄にバリエーションを加えるには地機では制約が生じるので高機の使用が広がり、「地織の引織具も弘化はじめ頃より高はた具に変」わったものと考えられる。

地太の縞柄がぼやける地機製の厚地綿布よりも、高機を用いて縦縞のストライプを細く整える糸入縞などの平滑軽量な絹綿交織物《けんめんまぜおりもの》を織るには、準備作業に手間がかかり片手間では対応しきれない業務が発生した。属性の異なる二種類の原料糸を使用し、一〇〇〇本前後もしくはそれ以上になる経糸《たていと》本数を配列調整する縞割り（整経）作業や、糸を織機に掛ける前の綾通《あやどお》しなどが煩雑となるからである。また、糸入縞を織るための筬《おさ》（経糸を整えて緯糸《よこいと》を織り込むための櫛《くし》型の道具）は木綿用の粗筬《あらおさ》（八〜九算《よみ》）ではなく、より経糸密度が高い絹筬《きぬおさ》レベルのもの（一一〜一三算）が必要となった〔田村均　二〇一一年〕。肝心の織布作業にしても、経糸の錯綜や糸切れを未然に防ぎながら織ムラが発生しないように機織《はたお》り（筬打ち作業）に間断なく集中する姿勢を内在的に要請されるようになる。

したがって、手前織りの張り合いであっても、女性がおのずと商品生産の領域に主体的に乗り出す可能性を十分に秘めた状況が存在したといってよいだろう。消費過程を媒介に流行市場への関与を誘発した小紋打ち抜きとは異なり、紺縞の流行下では最終消費へと連なるサイクルの起点である織物の生産過程に女性が以前よりも能動的に大きく関与しうる要素が伏在したのである。絹糸を交織し縞木綿の品質を高めるには養蚕・製糸が近隣で営まれていたことが重要な条件となったと考えられるが、もとより地方農村部において、縞柄に多彩なバリエーションを加配し品質を最終的に決定する機織りの労働主体は男性ではなく女性であった。後加工の艶出しをするほど紺縞の商品価値が高まっただけに、女性の織技への要請もおのずと強まったにちがいない。しかも、地機よりも作業能率が向上する高機はコスト・パフォーマンスが良好であった。流行商品の生産手段にも転化しうる高機は、それまでおもに自給用であった地機に代わる新たな生活用具となったのである。

四郎左衛門を当惑させるほど「結城足利に見まがふ如く」に砧打ちの艶出しが施された理由は、在来綿布にも艶（光沢）や布地のしなやかさが求められるようになっていたからである。いいかえると唐桟などの舶来織物の影響を受け、木綿であっても上級品は絹様のしなやかな質感や細密・整序化したストライプが要求され、布地の堅牢性を犠牲にしてまでも平滑軽量なものが好まれていた。その代表的な流行品が「結城足利」であった。

結城足利とは、当時、野州足利周辺で織り出されていた結城縞（綿結城、結城木綿）＝「足利結城」であった。結城縞は細密柄のシックなストライプを持ち味とし、舶来唐桟や国産唐桟とならんで江戸市中で人気を博した紺縞の流行品であった（『守貞謾稿』）。それは唐桟のような派手さはないが、在来手紡糸のなかでも細手の綿糸を用いて綿密なストライプを表現することで高品質化した上級縞木綿である。だれもが紺地赤縞系の唐桟を着こなすのは容易ではないが、落ち着いた柄合いの結城縞は万人向きであった。中・下等品の「紛結城」も出廻るなかで、北佐久地方への都市的ファッションの浸透は流行を消費しはじめた在地庶民層の女性と新生活用具の機能的な高機を出合わせ、最終消費の躍動と流行創出の起点である生産過程とを自在に結節させる新たな契機となったといえよう。

(2) 幕末維新期の流行市場

在来綿布の上級品に艶やしなやかさが求められるようになった幕末期、若年女性は舶来織物類の赤や紫などの鮮明な色彩や華やかな光沢に強い関心を向けつつあった（田村均　二〇〇四年）。紺地基調の着物ファッションに、鮮明な赤や紫色の帯や袖口・半襟地の部分加飾が映えるからである。流行市場のなかに、上級綿布や国産絹織物の明度の低い配色と渋みのある色調に飽き足らない雰囲気＝幕末庶民の嗜好変化が醸成されていたとみられる。

開港後、国内市場に本格的に流入した呉呂をはじめ、それに続いて輸入量が増大するイタリアンクロス（毛繻子《けじゅす》）やモスリン（唐縮緬《とうちりめん》、メリンス）などのより平滑軽量な毛織物類は、国産の中ないし下級絹織物（繻子・縮緬・博多織やそれらの綿糸交織物）と競合しながら流行した。そして、輸入綿織物（金巾・更紗・綿天鵞絨《めんビロード》など）は在来綿布のみならず、その品質が維持される場合には平絹・太織（銘仙）・紬・八丈などの下級絹織物と競合し、おもに女性小袖（上衣や下着、襦袢《じゅばん》）およびその部分装飾用に欠かせない掛襟・袖口や半襟・裏地などに多用された。輸入当初から舶来織物類はファッション性と流行性を色濃く帯び、女性の社会的意識とファッション感覚を刺激する庶民向け商品となった。

毛織物のなかで呉呂に続いて輸入急増を牽引したのが、薄地布のイタリアンクロスとモスリンである。帯地をはじめ帯〆《おびじめ》や羽織地として歓迎された呉呂とは異なり、もっぱら袖口や半襟に使用されたのがイタリアンクロスであった。また、下着（合着）類や襦袢（肌着）・腰巻の衣領域に集中的に浸透し、明治維新後の大量輸入に収斂していったのがモスリンであった。両者は染金巾とともに、維新前後の頃まで略服（礼服・晴れ着を略式化し外出着としてカジュアルに着こなす服装）水準の半襟・袖口や襦袢地として庶民女性に広く受け入れられていた染木綿や染絹の需要を急速に侵食していった。

なかでも、モスリンは「縮緬呉呂」という和名からあきらかなように、呉呂よりも軽量薄地で縮緬のようなしなやかさと軽やかな光沢を特徴とする新種の毛織物であった。明治維新を境に呉呂にとって替わるモスリンは、縮緬呉呂の別名どおり、呉呂および国産上級絹の縮緬の代用品として擡頭する。維新直後にモスリンが大流行した理由は、幕末維新期に下着・肌着類や腰巻のファッション性が高まり、女性ならではのお洒落が在地庶民層にも確実に流行したからにほかならない。江戸市中で天保～幕末期に成立した、外からは見えない内側のファッションに華やかな彩や部分的なアクセントを加飾するお洒落感覚が維新後も存続し、国産縮緬の代用品としてモスリンが大いにもてはやされたのである。

しなやかさで軽やかな光沢を有していたモスリンは、呉呂のように帯地や羽織地などの上衣用の限定的な用途ではなく、縮緬同様の多用性を獲得していく。女性用の下着類をはじめ、襦袢、腰巻用の新素材として受容されたモスリンが大量輸入による価格低下によって入手しやすくなったことが、その動きを加速させた。そして、国内市場で用途が拡大し多用性＝汎用性を発揮した点において、組織緻密で平滑軽量な品質が幕末庶民の薄地嗜好の関心を大いに引きつけた金巾《かなきん》も特筆に値する。

輸入綿織物の筆頭的存在であった金巾類のなかで、長らく国産品に対し比較優位を保持したのが緋金巾などの染金巾であった。化学染料を用いて生金巾（白木綿）を鮮明均質に染色する国産技術が定着しなかった明治二〇年代前半までは、ヨーロッパ製の染金巾（無地）が更紗金巾とともに、女性ファッションのなかでも略服水準の裏地のほか下着類の半襟・袖口などのお洒落や〝たしなみ〟に欠かせないものになったからである。ただし、生金巾は男女双方の衣料領域で用途が拡大し、その品質が低下しはじめる明治一〇年代後半からは在来綿布やインド木綿との本格的な価格競争に突入した。さらに、国産化が開始される同二〇年代以降は汎用的な木綿製品として生活必需品化し、地方市場に広く浸透した。

幕末開港を契機とする金巾の国内市場への大量流入をめぐっては、いわゆる「外圧」論の批判的吟味のなかで、日本経済史の分野において輸入綿布が国内綿布市場にあたえたインパクト＝「輸入綿布圧力」の存否をめぐる論争が生まれている。古典的な「外圧」論では、金巾の大量流入は、イギリスの先進的な機械技術で生産された高品質で安価な工業製品が手工業段階にあった、遅れた日本の在来織物業を圧倒したからであったとみなされた。しかし、「圧倒的」ないし「甚大」な打撃をあたえたとする「外圧」の度合いを検討する研究〔中村哲　一九六七年・一九六九年〕が現れ、輸入綿布による国内綿布市場の占用率は最も高かった一八七四年（明治七）で約四〇％強であったとする検証データが示されることになった。輸入綿布の流入を観念的にとらえるのではなく、より実証的なアプローチで実態に迫ろうとする試みがスタートしたのである。

論争に火がついたのは、輸入綿布の金巾が競合したのは国産の在来綿布ではなく下級絹織物であったとみる新説〔川勝平太　一九七六年・一九七七年・一九九一年〕が、輸入綿布圧力そのものの存在を否定したからであった。しかし、価格差の変動によって両者に競合関係が生じることを論証した研究〔高村直助　一九八七年・一九九五年〕が川勝仮説に疑義を唱え反駁し、後続の本格的な実証研究〔阿部武司　一九八三年・一九八八年・一九八九年、谷本雅之　一九八七年・一九九二年〕が登場した。そして、金巾が競合したのは在来綿布一般ではなくその一部であり、輸入綿布圧力は中・長期的には農村市場の拡大によって吸収されたとする最も有力な見解〔谷本雅之　一九九八年〕が提示されるに至っている。

しかし、この論争の結果、当時の国内市場の内部で短期的に惹起していた躍動的な実相がかえって不鮮明となってしまった。輸入当初からイギリス産の金巾は安価であり、しかも薄地布であった輸入綿布は直接には厚地布の国産綿布とは競合しなかったとする一般的な理解が通説となったからである。筆者は、この動態的な局面をめぐって、輸入毛織物が中・下級絹織物と競合するなかで輸入綿布が下級絹織物ないし国産の非厚地綿布と競合し、在来織物業の内部に競争圧力が生じたととらえている。一般的に用途が近似し価格差が小さければ競合するが、価格差が明瞭な場合でも、どちらか一方に象徴性やファッション性などの特別な品質評価が向けられれば競合関係に変化が生じよう。もっとも、両者の価格差がきわめて大きければ用途の違いを越えて輸入綿布の購入が進んだかもしれない。

開港以前から、幕末庶民はファッション感覚を高揚させ、衣料の素材である織物に対する嗜好を変化させていた。

カジュアルな薄地軽量物への嗜好変化のなかで、後述するが、幕末維新期に限っていえば金巾と在来綿布（軽量化していた非厚地系の白木綿や染木綿）は価格的に拮抗していた。輸入綿布が在来綿布より安価であったとする、これまでの諸説が想定してきた一般的な状況は史実にもとづく十分な理解ではなく、価格拮抗の状況下でなにゆえに金巾の大量流入が生じたかがあらためて問われる必要がある。

結論をいうと、用途に対応する品質がおおむね同格水準とみなされた金巾と在来綿布（白木綿や染木綿）との価格が小さく拮抗していたがゆえに、在来綿布よりも格段に平滑軽量であった輸入綿布の金巾が幕末庶民に積極的かつ優先的に選好されたからであった。それまで「唐物」の一つであった奢侈品の金巾は開港後には「西洋布」と呼ばれ、西洋すなわち新奇そのものを表出する、まさに新時代の到来を予感させる木綿衣料となったのである。

横浜開港後、それ以前は一部の人たちにしか手が届かなかった金巾が価格を下げたとはいえ、庶民一般にとって輸入綿布の金巾は決して安価ではなかった。むしろ低価格ではなかったからこそ、目新しい金巾は幕末庶民の眼に時代の先端を行くような魅力的な新商品として映り、ファッション性が加速的に印象付けられることによって着用ないし所有の意欲が刺激されたとみるべきであろう。平絹のように軽量平滑であった金巾は、地太の厚地綿布に慣れ親しんだ日本人にとって衝撃的であったことはまちがいない。しかも金巾が、略服カジュアル化にともない薄地軽量化していた男女双方の衣領域に浸透するだけでなく、女性ファッションに不可欠な加飾用品となって流行性を強く帯びたからなおさらであった。要するに、金巾は用途を広げながら流行市場に吸収されていったのである。

念のため、筆者が収集した武州入間郡の在地データに即して価格差を検証しておく。開港から七年後の一八六三年（文久三）〜六四年（元治一）における国産木綿類の在地小売相場を大雑把に見積もると、裏地用の白木綿一反が一分二朱前後、表地用の染木綿が一分二朱〜三朱前後、そして木綿縞が二分前後の価格水準であった。当時、在来綿布のなかで上級品に属した木綿縮や紺絣が金一両以上の価格帯にあったので、金二分程度の木綿縞は並製品の水準であったといえる。この状況下で、「金巾裏地」すなわち花色（やや薄い紺色）に染められた裏地用の花色金巾一反の在地小売相場は二分〜二分二朱の価格水準であった。したがって、染金巾（花色金巾）は在来綿布のうち中級品以下の白木綿や無地染木綿よりは若干高価であったが、木綿縞の並製品とはほぼ同価格、そして上級品の紺絣や綿縮の半額程度ないしはそれ以下の水準であったことになる。

そうした小売相場が関東地方の一般的状況であったとすれば、花色に染色される前の生金巾と在来白木綿の価格差は僅少であったことになる。筆者は当該期にあって、輸入金巾の下等ないし中等品が縞木綿をのぞく在来綿布の中等ないし上等品と価格的に拮抗していたとみている。確証を得るため、幕府から物価引き下げの指令が出された一八六四年六月における江戸市中の引き下げ後の公定相場〔「木綿当時小売値段書上（元治物価書上）」〕を示すと、白木綿の上等品一反の小売値段は銀二八匁（金一分三朱強）であった。この白木綿を花色に染色する費用を、在地の染賃データにもとづき約二朱と見積もると、上等品レベルの国産木綿裏地の小売単価はおよそ二分二朱前後の水準となって、先に示した金巾裏地の在地相場に相当する〔田村均　二〇〇四年〕。

しかも、別の価格データ（武州足立郡下笹目村の事例）が示すように、花色金巾の在地小売値段は太織の三分の一前後であった。この事例にもとづく限り、在地農村で在来綿布（白木綿や染木綿）の上等品と価格的に拮抗していた輸入生金巾は、国産の低級絹織物と比較すると、秩父絹などの裏絹の五〇〜七〇％、太織の三〇〜四〇％の価格水準であったと概括できる。

とはいえ、なにゆえに輸入生金巾が国産の平絹類と競合したのだろうか。幕末庶民に用途・品質面で太織や裏絹などの低級絹織物とほぼ同格的に認識された金巾は、それらよりも相当に安価であった。しかし、太織や裏絹の代用品として金巾の目新しさやファッション性を評価する衣類選好が優勢となる場合において金巾の比較優位が発揮され、その購入と着用が促進されたとみられる。この傾向が強まったのが慶応〜維新期であった。低級絹織物よりは安価であった輸入綿布の金巾が、品質評価において略服水準に相当する軽快な新衣料として幕末庶民に熱烈に受容されたからである。

軽量平滑な金巾は、男女上衣用の表地のみならず、絹裏との組み合わせが確認できる上級縞木綿の唐桟や結城縞の裏地としても用いられた。とりわけ、女性ファッションに欠かせない襦袢や半襟・袖口などのお洒落用品として重用されていくので、輸入金巾をめぐって多様かつ広範な需要が発生した。慶応期には金巾が略服以上の給上衣に仕立てられ、太織や裏絹などの低級絹織物の代用品として小農家族に受容された実態が判明する。仕立てや見栄えが重視される場合には金巾は国産の絹製品と対抗し、用途によっては染木綿をふくむ在来綿布の上等品とも競合していたのである。すくなくとも略服水準の衣領域において、在地庶民層の衣類選好がかつてないほどに弾力化していた事実は疑いえないであろう。

開港後、本格的に流入した舶来織物類を速やかに受容した幕末庶民は、そのいっぽうで国産の新製品（絹織物の低価格品・絹綿交織物・上級木綿）にも強い関心を示した。その動態的な衣類選好パターンは、いわゆる「外圧」下の国内市場で輸入防遏的に示されたものではなく、身分制の動揺・弛緩下で生活意識を高揚させ、流行ファッションに敏感となった幕末庶民の熱烈かつ能動的な消費行動に支えられたものであった。近代移行期に衣料消費の最終局面で発揮された庶民的対応は、流行を創出するサイクルの一環となって織物市場の活力を引き出すと同時に、新需要を喚起する流行品や新製品の生産過程を弾力的に刺激しはじめていたのである。

2　在来産業の技術革新と女性

在来産業のなかでも流行市場の動きに敏感に連動・呼応しはじめた織物業や製糸業が発展すると、その主要な担い手であった女性の重要性はどのように高まっていったのであろうか。本節では、当該二業種の史的プロセスに即して、技術革新と消費生活を結節するサイクルのなかで確実に変化していった女性の役割について考察を加えてみよう。

(1) 織物業のなかの女性

日本での織物業の発展のなかで女性が重要な担い手となるのは、関東の桐生が先進産地の京都西陣で使用されていた絹用高機を改良することによって、織布工程に女性を積極的に登用したことが契機となったといってよいだろう。もっとも、木綿をはじめ麻織物や紬などの自家調達用の織り手は女性であり、自給用の生産領域で使用された織機は地機《ちばた》（低機）であった。織り手の身体の一部と密着する半綜絖《はんそうこう》方式の地機は太く不均質な原料糸を織るのに好適であったが、より均質で良質な原料糸を用いて明快な縞柄や多彩な模様を織るには、高機《たかばた》のほうが適していた。綜絖（綾）の複数装着が可能となり、斜文（綾織）および繻子織などの複雑な組織を製織可能にするのが高機であった。

近世後期になると、紗綾《さや》・龍門《りゅうもん》・繻子・羽二重《はぶたえ》などの上級品目を生産するため、上州桐生では西陣式の大型絹用織機＝高機《たかはた》に修正を加え、そのしなやかな構造体を太く堅固な骨組みに改造した中型織機が開発された。高級品生産に適した西陣式とは異なり、桐生式をはじめとする関東地方で改良が進んだ高機《たかばた》は、高格糸以外の多様な品質の生糸にも対応しうる性能を持つものであった〔佐貫尹・佐貫美奈子　二〇〇二年〕。中・下級絹糸や玉糸・紬糸などの劣等絹糸を積極的に活用するには西陣式では適さないため、生産手段の改造が必要となったからにほかならない。それは、まず何よりも中・下級糸を駆使しうるコスト・パフォーマンスのよい織機の開発であり、しかも女性が操作しやすい高機の改良であった。

さらに帯地の生産をめぐっても、九州の筑前博多で使用されていた高機の重く堅固な筬柄《おさづか》を軽量化し、博多帯地の製織を簡便にする工夫と改良が加えられた。筬打ちに必要とされる力を軽減したのである。博多帯地を織るには強い筬打ちによって密度の高い経糸に太い緯糸を沈み込ませなければならないが、桐生では筬柄を支える仕組みを簡略化して、力加減を要請される織布作業が女性でも継続可能となる織技を改良した。これによって、厚地で重い高価格な「本博多」よりも薄地軽量の「関東博多」をはじめ、原料糸をさらに細糸化した琥珀織《こはくおり》などの、西陣製よりも低価格な上級品種を開発している。特権的な奢侈品であった絹織物を非支配階級の人々の手にも届くようにするためには、低価格の差別化製品を市場投入する必要があったからである。その際、存分に性能を発揮したのが、品質調整とコスト・パフォーマンスの二つの機能を兼ね備えた改造高機であった。

中世以来、伝統的に都市工業の系譜にあった京都西陣と筑前博多では、ギルド的な生産編成のもとで業界は男性主体によって担われ、なかでも生産過程の基幹をなす織布部門も男性が独占していた。西陣や博多では男性が織り手であった。とりわけ、特権的な支配者層や貴族・僧侶などの富裕層向けの奢侈品ないし特注品をもっぱら担当した京都西陣は、中国生糸をはじめ日本全国から最良の原料糸の独占的な供給を享受していた。そのため、西陣式の高機は伸張力の大きい高品質の生糸を用いるため長大となり、柔軟性の高い良質な原料糸に対応して織機自体がたわむ柔軟な骨格の構造体を特徴とした〔佐貫尹・佐貫美奈子　二〇〇二年〕。気品としなやかな質感を持ち味とする西陣製の高級絹織物は、流通過程のみならず、生産手段および生産過程への男性の強い関与によって生みだされていた。

そうした男性優位の絹織物業界にあって、新たに女性が織布部門を専門的に担当するようになったのは画期的なことであったといわなければならない。女性が高機を操れるようになると、絹織物の生産過程をめぐる指揮・統括系統の一部が女性にも任されるようになり、特権的な都市工業の束縛を打破する革新的な動きが生じている。それは、桐生に続いて関東地方で成長する八王子や入間などの絹織物業界が、農村工業化を梃子にして都市商人の流通規制を破っていったことからもあきらかとなる〔『八王子織物史 上巻』〕。

そもそも高機を自在に操るということは、計画した製織量に応じて、原料糸の調達、糸（経糸と緯糸）の配分と準備、デザイン（織柄）の決定、染色の指示、そして製造原価の見積もりなどの生産管理に関わる一連の業務責任をともなう。しかも、原料糸の調達や原価計算の際は各々の商品相場の情報把握が必要となったことはいうまでもない。相場情報へのアクセスや準備・製織・仕上げの作業全体の指揮・統括は男性に掌握されていたとしても、デザインの創意工夫に加え、デザインに応じた縞割り（地糸と縞糸の比例配分）や整経・綾通し（経糸の準備と調整）などの幾何学的思考による綿密な数量計算が要請される工程管理は、当該作業に直接携わる女性に任される傾向が強まったものとみられる。

そうした状況は、糸質を一定とすれば、デザインの選択と製織作業すなわち高機操作のあり様が製品の質を決定するので、デザイン＝「縞を創る」ことと織布工程＝「機を織る」ことの双方を兼担する女性の判断と役割がきわめて重要になったことを意味する。価格を左右する製品の質は、高機を獲得した女性がデザインを選択し、非自給用の新たな生産手段となった機能的な高機を自在に操る女性の織技とセンスにかかっていったのである。

その証拠として特筆したいのが、近年、各地で発見されている縞帳（縞見本／縞手本）である〔河村瑞枝・山田真由美　一九九三年、河村瑞枝・南谷真由美・安井麻美　一九九四年、河村瑞枝・山本麻美　一九九八年・一九九九年〕。反古紙などに織布の端切れが張り付けられた縞帳は、織り手がみずから考案した縞柄の記録簿である。それを時代的にみると、近世後期以降なかでも幕末～明治期にかけて作製されたものが多く、かつて織物業が盛んであった地域に目立って残存している。数百点におよぶ大量の実物サンプルが貼付された簿冊状をなす縞帳は、まさしく庶民女性が機織りに生きた「証し」を記録し保管するテキスタル・デザイン帳であった。

縞柄は製織作業に従事するほど、しかも高品質の細密柄になるほどストライプのバリエーションが増加する。それだけに、サンプル群の現物保存は、製織作業直前におけるデザインの選択や新規考案を試みる際のサンプル・データとして有効に機能するものとなる。サンプル・データの集積である縞帳の表紙や裏表紙には、帳簿の製作者すなわち織り手の女性の名前が明記されたものが少なくない。そのサインは、織布作業それ自体の記録を担保すると同時に、デザインすなわち縞を創ることに女性が強いこだわりをもったことを示す確かな証拠となる。縞帳が、デザインの創作と管理において女性がきわめて重要な役割を果たしたことを如実に示す現物史料である所以といえよう。

農村に居住する女性がデザインを所有していた好例として、時代が下るが明治二〇年代初頭の埼玉県入間郡で生産が活発化した絣《かすり》木綿（紺絣）の事例を紹介しよう。それは、狭山丘陵内の畑勝ちの農村地域で営まれた、畑作と養蚕・織物業を組み合わせる複合小経営のなかで存在したものであった。入間郡旧氷川村（現・所沢市山口）に暮らした石山家では、家長の男性が所沢町に立つ定期市で綿糸を購入し、家族一名をふくむ三〜四名の女性を高機の織り手とする家中の機場で紺絣の営業生産が一八八八年（明治二一）四月から開始された（初年度の年間製織量は三九八反）。同家は、家長が寺子屋師匠（維新以前は神事舞太夫職）をしながら四〜五反の手作地を経営する村落中層の農民であった。

紺絣生産の手順は以下のようであった。所沢市《いち》で購入した綿糸を家長や家族が防染を施した絣糸と防染しない地糸用の綿糸をともに近在の紺屋に染色（藍染め）を依頼し、染色された綿糸は絣柄に合わせて整経され、糊付けなどが施され高機に掛けられた。そして、家族および雇用した女性によって織り上げられた紺絣は、「坪売り」といって農家の庭先まで出張ってくる「縞買い」（仲買商人）の手代（男性）に随時買い取られた。家長または妻が所沢の町場に出かけて織上品の市売りを行う場合もあったが、その頻度は少なかった。

デザインの所有をめぐって、小規模な機業経営のなかで生じた生産者と商人との注目すべき関係を、一八八九年（明治二二）一二月三日の販売契約のなかに見いだすことができる（石山家文書『機織物諸事覚帳』）。その日、石山家の女性が織り上げた「博覧会出品」用の紺絣四反が有力な仲買商人に通常価格よりも二倍弱の高価格で売り渡された。博覧会出品用の製品は、取引した商人が翌年に開催された第三回内国勧業博覧会に出品するために生産を依頼した紺絣であり、そのデザインは「竹雀カスリ」（竹に雀の絵柄を添えた反復柄）であった。この竹雀カスリは「上縞」としてあつかわれ、一反あたり銀一〇〇匁（一円六六銭七厘相当）の高値で取引された。当時、石山家が生産した紺絣のなかでもっとも高価格で品質の高い製品であった。

博覧会出品用の紺絣の生産には四日間前後を要し、通常柄の「立もつこう」（経絣糸による木花の反復柄、販売単価五三～六〇匁／製織日数二～二・五日）や「弓矢カスリ」（矢羽の反復柄、同六三匁／二～二・五日）とくらべると、製織作業に一日半も多い時間（四日）が費やされ、手間のかかる製品であったことがわかる。絵絣物もしくはそれに準じる品質の絣柄（経緯絣）であったと推測される。しかも、通常柄の紺絣は「一機《ひとはた》」（製織一回分の機上げ反数）が一一～一二反掛けであったが、竹雀カスリは四反掛けで製織されたものであった。当該製品は、おそらく細かな絣柄の織りズレを未然に防ぐために、通常よりも小ロットのセッティングでていねいに織り上げられた特注品の絵絣物であったとみられる。

博覧会出品用の竹雀カスリが特別注文であったならば、そのデザインは生産を依頼した商人によって用意されたものか否かという点が問題となる。この点に関し、半年前におなじ織り手（家族女性）によって織られた同一柄の紺絣が「上縞」および「竹ニ雀カスリ」として、別の仲買商人に販売されていた事実が確認できる。やはり四反掛けで製織され、一反の製織作業に約四日間が費やされている。それらは、五月七日に坪売りで二反（販売単価一円五〇銭）が、そしてその約二週間後の二三日の所沢市《いち》で二反（同一円五〇銭）が、それぞれ同価格で売却されている。この販売実績をふまえると、「竹雀」のデザインは特定の商人が事前に所有していたのではなく、すでに織り手のものであったことが判明する。

したがって、内国勧業博覧会に上等な紺絣を出品しようと企図した有力商人が、その約半年後の一一月、出品用にふさわしい絵絣物の織技を有していた石山家の女性に特注品の製織を依頼したのが当該事例となる。このケースは、デザインの所有をめぐって織り手が決定的に優位であったことを示し、商人の側が製品開発をめぐって生産者である織り手の女性に大きく依存していたことがうかがえる。織物生産の社会的分業において、いまだデザイナー（図案製作者）が自立的に存在しなかった状況もしくはデザインの所有が問屋商人に独占されていなかった段階において、デザインの創作と管理の技量は織り手の熟練ときわめて密接に連動していたのである。しかも、商人の坪買いに非従属的に対応しえた事実は女性が男性優位の流通過程のなかでいつも劣位であったことを意味しない。

なお、博覧会用（一一月）の竹雀カスリは先行事例（五月）の販売単価よりも若干高値（約一七銭高）で引き取られたが、先行の市売り価格は坪売りと等価であった。坪売りの二週間後に行った市売りは男性家長によるものと推察されるが、この販売行為は石山家が定期市を介して当該製品の上縞としての価値実現を確認したものとみることができよう。

そこで生産物の価値実現への挑戦をめぐって、女性が積極的に取引市場にアクセスした事例を補足しておく。明治中～後期にかけて平織組織の生絹《きぎぬ》（未精錬の白絹）の生産が盛んであった埼玉県入間郡越生《おごせ》町の周辺農村では、織り手をふくむ女性が自家で織り上げた製品を積極的に町場に出かけ市売りを行っていた〔森村家文書『金出納帳』、奥富家文書『覚』〕。おなじ入間郡内にあって所沢町周辺のように仲買商人の「坪買い」（農家庭先での製品買い取り）は活発ではなく、おもに農家世帯の女性によって織り上げられた平絹一～二疋《ひき》（二～四反相当）が、越生市《いち》において仲買商人との対面交渉によって現金に交換されていたわけである。買い手市場では価格交渉力の点で商人側のほうが有利な立場にあったことになるが、市場取引に際し売り手側の女性が終始劣勢であったわけではない。

坪売りの場合もそうであるが、過小評価してはならないのが、自家や市において織り手の女性が買い手の商人との対面交渉（相対取引）を介し、販売活動の重要な担い手になっていた事実に対する評価である。仮に相場情報へのアクセスに劣っていたとしても、女性が価格交渉においてまったく劣位に置かれたわけではない。基本的に価格交渉は品位をめぐる相互評価と査定に収斂する。それだけに、身をもって織物それ自体の製作プロセスを熟知している織り手の女性であるほど、価値実現への執念とあいまってみずからの品質評価が商人との価格交渉の力量に転化していったはずである。家長や家族の男性ではなく、織り手の女性みずからが市売りに出向いて流通過程に接触した所以であるといえよう。

(2) 製糸業のなかの女性

奢侈品＝高級品であった絹織物が庶民層の手に届くようになるには、低価格の製品が生産され市場に投入されなければならない。すでに指摘したように、高級品産地の京都西陣に対抗して、絹織物の品質を落とし価格を下げるための製品革新を積極的に追求した新興産地の筆頭が関東の桐生である。いいかえると、近世後期に差別化戦略を梃子に絹織物の中・下級品化を推進したのが、桐生をはじめとする足利・八王子などの関東産地や羽前米沢などの新興絹産地であった。

絹織物の低品質化を製品革新による低価格化＝中・下級品化の試みとしてとらえ直すと、その起点となるのが原料糸の差別化である。絹織物の製造原価の八〇％以上が原料費で占められるからにほかならない。新製品＝低価格品の開発をめぐって、原料糸の差別化はどのように行われたのだろうか。

原料糸に注目すると、近世後期に関東・信越・南東北地方で成長した絹織物産地（以下、「関東産地」と略す）のなかで、桐生および八王子・羽前米沢の三産地が中・下級絹糸の生糸の本格的な活用を進めた産地として特筆できる。なかでも後二者の八王子と米沢は劣等絹糸（玉糸・紬糸・熨斗《のし》糸）も積極的に導入したが、生糸それ自体の差別化を精力的に進めた唯一の関東産地が桐生であった。これに対し、もっぱら劣等絹糸を使用したのは、伊勢崎（玉糸）・信州上田（紬糸）・結城（紬糸）・越後栃尾（紬糸）・秩父（熨斗糸／玉糸）などの産地であった。

　京都西陣に対抗した歴史的経緯から、関東産地のなかで生糸の差別化がとくに顕著であるのが桐生である。その桐生に続いて抬頭した八王子や米沢が、劣等絹糸をも組み合せる差別化戦略を採用した。そして、これら三産地以外は劣等絹糸それぞれの活用に特化した産地として成長したといってよいだろう。

　それでは、桐生が進めた生糸の差別化とはどのようなものだったのか。一言でいえば、それは生糸の細糸化の追求であった。具体的にいうと、中・下級絹糸の生糸を積極的に使用しながら、そのいっぽうで桐生は生糸それ自体の繊度（糸の細太）を小さくし、あわせて生糸を数本撚り合わせる絹撚糸の細糸化をも進めた。慣習的に量目（重量）取引が行われていた絹織物の価格は基本的に生糸の使用量で決まったので、絹織物の中・下級品を開発するにあたって、生糸および絹撚糸を細糸化することによって製品重量を低減させ価格を下げるのが得策となったからである。しかし、その加減を粗雑に行うと低価格品はただの安物（粗悪品）になってしまうので、低品質化には絹織物の体裁をおとしめない加工技術が必要となった。要するに、絹織物の低価格化と軽量化を同時に実現させる契機となるのが生糸の細糸化であったが、桐生では糊付け法や増量法が開発されるなど付加価値をつける独自の加工技術が発達した（『群馬県織物現況調査書』）。

　とりわけ幕末に近づくと、桐生で需要される生糸が「近来細糸相成、其上信州糸多数有之候間、撚屋及難渋《なんじゅうにおよび》候に付、此度仲間一統相談之上、盆後より積代値上げいたし」（「天保十一年積屋仲間規定」『桐生織物史 上巻』三七六頁）たいと、積屋《つみや》仲間（撚糸業者）が「積代」（撚糸加工賃）の値上げを断行したほどであった。おもに水車動力の八丁撚糸機を駆使する加工作業では、生糸が細くなると手間がかかったからである。標準的な絹織物であった着尺用の糸織（平織ないし綾織の製品）を例にすると、上級品の原料となる生糸の繊度は繭一〇～二〇粒取り（約三〇～六〇デニール相当）の太糸が一般的であった。これに対し、おそらく桐生では繭一〇粒取りの三〇デニール前後のものか、またはそれよりも三ないし四粒ほど減らした繭七〜九粒取り〔同二一〜二七デニール〕くらいの、三〇デニール未満となる細糸が盛んに使用されていたとみられる。撚糸業者の積屋が難渋した、そうした「細糸」の多くは信州方面から移入された「信州糸」であった。

この信州糸は、最近の研究〔井川克彦　二〇一一年〕によって、桐生の織物商人の発意により生産開始されたものであったことがあきらかにされている。信州産の細糸が盛んに上州に移出されるようになったのは、桐生商人が介在していたのである。それ以降、信州のなかでも北信地方の製糸業は、京都向けの太糸（「登《のぼ》せ糸」）を生産する松代地方と、上州向けの細糸を生産する上田地方を中心に発展した。この状況を、明治期の上田で編纂された地域資料は「該地（上州桐生地方――引用者）は細筋糸にあらざれば需求せず」、「上田地方の製糸は細きを以て重もに桐生地方へ輸出し、松代地方は技術未た発達せざるか細製を奨むるも兎角太き方に傾きたり、然《しか》れば松代製は重もに西京西陣に輸出したり」〔『信濃蚕業沿革史料』一一一〜二頁・一二一頁〕と説明する。上田地方での細糸生産は、桐生商人による計画的な「提糸《さげいと》伝習」（座繰り器による製糸伝習）が端緒であったのである。

それまで、多品種の原料繭から高級絹織物（紗綾・龍門・繻子・羽二重など）用の良質高価な太糸を製糸するには旧来の手挽《てび》き法が最適であった。しかし、繭付けを少なくする細糸の生産には作業能率が上がり量産効果を生みだす座繰《ざぐ》り法が好適となった。糸重量が低下し糸質が劣化する細糸は太糸よりも安価となるので、生糸の低品質化＝低価格化を量産効果で補いうる新技術として座繰り法が注目されるようになったからである。

したがって、信州上田地方で発達した製糸業をめぐって在来技術の革新性を指摘することができるが、本稿ではこれまでの研究史〔根岸秀行　一九八七年〕が想定した以上に幕末開港以前から座繰り法による生糸の細糸化が進行していた事実を強調しておく。

開港直前の一八五九年（安政六）五月に武州本庄宿（現・埼玉県本庄市）の生糸商人仲間が製糸業者向けに作成・

配布した製糸法書付によれば、外国向けに適した生糸の製糸繭付けは、「一番糸」が「上繭五ッ六ッ付」、「二番糸」が「中繭七ッ八ッ付」、そして「三番糸」は「下繭十粒付」であった〔本庄宿生糸仲間「生糸引立方大略」〕。中等糸とみられる二番糸が中繭七〜八粒付け（およそ二一〜二四デニール相当）であるので、すでに幕末期に生糸の細糸化が二〇デニール台の水準にまで到達していたことが判明しよう。桐生を中心とする国内の絹織物業界で三〇デニール前後またはそれ未満の細い生糸を使用する軽量薄地の低価格品が継起的に生産されるようになっていたからである。しかも、座繰り法が普及し生糸の細糸化が進行していたからこそ、開港後の急激な生糸輸出が可能となったといえる。当時、ヨーロッパ市場から求められた生糸の繊度は一四〜一八デニールであった。

製糸業において繭から生糸を挽き出す作業を担ったのは、手挽き法でも座繰り法のもとでも女性であった。明治維新後、新政府が着手した殖産興業政策のもと群馬県に設立された官営富岡製糸場（一八七二年操業開始）に派遣された「伝習工女」も、その多くは座繰り法を習得した若年女性であった。最新の機械製糸技術を導入した富岡製糸場が生産した生糸の目標繊度は、おもにフランス市場を想定した上繭五粒付けの一四デニールであり、当時の日本ではまったく使われていなかった極細糸であった〔玉川寛治　二〇〇二年〕。

最後に注目しておきたいのは、官営富岡製糸場や福島県に設立された二本松製糸場に赴いた研修生のなかに、帰郷して座繰り製糸法の教師になった女性がいた可能性である〔西澤直子　一九九九年・二〇〇四年〕。たとえば中津藩の場合、関係のあった二本松製糸場に入場したと思われる女性は、機械製糸工場の設立構想があった地元に戻ると、機械製糸法ではなく座繰り法を指導している。また、富岡製糸場に比較的多数の女性を送り出した埼玉県においては、彼女たちが帰郷後、県内地元で設立された機械製糸場に積極的に関与した事例を今もってほとんど見いだすことができない。管見する限り、そうした女性を「発見」した研究はきわめて少ないが、最新の機械製糸法を体得した研修生のなかに座繰り法の有効性を再発見した女性が数多く存在したとみられる。

座繰り法をあらためて見いだした女性は、守旧的な立場から機械製糸法を退け、在来技術としての座繰り法の長所を一方的に説いたわけではなかったろう。郷里の繭生産の実態をかんがみて、座繰り法のほうが地方における養蚕・製糸業の着実な振興に適合するものと判断・進言したのではないかと推察される。在来品種の雑多な繭が混在し良質な上繭の集中選別がおぼつかない状況は、機械製糸法に適していなかったからである。研修経験を生かした沈着冷静で現実的な技術的判断が、彼女たちのなかに醸成されたとみてよいだろう。

一八七四年（明治七）七月、開場して間もない富岡製糸場で一年三ヵ月間の研修を積んだ信州松代藩旧士族娘の横田英は、帰郷後ただちに地元に設立された六工社製糸場に入場するが、繭質の問題や煮繭法に悩まされることになる〔和田英『富岡日記（富岡後記）』七九〜一六八頁〕。山形県の米沢製糸場（一八七六年設立）では開場後三年経っても品質・繊度が異なる春繭と秋繭が同一の釜で煮繭されるなど〔『米沢製糸場関係史料』一四四頁〕、機械製糸工場の多くが試行錯誤の只中にあり営業成績を低迷させていた。そうしたなかで、上州富岡や先進の製糸場に学んだ女性たちは、原料繭の品質に対する的確な判断や養蚕業の地方的な実態を考慮した相応の所見を表明しなければならなかったにちがいない。

機械製糸法の導入と普及を熱望する男性主導の社会的な雰囲気を相対化し、それまでの日本の地方的な実情に合わせた在来製糸業を育成し地域に根付かせていったのは、実地で涵養された技能的スキルをもった女性による相応の判断があったからであるといえるだろう。しかも、そうした現状認識にもとづく賢明な判断が、国内の絹織物業界への原料供給を過度に停滞させなかった事実につながっていったことは銘記されてよい。

おわりに

在来産業のなかでも流行市場の動きに連動・呼応した織物業と養蚕・製糸業の発展は、北関東・甲信越・南東北地方など広範囲の農村地域での農民の生活意識と購買力を上昇させた。これらの地域では、幕末開港以前から舶来織物をはじめ上級木綿や絹織物類などの衣料支出が目立ち、大都市の流行トレンドに敏感に反応する消費生活が出現していた。その牽引力は、消費過程においても生産過程にあっても生活意識と社会的役割を向上させた女性であったといえよう。ファッションを媒介に日常生活のなかで流行を消費しはじめた在地庶民層の女性が新生活用具の高機を駆使し、最終消費の躍動と流行創出の起点である生産過程とを自在に結節させる新たな契機となったからである。

いいかえれば、近代移行期に衣料消費の最終段階で発揮された庶民的対応は、新需要および流行を創出するサイクルの一環となって織物市場の活力をひきだすと同時に、日常生活に密着していた製糸業と織物業の生産過程における女性の主体的な関与と重要性を飛躍的に高めながら、みずからのライフスタイルを変革していった。内外製品が競合する流行市場のダイナミズムのなかで、在来産業の製品革新によって新しいものが生み出され、またさらなる新たなものを創り出すために製品革新がなされるという、新需要をめぐる技術革新と消費生活とをとりむすぶ弾力的なサイクルのなかに女性が強く組み込まれていったのである。そこに出現したのは絹織物の低級化と木綿の高級化という近代的なベクトルであり、そのもとでの消費および生産過程における女性の躍進であった。

一九世紀末～二〇世紀初頭の日本では、絹の「民主化」＝大衆化が先行的に進展した欧米市場に続き、絹織物の低品質化＝低価格化が薄地軽量化をともなって着実に進行していた。アメリカ市場のように下級絹布のみならず中級品の一部が日用品の領域にまで浸透するほどの勢いではなかったが、絹織物が全般的に低品質化するなかで絹綿交織物をふくむ軽量安価な新製品群が需要を獲得しモードを下支えしたヨーロッパ市場の趨勢と近似する動きを、日本も示したことになる〔田村均　二〇一二年〕。しかしながら、そこでは熱気を帯びた生糸と織物の国内外のマーケットが不断の変動に曝されるなか、女性労働を非能動化＝単純化し、それを男性主導の企業論理のなかに効率的に動員しはじめる近代日本の資本主義のトリガーが伏在していたといわなければならない。

参考文献一覧

〈史料〉

石山家文書（埼玉県所沢市教育委員会）
「幾利茂久佐」（小林四郎左衛門、安政四年。復刻版『北佐久郡志資料集』、佐久教育会、一九六七年）
奥富家文書・森村家文書（埼玉県越生町教育委員会）
「生糸引立方大略」（本庄宿生糸仲間、安政六年五月、田村均所蔵）
『桐生織物史 上巻』（桐生織物史編纂会編、桐生織物同業組合、一九三五年）
『群馬県織物現況調査書』（群馬県第三部編、群馬県、一九〇六年）
『信濃蚕業沿革史料』（高島諒多、上田町信濃蚕種組合事務所内田金次郎、一八九二年。復刻版『明治前期産業発達史資料』別冊五五（一）、明治文献資料刊行会、一九七〇年）
『富岡日記』（和田英、一九〇七〜一三年。復刻版、みすず書房、二〇一一年）
「木綿当時小売値段書上」（元治物価書上）」（神宮司庁編『古事類苑 産業部二』原著一九〇八年。復刻版、吉川弘文館、一九七一年）
『近世風俗志』（守貞謾稿）第二・三巻』（喜多川守貞、嘉永六年。復刻版、宇佐美英機校訂、岩波書店、一九九九年）
『横浜市史 第二巻』（横浜市史編集室編、横浜市、一九五九年）
『米沢製糸場関係史料（米沢市史編集資料 第二〇号）』（米沢市史編さん委員会編、同委員会、一九八七年）

〈著書・論文〉

阿部武司「明治前期における日本の在来産業」（梅村又次・中村隆英編『松方財政と殖産興業』国際連合大学・東京大学出版会、

一九八三年）
――「明治期在来産業研究の問題点」（近代日本研究会編『年報 近代日本研究10　近代日本研究の検討と課題』山川出版社、一九八八年）
――『日本における産地綿織物業の展開』（東京大学出版会、一九八九年）
井川克彦「横浜開港前における上田小県地方の製糸業」（阿部勇・井川克彦・西川武臣『蚕都信州上田の近代』岩田書院、二〇一一年）
川勝平太「明治前期における内外綿布の価格」（『早稲田政治経済学雑誌』第二四四・二四五合併号、一九七六年）
――「明治前期における内外綿関係品の品質」（『早稲田政治経済学雑誌』第二五〇・二五一合併号、一九七七年）
――『日本文明と近代西洋』（日本放送出版協会、一九九一年）
河村瑞枝・山田真由美「木綿縞の染織文化（一）」（『名古屋女子大学紀要〈家政・自然編〉』第三九号、一九九三年）
河村瑞枝・南谷真由美・安井麻美「木綿縞の染織文化（二）」（『名古屋女子大学紀要〈家政・自然編〉』第四〇号、一九九四年）
河村瑞枝・山本麻美「江戸・明治期の縞帳の比較研究（一）（二）」（『名古屋女子大学紀要〈家政・自然編〉』第四五号・第四六号、一九九八年・一九九九年）
佐貫尹・佐貫美奈子『高機物語』（芸艸堂、二〇〇二年）
正田健一郎編『八王子織物史　上巻』（八王子織物工業組合、一九六五年）
高村直助「維新後の〝外圧〟をめぐる一、二の問題」（東京大学『社会科学研究』第三九号第四号、一九八七年）
――『再発見　明治の経済』（塙書房、一九九五年）
谷本雅之「幕末・明治期綿布国内市場の展開」（『土地制度史学』第一一五号、一九八七年）
――「地域経済の発展と衰退」（近代日本研究会編『年報・近代日本研究14　明治維新の革新と連続』山川出版社、一九九二年）
――『日本における在来的経済発展と織物業』（名古屋大学出版会、一九九八年）
玉川寛治『製糸工女と富国強兵の時代』（新日本出版社、二〇〇二年）
田村　均『ファッションの社会経済史』（日本経済評論社、二〇〇四年）
――「木綿の東方伝播と唐桟模倣」（『埼玉大学教育学部紀要〈人文・社会科学〉』第五九巻第一号、二〇一〇年）
――「高機再考」（『埼玉大学教育学部紀要〈人文・社会科学〉』第五九巻第二号、二〇一〇年）

――――「近代移行期における高機の改良とその普及」（『埼玉大学教育学部紀要〈人文・社会科学〉』第六〇巻第一号、二〇一一年）
――――「物・ファッション」（社会経済史学会編『創立八〇周年記念 社会経済史学の課題と展望』有斐閣、二〇一二年）
中村　哲「世界資本主義と日本綿業の変革」（河野健二・飯沼二郎編『世界資本主義の形成』岩波書店、一九六七年）
――――『明治維新の基礎構造』（未来社、一九六九年）
西澤直子「中津市学校に関する考察」（慶應義塾福澤研究センター『近代日本研究』第一六巻、一九九九年）
――――「資料紹介 中津出身者宛小幡篤次郎書簡」（慶應義塾福澤研究センター『近代日本研究』第二一巻、二〇〇四年）
根岸秀行「幕末開港期における生糸繰糸技術転換の意義について」（『社会経済史学』第五三巻第一号、一九八七年）
古川貞雄「村の生活と変化（衣食住の向上と新風俗）」（『長野県史　通史編』第六巻、一九八七年）

二　地域社会における女性と政治
――黒澤止幾子を中心に――

ラウラ・ネンヅィ
（横山百合子 訳）

はじめに

本章は、明治維新において最高潮に達した維新運動への女性運動家の参加に焦点を当て、彼女達の活動を地域社会という背景の中で、検討するものである。

ここで紹介するのは、水戸藩の女性勤皇家であった黒澤止幾子《くろさわときこ》（一八〇六〜一八九〇年）の事例である。止幾子は庶民階層の出身で、人生の後半まで政治に巻き込まれるようなことはなかった。彼女の積極的な勤皇運動への参加は、比較的限定的で、政治的な情熱を込めた詩作を別にすると、一八五八〜一八五九年がその頂点だった。このように、止幾子は維新研究の対象にはならないように思えるかもしれない。実際、これまで彼女について頻繁に語られることはなかった。

幕末期の女性運動家についての本格的な研究は少ないものの、研究はないわけではない。しかし、歴史の記憶の流れの中を、非常にうまく泳ぎ渡っている女性たちがいる一方で、止幾子のごとく忘れ去られたようにみえる女性たちもいる。比較的詳しい〔中原雅夫　一九七四年〕や〔絲屋寿雄　一九七六年〕の中でも「維新女性」の一人としては取り上げられてはおらず、歴史家がまず参照する『国史大辞典』（吉川弘文館、一九九〇年）や『日本史大辞典』（平凡社、一九九三年）にも、止幾子は掲載されていない。近年ようやく安蔵良子が止幾子研究に着手しているが〔安蔵良子　二〇〇一年・二〇〇二年・二〇〇四年〕、これまで、止幾子の名前を史実から抹消するという何らかの歴史的な作為でも働いていたのだろうか。*

＊止幾子に関する記述が見られるのは、芳賀登編『日本女性人名辞典』（日本図書センター、一九九三年、四〇六頁）。尾崎秀樹編『新潮日本人名辞典』（新潮社、一九九一年、六六一頁）、日本歴史学会編『明治維新人名辞典』（吉川弘文館、一九八一年、三七六頁）のほか、近年のものとして金子幸子・黒田弘子・菅野則子・義江明子編『日本女性史大辞典』（吉川弘文館、二〇〇七年、二一六頁）があるが、記述は多くはない。

一九三〇年代、止幾子の孫の黒澤（関口）峰三郎が、彼女の著作物を収集した〔女子学習院　一九三九年、五〇九頁および二六～二七頁〕。それらは、東京の女子学習院の保管庫に蔵されていたが、太平洋戦争末期の一九四五年、東京大空襲により焼失した。*しかし、止幾子は、多作の著述家で、数多くの日記、帳、詩集を残している。彼女の人生を調べようとする歴史家は、公刊されている著作のいくつかの引用を除くと、活字にのみ頼るわけにはいかず、黒澤家史料を所蔵する茨城県立歴史館、または黒澤家文書を所蔵する茨城大学図書館を訪ねることが必須となっている。

＊学習院図書館司書倉持仁志氏からの二〇〇七年二月一二日付個人メール。収集物のうち、戦後に残っていた物は、現在の学習院女子中・高等科に継承された。

では、今、なぜ止幾子なのか。第一に、彼女を歴史の闇の中から掘り起こさなければならないからである。第二に、幕末・明治維新という大きな歴史的転換の場での止幾子の行動を記録に留めることは、この過渡期の女性たちの立ち位置をよりよく理解する助けとなる。第三に、庶民を含むさまざまな階層が折々の出来事に示した衝撃の度合いや意識を評価することを可能にし、更には、情報収集における社会的ネットワークの重要性に光を当てることを可能にしてくれる。最後に、止幾子の物語はまた、従来の研究とは異なる視座から、徳川期から明治期への、そして近世から近代への変遷を再考させてくれるのである。

1　幕末・維新と女性

山川菊栄『武家の女性』によれば、政治というものは女性たちにふさわしい話題ではなく、また、女性たちは一般的に政治に関して無知だったという〔山川菊栄　一九八一年、三八頁及び一八〇～一八一頁〕。しかし今日では、女性たちも維新運動に参加していたことが知られるようになり、さまざまな研究者が実際に女性を中心に据えて研究している。

このテーマについての初期の研究の一つは、〔布村安弘　一九三六年〕である。同書は、もし歴史というものが「支配者と共に被支配者を、特権階級と共に大衆を包懾すべき」〔同著まえがき、一頁〕という約束に従うものであるならば――いいかえれば、女性たちが歴史の筋書きに加えられるだけの価値があるときには、女性もその中に含まれるという前提に立っており、一九三〇年代、一九四〇年代の歴史家にとって、女性勤皇家たちの活動は時宜を得た話題であった。なぜなら、当時の日本女性は、幕末のヒロインたちが行ったのと同様に、戦争の名の下に犠牲を払うことが求められており、女性勤皇家たちを女性たちの手本として登場させることができたからだ。小川煙村の『勤皇烈女』シリーズ（一九四三年、一九九八年に『幕末裏面史』として再刊）は、明治維新での、止幾子を含む多くのヒロインの栄光を、強烈な愛国的な言葉で讃えた。小川は、家制度に基づく社会では、女性たちは、父、夫、息子に従順でなければならず、また、優雅に振る舞い、子供を産み、あらゆる面で従属的でなければならなかったことを、同書の最初の数ページで読者に思い起こさせている。幕末の女性勤皇家は、これらのきまりを破ることなく、勤皇の旗を掲げると同時に、男性に対して従順だった。「すなわち彼女達は、純日本婦道を辿りながら、日本独特の純忠に誠を致したけなげものであったのである」〔小川煙村　一九九八年、九～一三頁〕。彼女達の貢献は、幕末の「裏面」を形づくっていた。

戦前の女性史はたいてい男性によって書かれたものだが、戦後の論文については、女性研究者たちの貢献が大きい。例えば、「明治維新は女性にとって何であったか」〔永井路子　一九七九年〕は、明治維新後の女性たちの人生を追跡している。ジョアン・ケリーがその画期的論文のなかで「ヨーロッパでのルネッサンスは女性にとってどのような意味があったのか」〔ジョアン・ケリー　一九八七年〕と問うたのと同じく、永井は、その題名が示す通り、明治維新は女性たちにとって結局のところどういう意味があったのかと問うている。彼女の結論は、徳川幕府の終焉がもたらした大変革にも拘わらず、女性たちは相変わらず単なるアクセサリーのままであり、決して大きな役割を果たさなかったというものだった。すなわち、明治維新後も、女性は誰も力のある重要な地位には就けなかったのである。

幕末の女性運動家たちは、多くの場合、主体性を有する一個人としてではなく、男性の付属物として登場する。高木俊輔「草莽の女性」〔一九八二年〕には、富裕な農民と商人達の妻や娘たちだけでなく、幕末から明治維新にかけて何らかの形で政治に関わった地方の女性たちが登場する。論じられている女性たちの中には、肥前唐津の奥村五百子、薩摩藩士・有村仁左衛門（兼善）の妻蓮、江戸日本橋の豪商の娘で、尊王攘夷運動家大橋訥菴の妻大橋巻子、大津出身問屋の娘寺田屋とせ、松尾多勢子などがいるが、高木の論説の中で考察されている女性の多くは、有力な維

表　位階を追贈された女性

氏名	生年～歿年	身分／職業	出身地	位階（贈位年）
津崎村岡（村岡局）	1786～1873	近衛家の老女	京都—諸大夫の妹	従四位（1891）
池田（川瀬）幸	1818～65	烈婦	近江—彦根藩医師の娘	正五位（1891）
浦野（野村）望東	1806～67	女流勤王家	筑前—福田藩士の娘	正五位（1891）
松尾多勢子	1811～94	女流勤王家	信濃・伊那郡山本村	正五位（1891）
慶光院守悦	?～1509	比丘尼	京都—飛鳥井家出身	正四位（1905）
慶光院清順	?～1566	比丘尼	近江—山本義里の姉	正三位（1905）
慶光院周養	?～1611	比丘尼	近江—山本義里の娘	正四位（1905）
黒澤止幾子	1806～1890	水戸藩烈女	常陸・東茨城郡岩船村［鈴高野の誤り］	従五位（1907）
瓜生岩	1829～97	社会事業家	岩代・耶麿郡熱塩村	従五位（1924）
梁川景婉（紅蘭）	1804～1879	星巌の妻	美濃・安八郡曾根村	従五位（1924）
村岡箏	?～1870	宗四郎の妻	讃岐・丸亀	従五位（1928）
若江薫子	1835～1881	昭憲皇太后入内前侍読	京都・伏見家家士の娘	従五位（1928）

出典〔高木俊輔　1982年，257頁所載の表を一部修正〕.

新勤皇家との何らかの家族関係や恋愛による結びつきを有していた。

高木はまた、明治維新ののち、死後に位階を追贈された女性たちが、様々な身分に属したことを示している（表）。公家階級の女性たちがいる一方で、底辺の女性たちもいる。また全員が、京都近辺で活動したわけではない。京都を地盤とする村岡局は尊攘運動の中心にいたが、その他の周辺地域出身の女性勤皇家の中には、その地域の環境によって政治的意識に目覚めた人もいれば、京都を訪れた後に目覚めた人もいる。信濃出身の松尾多勢子は、平田学派の門人になったことから勤皇思想に目覚めた。福岡出身の野村望東は、京都への旅行後に、政治への関心が熟した。水戸出身の黒澤止幾子は、村の知人たちや詩歌サークルのネットワークの影響で勤皇家となった。

高木の仕事のほか、政治思想を詩歌という形で発表した多くの幕末の女性文人たちの文学活動を強調する研究もある。例えば、〔會田範治・原田春乃　一九六〇年〕や〔長澤美津編　一九六八年、木谷喜美枝　一九七九年〕などである。

一方、一九九〇年代以降、このような日本国内状況に強い刺激を与える海外の研究者たちの研究が登場するようになる。この新たな研究潮流は、ジェンダーというレンズを通しての幕末研究に貢献するものであった。米国では、アン・ウォルソールの『The Weak Body of a

Useless Woman』（一九九八年、日本語訳は二〇〇五年）が、平田篤胤の教えに従い尊王攘夷思想を受け入れた信濃国の松尾多勢子を取り上げ、政治との深い関わりを検証している。ジェンダーの視座に立つウォルソールの研究は、一人の女性の優れた伝記であると同時に、全体の半分を語っているに過ぎないという既存の明治維新史の不完全性を批判するものであり、止幾子の研究においても参照すべき成果だといえよう。

2　止幾子のネットワークの形成

止幾子（時子・登幾子、幼名は琨〈コン〉）は、一八〇六年（文化三）一二月二一日、水戸藩錫高野村《すずごや》（現在の茨城県城里町桂村）に生まれた。彼女は、修験者将吉（またの名を光仲、あるいは将久荘次郎）の娘であった〔小川煙村　一九九八年、八〇頁。郡司篤信　一九〇〇年、一頁。女子学習院編　一九三九年、五六五頁〕*。彼女の生家はまた、宝寿院という修験道道場や、その村の学校（寺子屋）としての役割を果たしていた。止幾子が二歳（数え年では三歳）の時、父が母と離縁して家を出て、それ以来帰ってこなかった。彼女は、母布佐子と、祖父吉荘（一七六〇年～一八二一年）に育てられ、祖父が「今川」、「実語教」、「女大学」などの寺子屋の入門書を紹介し、彼女は、七歳までに、その全てを学び終えていた〔安蔵良子　二〇〇二年、五一頁〕。

*野口勝一「黒澤時女伝」には、荘三郎将久と記されている〔同　一九七五年、二一六頁〕。

止幾子は、一八二四年（文政七）に鴨志田彦蔵将晴と結婚、小島村（現在の常陸太田市金砂郷地区）へ引っ越した。その後、一八二七年（文政一〇）に、長女の久米子を、そして一八三〇年（天保元）に、次女の照子を出産した。一八三〇年代のはじめ、彦蔵の死去に伴い、彼女は琨を改め、止幾子の名前を得て、二人の娘と一緒に生家に戻った。彼女は、年老いた母と二人の娘を養うために、櫛やかんざしを行商し、時には、それらの商品を遠い地方にまで売り歩くこともあった。安蔵（長谷川）良子によると、これらの旅のお陰で、止幾子は、俳句、狂歌、それに和歌、漢詩を学び、その見識を広げるに至った〔安蔵良子　二〇〇四年、二四頁〕。止幾子は一八四〇年代には、芭蕉一門の弟子、太田の俳諧師尾花庵から、俳諧を学んだ。また、江戸崎の縁樹園元有から狂歌を、そして岩手出身の神職、小島春尊から和歌を学んだ〔安蔵良子　二〇〇四年、一〇六頁〕。止幾子の号は、李恭《りっきょう》である。

一八三九年（天保一〇）には、黒澤家が婿として迎えた修験者・助信法印（新助または新介）は、宝寿院（止幾子の祖父が没した一八二一年〈文政四〉以来、使用されていなかった道場）と寺子屋の両方の管理を引き受けることとなった。止幾子は、勉学を続けながら家族の生活を支え懸命に働いた。

一八四四年（天保一五）五月に、水戸藩では、藩主斉昭《なりあき》の突然の辞職という激震が走り、続いて最初の蟄居が命ぜられた。多くの人が不公平だと考えた斉昭処罰の報は、すぐに広まった。斉昭の無罪を叫ぶいわゆる雪冤運動が、水戸城下だけではなく、地方の村落でも始まった。この時の人々の行動が、止幾子を奮い立たせたのかどうかを立証するのは難しい。毎日の帳簿の帳尻を合わせることに忙しかった止幾子は、この事件にそれほど揺り動かされなかったようだ。水戸藩で勃発した政治紛争には多少なりとも関心が向いたに違いないが、一方では日常の生活が続いていた。一八五〇年代に入ってから、止幾子は行商稼業を徐々に減らし、寺子屋師匠の仕事に力点を移していった。

一八五一年（嘉永四）に草津の菊谷に宿泊していたときには、主の権太郎の娘と孫の教育を依頼されている。

一八五三年（嘉永六）六月三日、もう一つの衝撃、すなわち浦賀にペリー艦隊が来航する。翌一八五四年（安政元年）は、ペリーの再来日の反響が大きかったが、止幾子にとっては、別の理由で記憶すべき年になったであろう。助信法印が病気のため帰郷し、翌年には死去したのである。彼の帰郷後は、止幾子が寺子屋を受け持った。寺子屋には二名の女子を含む一六名が在学していた〔桂村史編纂委員会　二〇〇四年、二八八頁〕。

止幾子が政治的に目覚めた時期と言われている一八五八年（安政五）秋の、彼女の日常生活の跡をたどる主な史料は、「安政五年日記帳」と「日用重寳記」である。前者は安政五年七月一日から九月一八日（一八五八年八月九日～一〇月二四日）、後者は九月一九日から一二月二八日（一八五八年一〇月二五日～五九年一月三一日）の期間の記録である。各記載事項は、その日の天気に始まり、次に毎日の家庭での出来事に及んでいる〔「安政五年日記帳」〕。

（七月）五日雨天　此所あき間にしてしるす。八日朝　戸谷政太郎卓の上にて眠る。なかなか起きずこそぐり起こす。

（略）

同じ九日快晴　少々薄雲有り、遠原より手習に来る、戸谷より素麺出来る、政太郎持来る、夕方庭掃き致す

同じ十日天気快晴　其より少々雲有り、夕ツかた、古内より醤油持来る、虫干し致はじめる

同じ十一日　天気良し、しかし薄雲有り、書き物虫干しに疲れ気色常ならず、朝、台より残銭を遣す

これらの記載事項から、一八五八年の夏の時点では、止幾子は勤皇運動家などではなく、家庭の雑用と寺子屋師匠という役割に夢中になっている一個人でしかなかったことは明らかである。

「安政五年日記帳」と「日用重寳記」はまた、止幾子の実質上の会計帳簿で、金銭の出入りを記帳しており、これらからは、寺子屋が止幾子の主な収入源だったということがわかる。寺子屋で教えることはまた、同じ村の人たちや近隣の地域の人達とのネットワーク形成にも役立った。「加賀の銀志郎来る、手習の咄し致す」〔「安政五年日記帳」八月朔日条〕といった形で、ネットワークが実のある意見交換の場となったこともある。

また、錫高野の地域社会はまた、宗教的な祭礼や、四季の移り変わり、七夕、新年、お盆などの折々の年間行事等、地域の活動によって密接に結びついており、止幾子は地域社会における緊密な情報を享受できるネットワークの一員でもあった。錫高野は田舎の村（一八〇四年の記録では、「一一六戸」〈世帯〉〔桂村史編纂委員会　二〇〇四年、二八八頁〕）で、地理的に水戸からも六里（約二五キロ）、江戸からも三二里（約一三〇キロ）と遠かった。しか

し錫高野はまた、重要な交通の要所でもあったので、止幾子が成長期に知り合った学者、山伏、文人は、普段から村を通りかかった際、他の地域や村落からの情報を届けてくれた〔桂村史編纂委員会　二〇〇四年、三二五頁〕。とはいっても情報の流れは状況次第であり、人から人への伝聞によって支えられており、個人的な関係に頼らざるを得ない。ここにネットワーク作りの重要性が発揮されるのである。安蔵良子も、錫高野という村が、奔走中の水戸勤皇派の人びとの間でよく知られた場所だったと指摘し、止幾子の日記に出てくる人たちの幾人かは、勤皇派の特徴に合致するとも言っている〔安蔵良子　二〇〇一年、六二～六三頁〕。このことは、止幾子が、如何に当時の政治情勢に遅れないようにしていたかということだけでなく、彼女が如何にして「（徳川）斉昭に対する畏敬の念」〔安蔵良子　二〇〇四年、一〇六頁〕を育んでいったのかを語っているのかもしれない。

止幾子は、かなり早い時期、すなわち鴨志田彦蔵と結婚していた頃、既に尊王攘夷論に傾倒していたとも考えられる。当時止幾子は小島村に住んでいたが、安蔵の指摘によれば、そこは勤皇派の温床だった〔安蔵良子　二〇〇一年、六三頁〕。止幾子は、当時の勤皇派の言説に間接的に触れただけでなく、夢中にさえなったようだ。勤皇思想への傾斜の要因として今一つ考えられるのは、一八三〇年代、一八四〇年代の行商人としての旅である〔同、六四頁〕。また、彼女のネットワークは、寺子屋での教授だけではなく、近所の人々や、同じ村の人々に行っていた「易経」を使っての占いにもよっていた。易占の会合は、一八五八年八月二六日、九月六日、九月一六日に記録されている。彼女はまた、依頼があれば「呪い」も唱えた。八月七日の記載は次の通りである〔「安政五年日記帳」八月七日条〕。

四ツ時、孫根村より二十三、四ノ女中子共連れ来り、まじないを頼む、桶屋とげのまじないを致す

修験者と巫女が村などで執り行った行事は正灌頂《しょうかんじょう》や供養法から憑《つ》き物《もの》おとし、息災護摩などにいたる幅広いもので、地域の共同体の日常生活において中心的な役割を果たしていたといわれる〔ハーデカー　一九九四年、一四一・一四六頁〕。残存する史料からは、実際に止幾子が修験道場であった宝寿院を経営したかという点は不明で

ある。また、止幾子自身は宝寿院における自分の役割について述べておらず、自己を語るときに「巫女・神子」ということばは一切使用していない。しかし、西田かほる氏や神田より子氏が説くように、修験者の母、妻、妹、娘、孫娘である女性たちの多くは「神子」であった。近世では巫女になるために神社に直属する必要はなく、多くの巫女は独立して活動を行っていた〔西田かほる　二〇〇〇年、七九頁。神田より子　二〇〇一年、七四頁〕。したがって、止幾子が「巫女」を名乗ったかという点はさほど重要な意味はもたないのではないか。肝心なのは、修験道者の家柄に生まれてきたことによって、止幾子が影響力のある一つの重要なネットワークに繋がっていたということである。鈴高野や水戸藩の農村部で占いと呪いの行事を執り行うことによって、止幾子は明確な社会的な役割を担うことになった。また、安政の大獄が行われたときに処罰を受けた勤王家の中には修験者も含まれており〔『維新史料綱要』第三巻　一九四一年、五八頁、安政五年一〇月一八日条〕、同じ修験道のネットワークによって、止幾子が政治に関する情報を入手できた可能性も高い。

一八五八年秋に至るまでの止幾子の日記を精査すると、止幾子の思想を形作る少なくとも二つの主要な契機を見出すことが出来る。第一には、彼女が多方面で様々な役割を演じていたことである。前述した教育、日常の雑事、易占といった活動はいずれも関連のないものと見るべきではなく、すべて、一八五八年秋までの止幾子の人物そのものを形作っている。彼女が、三つの活動の内の一つに、他の二つよりも重きを置くとか、一つの活動が、他の二つよりも彼女の立場をより明瞭にするというような予断は抱くべきではない。

第二に、二つの日記から明らかなことは、止幾子が錫高野の社会だけではなく、水戸や近隣の藩の域を越えた、より広いネットワークにしっかりと根を下ろしていたということである。このことは、一八五八年夏から秋にかけての江戸において、政治的緊張が高まり今にも沸騰しようとしていることを彼女が認識していたことを説明する鍵である。一九世紀の水戸藩にとっては、輸送機関の発達が「人や文化の交流」を活発にし〔桂村史編纂委員会　二〇〇四年、二九二頁〕、止幾子は、それによって、人間関係の構築と、より大きな情報の流れの把握という両面から、大いに利益を得ていた。また、止幾子が活用したネットワークは、水戸藩の農村で暮らしていた村の女の社会的地位の確立方法とその多角的な情報源をも物語るものであった。

3　一八五八年（安政五）——止幾子の政治的覚醒——

一八五〇～六〇年代の種々の政策は、水戸の農民層の政治討論への参加を促した。ヴィクター・コシュマンによれば、農民に郷士の身分を与えたこと、水戸学を普及させた藩校を創設したこと、そして農兵を組織したことすべてが、結果として政治意識を広め、やがては大衆動員という結果に繋がった〔コシュマン・ヴィクター　一九八二年、八九～九二頁〕。このような道が、すべて女性に開かれていたということではないが、政治的かつ観念的な思想の獲得へと導く環境を形作るために役立ったことは間違いない。地域社会に溶け込んでいた止幾子は、当然のことながら、噂、評判、ニュースにさらされていた。もう一人の水戸の女性、山川菊栄は、母や祖母の生きた時代は「そとのことはいっさい女には話さない習慣でしたから女たちは何も知らず」〔山川菊栄　一九八一年、三八頁〕と述べているが、止幾子は、それとは全く別の、そして間違いなくより活発な社会環境の中にいた。知人たちのおかげで政治的自覚を持つことができたという点で、一八五八年（安政五）は、止幾子の政治的覚醒の年ともいえよう。

一八五八年四月二三日、井伊直弼が大老となり、孝明天皇の反対にも拘わらず、諸外国と一連の通商条約を締結した。すなわち、六月一九日に米国、七月一〇日にオランダ、七月一一日にロシア、そして七月一八日に英国と条約を結んだ。彼はまた、九月三日までにフランスとの条約にも署名した。直弼の政策に驚いた水戸藩前主徳川斉昭は、この決定に異を唱えるべく、最初の条約締結の五日後に江戸城を訪ね、尾張藩主徳川慶恕《よしくみ》（慶勝《よしかつ》）、水戸藩主徳川慶《よし》篤《あつ》、その他が同道した。この事件は、朝廷、幕府、藩主達の間の不和のきざしであり、その後、何週間、何ヵ月にもわたって拡大していった。斉昭は、七月五日に蟄居を命ぜられる。その罪状通知は、七月七日朝に水戸に到着し、驚きと怒りに火をつけた。その後まもなく、このニュースが、田舎にも届いた。水戸藩の武士たちは、かつて一八四四年に行なったごとく、斉昭の解放を要求するために、江戸へ行くよう動員される。

条約をめぐる論争の中で、将軍徳川家定が突如死去した（七月四日）。将軍継嗣問題は、徳川斉昭との関係において井伊直弼の頭を悩ませていたが、直弼は、紀州藩主徳川慶福《よしとみ》（後に徳川家茂《いえもち》と改称）を後継者とすることで、勝利を収めることとなった。安政の条約の条項と斉昭の蟄居により不快な思いをした京都の朝廷は、一八五八年八月八日に、いわゆる「戊午《ぼご》の密勅」を下した〔『水戸市史』中巻四、九六五～九七〇頁〕。直弼はすぐにこれに対応し、江戸と京都において、多数の反対派を弾圧し収監した。止幾子が政治的な覚醒を経験したのは、このような出来事の真只中であった。止幾子は、徳川斉昭と井伊直弼のあいだで生じた対立について、「おのずから浮世の人之言の葉にかかるあくじを伝へきく」〔「京都捕之文」上〕と記している。直弼の「悪事」が知れ渡るにつれて、止幾子は、「ともに心を添ひられて」、政治への関心を深めていった。八月二六日には、尊王攘夷の含みの濃厚にこもった「もろ神の道をまもらばすなをなる昔にかへる大和国人」〔『安政五年日記帳』〕という和歌を詠んだ。

止幾子は、戊午の密勅の知らせが水戸に届いた直後の一八五八年の秋には、何百人もの斉昭の支持者たちが、江戸への大行進を始めたことを間違いなく知っていた。「水戸見聞」によれば、下総国小金宿には、九月八日の時点で既に五〇〇人もの人が集まっていた。九月一九日には、江戸への行進の参加者数は、一二〇〇～一三〇〇人にまで増えていた〔桂村史編纂委員会　二〇〇四年、三一二頁〕。参加者は、水戸の各地から出てきていた。この行進の参加者中には、水戸の女性はいなかったようだが、金森敦子によれば、水戸の女性たちもそれぞれ地元の神社への祈願という形で大衆動員に貢献していた〔金森敦子　二〇〇六年、一一八頁〕。

また、一八五八年九月一六日に、止幾子の許へ久保亀という人物が訪れ、孝明天皇の御製である「濁り江の水に我身は沈むとも　にこりはせしなよろつ国民」という和歌を届けてくれた〔「安政五年日記帳」九月一六日条〕。安蔵良子によると、この歌は、挑戦に対しては抵抗すべきと考えるようになる直接の動機となったらしく、止幾子を一人前の政治活動家へと変貌させた感化要因の一つのようである〔安蔵良子　二〇〇一年、六五頁〕。

止幾子が生まれ育った社会は、礼儀や配慮の規範と無難であるということを重んじて、女性（特に、身分の高い女性）を家の中に閉じ込めようとするものだった。女性も教育を受けはしたのだが、当時は「そとのことはいっさい女には話さない」〔山川菊栄　一九八三年、三八頁〕というのが普通で、政治情勢に関する教育は含まれていなかった。しかし、家の外のこともしばしば無視することが出来なくなり、月日が経つにつれて、安政の条約や大獄という事件の影響が、暴動や織物等の天上知らずの物価上昇という形で、日本のすみずみにまで行き渡った。一八五八〜一八五九年頃には、危機が、事実上不可避となっていた。紀州では、藩校教師川合梅所の妻小梅が、一八五八年の凶事について、「いづれ、よういならざる時節也、（中略）何よりも恐るべきは、異国よりおかし来り、内乱もおこらんとす、いともいともはかなくおそろしき時節とは成ぬ」と書き記している〔『小梅日記』一巻、安政六年八月二八日条、一九七頁〕。

行商人時代の止幾子は、地元の詩歌の会に参加し、長年にわたり彼女を政治的なものも含むニュースや噂の享受者とする絆を作り上げた。しかし、彼女の書き残したものが、国学に対してある程度の親近感を表わすものであったとしても、止幾子は、正式に水戸学人脈の内部に属しているわけではなかった。彼女が水戸近郊で生活し、政治的な出来事についての情報や幕府糾弾の嵐にさらされたことは、彼女の政治運動を驚くべき偉業として説明するには好都合かもしれないが、それだけでは十分な説明とは言えない。

また、もう一つ不可解な点が、彼女の手記の中にある。彼女が幕末期の政治に興味を持ったのは、危惧を抱くある出来事に由来するというのである。その出来事とは、一八五八年秋の不吉な彗星の出現であった。止幾子は、「紀行」の最初の部分で、次のように書いている。

八月半毎夜毎夜戌亥の方、東をさして彗星出現致し、尤も其の色白し、倩《つらつら》是《これ》を考れば、其の昔、天智天皇の御宇、曽我乃入鹿朝てきむほんの企ありし時、此星顕れしと有、其時、大職官鎌公計略をもってかのぎゃくぞくを滅ぼしみかどをすくひ奉りしためしも有、其後相馬乃小次郎将門朝てきむほんを企し時、諸手に此星出たりと見へたり、其時、天文博士を内裏に召され其色を考ふれば、凡《およ》そ星に五つの色あり其色青き時は王公やぶれて天子へいかくにくるしむ、其色あかき時はきょうぞくおこりて国民安からず、其色黄なる時は女色害をなす、其色白き時は将軍そむきて二年に兵乱大におこる、其色黒き時は水のせいにて洪水郷家にあふれ五こく実のらず、尤も此度の星は其色白しはおもき御慎みとぞ申し上げると云也

止幾子が見たように、白い彗星は、差し迫った政治的騒動を示す不吉な予兆であった。しかし、彼女を最終段階で政治活動家へ変貌させたのは、天啓というよりは世俗的ともいうべきもう一つの出来事であった。その年の年末近い一二月二六日、止幾子に「獅戸中務と申す者」の突然の訪問があった。郡司篤信は、その人を「幕府の逮捕を避けた岩手山の舊神官小島春尊（止幾子に漢詩を教えた人物）であると推定している〔郡司篤信　一九〇〇年、四頁〕。野口勝一と高木俊輔は、黒澤家の婿・助信法印が小島春尊の知人であり、従来からの知己であった、と付け加えている〔野口勝一　一九七五年、二一六頁。高木俊輔　一九八二年、二六〇頁〕。止幾子自身は、「京都捕之文」の中で、次のように説明している。

十二月二十六日夕つかた、諸国遊の者、獅戸中務と申す者、山がつの風体にて身をやつして来りひそかに申様、此度公辺にて儒者たる者文学に達たる者をば召取《めしとり》、一ふくを以、吟味なしに御ころしに成との事、剰《あまつさえ》朝敵奉るの存意と見え、我ごとも是北国にも逃去んと、されば、男子にては通路成がたき由申す、命たに有らばといふ

て、北国さして落うせけり

獅戸中務は、偽装して北の方へ逃げた。彼は止幾子とある秘密の情報を共有しており、安政の大獄について彼女に警告していた（「京都捕之文」下）。「日用重宝記」（安政五年）には、一二月二六日の記載があるが、獅戸の訪問についての記述はない。しかし、「紀行」では、中務の名前を挙げてはいないものの、同日に幕府を惑わせた追従者（「佞人」）の存在を非難する「諸国遊歴の者」が訪問したことを、記述している。

十二月二十六日夕つかた諸国遊歴の者来たり申様、此度公辺之者ねいじんおほく君をまどわせ奉り、あまつさへ朝敵奉るの存意と見えて、儒者たるもの文学に達したるものをば召取一ふくを以ころしたまふよしにて、我等事も是より北国へも逃去らんと

中務は、「将軍家茂幼少幕吏政刑を擅《ほしいまま》にし以て志士を殺戮ぞ、吾輩噍類なからん故に暫く北国に避け」（郡司篤信編　一九〇〇年、四頁）たとされる。この会話は、積極的行動に向けて止幾子を公然と押し出す重要な役割を果たしたようだ。止幾子は、この国の現状を聞いてすぐに自分の心が目覚めたと書いている（「紀行」）。

心の内さりながら、我等如きの輩はやたけ心を起こすとも、大海の一滴九牛の一毛なれば発る所は須弥山の如し

彼女の意志が、たとえ「大海の一滴」「九牛の一毛」のように取るに足らないものであったとしても、彼女は、仏教世界観の中心とされる須弥山から湧きあがってきたように力強く感じた。一八五九年（安政六）、止幾子は京都へ行き、ほかでもない天皇に御勅状を差し出す決心をした。この時、彼女は一人前の勤皇家への転身を遂げた。

4　京都への旅

ネットワークが広がったことは、止幾子の政治への意識喚起に役立っただけでなく、やがては止幾子を、勤皇を奉

ずる決心へと導いていった。またこのネットワークは、止幾子が上洛を決心した際にも、存分に活かされた。

一八五九年二月二二日、止幾子は単身、公式の旅行手形もなく、七三歳の老母を家に残して出発した。母が彼女に、「無事に戻れ」と懇願した時、その返事として「春雨の古巣を出でて鶯の　雲上へかよふ今日ぞめでたき」〔「紀行」〕と詠んだ。和歌について長年学んできた止幾子は、比喩をどのように利用するかを良く知っていた。つまり彼女は、鶯のように「雲上」の、とある場所まで空高く飛び上がろうとしていた。そして、彼女が行商人の時から積み上げてきたネットワークが役立つことになった。

この旅の当初、錫高野の知人で、「胸の底忠義に凝ったる勤皇家」〔「紀行」〕、錫高野村の庄屋〔『水戸市史』中巻、一一九頁〕で神主でもあったとされる鯉淵（鯉渕）治兵衛（次平）*が同行することになった。止幾子は治兵衛について詳しく述べていないが、数ヵ所かの記述で、治兵衛が徳川斉昭を支持しており単なる村人ではなかったことを示唆している〔『水戸市史』中巻、一一九頁〕。止幾子と治兵衛は小山を過ぎた所で出会い、佐野、足利、沢渡まで一緒に旅をして、沢渡で別れた。治兵衛は、止幾子より先に京都に着いたとされる〔桂村史編纂委員会　二〇〇四年、三一六頁〕。

*彦根藩に残された探索文書には、「水戸殿御徒目付之もの二男ニ斎藤留次郎と申もの在之、鵜飼喜三郎抔懇意之由、鯉渕次平は変名ニ而、実は右留次郎ニ無之哉（中略）、黒澤李恭之申立候鯉渕次平義、仮令斎藤留次郎ニ無之候とも、老公え奉仕候御家中杉浦仁右衛門抔之類別ニ可有之由」〔『大日本維新史料井伊家史料』第一八巻、八〇、二五〇頁〕とある。幕府側は鯉渕次兵衛を名うての勤皇家斎藤留次郎の偽名かとも疑っており、鯉淵の実態についてはさらに検討の必要がある。

京都への旅は、勤王家の仲間だけではなく、文人のあいだで作ったネットワークと吟行などを通して結んだ人脈によって容易になった。ネットワークに属した知人が道中の宿を提供してくれた。例えば、沢渡の温泉では、以前草津への旅で知遇を得た湯本太郎右衛門の旅籠に泊まっている〔「紀行」〕。小梅では、六年も前からの知り合いである湯本平兵衛を訪ねた。彼女の日記に、冬住という号で彼のことが記されていることは、二人が文人界を通じて関係を築いていたことを示している（「紀行」）。止幾子は、小梅の前の下館で、「俳諧の師なる寒菊庵其最先生の弟」である経師粽吾の所に宿泊した。二人は、文学だけでなく、彼女の旅についても話し合い、彼女の出発に際しては、宿主が送別の句を贈った。粽吾の作った句「舞あげて　はやくも戻れ　春の蝶」（「紀行」）は、大いなる企てに当たっての彼女の身を案じる訓戒のように読める。

　止幾子の師匠としての活動に基づいたネットワークも役立った。豪雪による危険のため渋峠を抜けられなかったため、止幾子は師匠時代からの草津での知人、菊屋の被護の下で、三日間を過ごした。彼女は一八五一年、菊屋権太郎の娘と孫を六ヵ月間にわたり教えたことがあった（「紀行」）。彼女が再び旅路に就く時、菊屋は弁当と「幸いの道連れなり」（「紀行」）ともいうべき権太郎の甥である越後屋庄助を同道させてくれた。しかし旅中の止幾子は、大体において人目につかないようにした。出発間もない二月二六日、佐野に着き、天明行田屋で一夜を過ごした時、旅客の一団が政治談議をしていたが、止幾子は思慮深く無関心を装った。木曾福島関所を避けるために通った伊那街道の妻籠橋場では、政情を議論する旅人たちと一緒になった。

　当時水戸之御隠居様が御慎《おつつしみ》にてなければ、江戸洛中は大変でござる、ソレハ又どふした事でござる、イヤモウ、あめりかと御同腹成れたそふな、アノ御方御慎でなければ、今頃は軍さい中、江戸之者は居所もこさりませぬ、其故に水戸様之事をば、皆々江戸之者ハわるく申て居ますするトいふ、ハテ、其はけしからぬ事、わたしらはさつはりそんな事はききませぬと、そしらぬ顔でいいければ、彼之者残らず江戸洛中のあく節を咄す、とても水戸なとといふては、道行が成ますまひと、あつ口たらだら物語を聞て、弥心中ニいがり、さすれば伊井（井伊）か謀計を以、前様をあしさまにいい広め、押込しに相違なしと猶々いきどふり、ぎゃく賊非道の伊井掃部、已其の侭置くべきかと、弥心中ニいきどふりけれど、其と人にさとらじと、又軍談咄しにまきらかし行程に、其夜は人り宿す〔「紀行」〕。

止幾子は、その「悪口」にあきれたが、摩擦を避けるために沈黙していた。止幾子は、三四日間の旅ののち、一八五九年三月二五日にようやく京都に着き、烏丸通りの扇屋庄七方に宿をとった。当時の京都は、近衛家に仕える老女で京都の朝廷と勤皇運動家たちとの貴重な連絡係である村岡局《むらおかのつぼね》の捕縛後間もなく、大変な動揺の中にあった。村岡局は、井伊直弼の安政の大獄のなかで収監され、三条家・一条家の人々と共に江戸へ送られた。

止幾子は三月二七日、北野天満宮に参詣し、そこで本坊慶円坊と合う。彼女は詩歌の教えを乞うべく慶円坊に東《ひがし》坊城《ぼうじょう》前大納言聡長《ときなが》卿を紹介してもらうことを希望した〔桂村史編纂委員会　二〇〇四年、三一七頁〕。しかし、当時聡長卿は謹慎中であったため、慶円坊は止幾子に、下級官人で尊皇家でもある座田維貞を紹介した。止幾子によれば、慶円坊は、座田と共に天満宮に菅原道真の遺戒の記念碑を建てた同志であった（「座田は慶円坊と共に菅家遺戒を天神に建碑せる同心人なり」〔「京都捕之文」上〕）。止幾子が、天皇に届けてくれるようにと嘆願書（献上の長歌）を見せたのは、この座田に対してであった（三月二八日）。彼女が長歌の形で書いた嘆願書は、次の通りである。

千はやぶる　神代のむかし　神々の　しずめたまへし　あきつしま　実にも尊き　日の本之　きよき光ハ　古し
へも　いまも千とせの　末までも　かはらぬ君が　御代なるを　かくとはいさや　しら波の　よせ来る如に　異
国の　ことうき舟の　えみしらか　しゅるねかひを　つとつとに　うけ引国の　あやまちは　伊井といふ士の
心から　御国のおもを　はみなから　おさおさしくも　おもほひす　あやなくまとふ　ぬは玉の　心のやみ之
くらかりし　くろきまなへ（間部《まなべ》詮勝《あきかつ》）を　かたらひて　いさをしあれと　咎のなき　かしこき君を　おしこめ
て　黄金のいろを　やまぶきの　花ちる如に　まきちらし　おもきくもゐ（雲居）を　おそれなき　たくみのほ
とそ　あさましき　あさきたくみも　おのつから　浮世の人の　言の葉に　かかるあくし（悪事）を　伝へきく
身は下なから　あま照らす　神の御末を　くみてしる　いさほしありし　藤原の　流れのすえの　われなれは

ききすてならす　としたけて　五ツの四ツに　成ぬれと　七十路三つの　母のそは　老のよはいを　みまほしと　押しえ（教え）の道を　業として　ほそき煙りのたち居よく　あさな夕なに　つかひしも　ことをつはらに　かたらひて　しはしのいとま　こひけれハ　ともに心を　添ひられて　御国のために　時をえ（得）は　早とく行けと　老楽の　言葉もすくに　力くさ　つゆをふくみし　あさほらけ　日もたちいつる　衣手の　ひたちをいてゝしきしまの　道ある御代を　したひつゝ　杖をちから之　旅のそら　たとるも君が　御代のため　おもひつゝけし　老が身の　やたけ心は　はるの野を　行もかへるも　あつさ弓　はるけき道を　ささかにの　糸もたゆます　引はへて　登るおもひは　あまさかる　ひなにうまれし　ちりの身の　ちりつもるてふ　やまの井の　深きこころの　ミなもとハ　流れてきよき　丸水の　中にすみぬる　魚心　つたなき身をも　わすれつゝ　御国のためと　あさゆふニ　千々にこころは　くたけとも　たゝひとすしに　行水の　せみの小川に　御禊して　はるゝきぬる　旅衣　あかつきなから　鶯の　はつ音のけふの　ことふきや　野末ににほふ　梅かゝを　あまつ雲まて　つたへあけ　おそれ多くも　久かたの　くも井の庭に　ぬかつきて　おそれミゝ　つゝしみて　申言の葉　奉るなり〔「京都捕之文」上、史料中の（　）は筆者による。以下も同じ〕

止幾子は、遠く神代の時代に創始され、最後の時まで輝く運命を持った日本国への称賛をもって筆を起こしている。次いで、日本の国土への外国の野蛮人（「異国のことうき舟のえみしらか」）の来訪を挙げる。外敵の脅威に接し、井伊直弼と、彼の政策に対する朝廷の同意を得るために一八五八年に上洛した老中間部詮勝によって、日本はすぐに「えみしら」の要求に屈してしまった。直弼はまた、国を裏切っただけでなく、彼の政策に反対した水戸前藩主徳川斉昭を不当に投獄したという理由においても責めを負うべきであった。この長歌兼嘆願書は、直弼の面目をつぶして斉昭の無罪を明確にし、たとえ間接的ではあっても、斉昭を蟄居から解放したいとの願望に基づいて書かれた告発状だといえよう。

止幾子は、どのようにして慶円坊、東坊城聡長また座田維貞と知りあったのだろうか。繰り返しになるが、それは、ネットワークと人から人への伝言によってであった。一八五八年の秋、旅の途上にあった下総国の和歌の修行者森田善男は、止幾子の家に宿泊した折、聡長作の漢詩を止幾子に見せた。その漢詩は、日本の「国体」を讃える内容で、座田維貞の求めにより詠まれ、慶円坊によって、石碑に刻まれたものだった〔桂村史編纂委員会　二〇〇四年、三一五頁〕。その詩を、菅原道真を讃える偽作の「遺戒」の一部と考えるのは自然なことである〔郡司篤信　一九〇〇年、七五頁〕。従って、止幾子の北野天満宮訪問や慶円坊への接近は偶然ではあり得なかった。これらは、政治的な発言を詩歌という形でやりとりする勤皇運動家たちのネットワークのあり方からすれば、当然の結果だったのである。

止幾子のネットワークは、翌日にも役立った。眠れぬ夜が過ぎ、彼女は、朝早く起きて、京都を離れる決心をした。難波（大坂）へ向かい、八軒谷升屋市兵衛方に宿をとった。ここで、一八年前に下野国の那須温泉で入浴中に友人になったある女のことを思い出し、探し出すことを決意する。彼女を見つけ出した際には、二人は一晩中、「風流」や「雅」、さらにまた政治情勢などについて話した。彼女が幕府の役人でありながら反旗を翻した人の物語「大塩平八郎万実録」を持ち出した時には、止幾子は落涙を禁じえなかった〔「京都捕之文」上〕。

彼女が京都に残した嘆願書の命運、そしてやがては止幾子の捕縛に至る当時の正確な事情は、謎に包まれたままである。京都への到着以来、ただ水戸出身であるというだけで、詳しい取り調べを受けた可能性も、十分にある〔水戸市教育委員会　二〇〇〇年、二五二頁〕。いずれにせよ、京都町奉行は、先の長歌のことについて調べ上げ、すぐに彼女の捕縛を命じた。四月一日の日暮れ、止幾子が銭湯から帰ろうとした時、二人の同心が近づいて彼女を捕縛し、彼女は初めて「天下の為ニ御縄を蒙」った〔「京都捕之文」上〕。

5　監獄での生活

止幾子は、二部からなる長い回顧録、「京都捕之文」の中で、捕縛について記録に留めている。全体の翻刻は、前掲〔郡司篤信　一九〇〇年〕に掲載されているが、原本とは大きな相違がある。断りのない限り、ここでは水戸歴史館の黒澤家写本二号（上）、三号（下）として保管されている写本を用いて、捕縛された止幾子の状況を追っていこう。

彼女は大坂での留置中に何度も尋問された。取調人たちは、彼女がなぜ直弼を悪しざまにいうのかを問い詰め、また、京都への旅の詳細について、明らかにするよう迫った。四月一一日、大坂において彼女は初めて今までの旅の顛末について、「一天万乗君之御一大事と承り、毎に邦君御慎之御儀、全《まったくもって》以無事之罪に落入らせ玉ひし由、此儀恐れ多くも天朝へたしかに奉言上、帝之御難を去けん為出来り候」〔「京都捕之文」上〕と説明している。止幾子の大坂での留置は、長くは続かなかった。四月一二日には、更なる尋問のために京都へ送られた。京都では、他の勤皇派と一緒に留め置かれた。

京都の取調人は、大坂の取調人に比べると情け容赦なく、拷問を口にして脅すことさえあった。実際には拷問はなかったが、それは後から振り返って初めて意味をもつことであり、その時の止幾子にとっては、それがただの脅し文句なのかどうかは全く分からない状態だった。「私事はかよわき老身にて明日は落命と覚悟いたし候」〔「京都捕之文」上〕と記したように、この脅しは彼女にはこたえた。

取調人たちを特に悩ませていたのは、「女である」彼女が、誰の助けも借りずにこのような大陰謀を企て、実行したということだった。取調べの最初の日には、取調人の一人が「其方婦人之身として一人にては参るまじ、連《つれ》の者は何《いず》くに居る、有体に申されよ」と、婉曲に尋ねた〔「京都捕之文」上〕。彼らはまた、あの長歌兼嘆願書は、誰か他の者の手によると信じていた。そして彼らはまた、止幾子は、斉昭の妻の貞芳院吉子（登美宮、御連中様）にこれを届けるよう依頼されたのであり、一人で旅をしたはずがないと疑っていた。彼らは、「こりゃ、其方ハな、水（戸）殿御連中様よりの御使じゃなして、此長歌は外ニつゞり者有べし、何人ニたのまれた、ササ、有体ニ申されよ」〔「京都捕之文」上〕というように、彼女の京都への旅を、「是天下をくつがえさん為」の策の一部なのではないかとさえ疑っていた。

ネットワークは、実際のものであれ、捕縛者たちによる推測であれ、彼女には負に働くものとなっていた。アン・ウォルソールは、女性が幕末期の傑出した男性活動家間の仲介役として、実際に勧誘される方法を論証している〔ウォルソール　二〇〇九年〕。止幾子の取調人が彼女のことを仲介役と見ていたのは、そのような実例があったことを示唆するだけでなく、性差についての特別な先入感があったことも窺える。つまり、女性が単独であえて政治の域へ入っていくことは考えられず、性そのものが罪になる要素となったのである。彼女は女性として、確実に共犯者の手助けが必要だったとされ、その共犯者の自白を強要された。男性勤皇家の場合であっても、支援者たちの存在が明らかなら強要されただろうが、女性の場合には、より強く強要された。

四月一四日の第一巡目の取調べにおいて、止幾子は政治的な覚醒について説明した。すなわち、前藩主斉昭に与えられた不公平な罰のこと、彗星のこと、そして中司の訪問が朝廷への旅を思い立たせた主な要因だったことなどである。

此度、私儀、鄙賤《ひせん》の身として上京いたし候事、一ト通申し上奉らん、哀、御聞とゞけ玉はれかし、其子細は去ル七月中、邦君前の中納言様（徳川斉昭――筆者）御慎の御儀ニ付、何成御咎有《いかなるおんとがあ》らせられ斯《かく》ある罪過には落入らせ玉ふかと存、下ながら恐入奉り共に慎居候所、折から八月半より毎夜〱彗星出現いたし、其色を見て天下之乱ニも相成べくと存、心配致し居候、折から十二月廿六日夕つかた諸国遊歴の者参り申様、此度於公辺ニ佞人《ねいじん》多く奉君をまどわせ、剰、奉朝敵の存意と見えて儒者たるもの文学に達したる者ハ召捕、一腹を以てころし玉ふ由ニ承り、我等事も是より北国え逃去ん、兎角に魂のおさへ有らバといふて、手足も氷る年の暮、北国さして落行ける、あとにて老母と申合せ、何を申も、おそれ多くも一天万乗之君の御一大事を承りては、婦人なからも聞捨ニハ成がたし〔「京都捕之文」上〕

直弼の処罰に対する止幾子の個人的な反発と逃亡犯である中司卿の言だけを動機として説明したならば、彼女は幕府の敵として厳しい立場に追い込まれたであろう。しかし、彗星という全く政治とは無関係な事柄を動機の一つとしたことが、彼女を守る楯として機能した。

止幾子は、何故宇宙の力を借りる必要があったのか。それは、秩序とともに、それ以前に受け入れられていた女性らしい礼節のあり方が崩れていくなかで、彼女の行動主義が熟していったことを示している。彼女は、一八五八年の騒動がすべてのことをひっくり返したと理解していた〔「京都捕之文」上〕。アン・ウォルソールが松尾多勢子の自伝の中で注視したように、幕末の異常な出来事が、性差が持っている役割の一時的な入れ替えを許したのであり〔ウォルソール　一九九八年、一〇九頁〕、抑圧され政治的に無知な状態から、女性が転々と移動して勤皇運動に没頭する状態へと転じるなど全く予期できなかったことも注目されよう。止幾子は、女性が政治に関わることは、不適切だということがよくわかっていたし、取調人も、彼女にこの点を想起させていた。そこで、彼女はその釈明をするのに彗星を用いたのである。

しかし、嘆願書には、彗星のことは一切書かれていない。もし彗星が本当にそのような重要な役割を果たしたのならば、止幾子は当然そのことを書いたであろう。ところが止幾子は、嘆願書のなかで、斉昭の処罰や直弼の悪行を知り彼女の世界が粉々に損なわれた時に、自分は「おしえの道を業」としていた平凡な中年女性であったと述べている。

止幾子がかつて書いたものの中で最も率直であるはずの嘆願書にも、彗星について書かれておらず、彗星が後になって仰々しく言うほど重要な契機ではなかったのは明らかである。止幾子の行動への炎は、天の不吉な前兆によって点されたのではなく、もっと地に足が着いた、より人間的な「浮世の人之言の葉」によって点されたのであった。

幕末の頃、幕府は女性勤皇家に対しては、男性同様に、その扇動的な活動を鎮圧しようとするだけでなく、女性の役割の逸脱とみなす違反を厳しく罰する対応をとった。大塩平八郎は、一八三七年（天保八）の大坂での謀反において、「制度を批判いたし」たとして有罪と認定され、彼の自殺後、象徴的な判決として死刑を言い渡された〔モリス・アイヴァン　一九七五年、二一九頁〕。勤皇家吉田松陰の場合は、「不届きに依って、死罪申付ける」〔「京都捕之文下」〕と記されており、単に法を破ったとして死刑を宣告された。しかし、女性の場合には、女性であることが判決に影響を与えた。例えば、福岡の勤皇家、野村望東尼《もとに》（一八〇六〜六七年）は、「女としてあるまじき所行少なからず」として、一八六五年（慶応元）、遠島を申し渡されたのである〔小川煙村　一九九八年、二一四頁〕。止幾子の捕縛は、彼女が自身の行動の軌跡を書き残す機会を奪ったが、彼女はその政治性を一時的に押え、彗星の話を、自分で整理しまとめることのできる原因と結果の物語として展開した。幕府が女性であることにこだわったのに対し、止幾子は、宇宙の不思議で色づけされた政治的言語を展開したのである。結局は、彼女は有罪となったのであるが、このような超自然的ニュアンスに満ちた説明は、止幾子の弁護戦略の鍵となった。彼女は彗星の話を展開することによって、協力者や人脈、つまり勤王家のネットワークの問題から注意をそらすこともできたのである。

五月一五日、止幾子は江戸送致を告げられた。唐丸籠に入れられて、一三日間の東海道の旅がはじまった。止幾子は、しばらく浅草溜に置かれたが、一八五九年（安政六）七月二七日に悪名高い小伝馬町の牢に入り、同年晩秋までに、取調人が、彼女の宣誓書に基づく正式の口述書（口書）を作成した。この「自白」の明細は、彼女の冒険談であり、斉昭に対して課された不当な処罰に始まり、彗星の出現や、獅戸中務の訪問について記述している〔「京都捕之文」下)。

一〇月二七日、判決言い渡しのため、止幾子は吉田松陰を含む他の勤皇派の人たちとともに呼び出された。吉田松陰の判決は死罪だった。止幾子は、幕府重役への批判を理由として有罪となり中追放を宣告された(「京都捕之文」下、茨城県立歴史館黒澤家文書写本四三号「中追放御構場所」)。中追放とは、山城(京都)と、常陸(水戸)、それに江戸の日本橋から、全方位五里以内に、足を踏み入れてはならないことを意味した(「京都捕之文」下)。拘留を解かれた止幾子は、江戸小石川の旅宿で一夜を過ごした。一〇月二九日には江戸を離れ、下野国茂木へ向かった。そして一二月六日、故郷の錫高野へ戻った。

6　釈放後の人生

止幾子が戻ってきた水戸藩は、不在中にすっかり変貌を遂げていた。水戸は、戊午の密勅をめぐって、江戸との間の緊張が高まり、幕府側に復帰すべきか、あるいは他の藩に対して自藩の立場を明らかにするべきかという紛争の真っただ中にあった。釈放後の止幾子の人生のあらましについては、「京都捕之文」の末尾に書かれているが、止幾子は満足をもって人生を振り返り、新しく見つけた自分の平凡な日常について記している。

有難く二度よみがえりし心地して、度々剃髪して使ひ、孫を養ひ、三人諸共に丹精いたし、三年斗《ばかり》は三度の喰も粥をすすりてすぎわい致し、門人百人に余り成れ共、壱銭も貪らず、十金に余る借財を片付ければ、又々門人も出来て、今程は余ほどすぎわいもよろしく候得共、一日も不得休《やすみえざる》事水行ニ而、天下泰平　国五穀成就、御領主御安全武運長久、異敵退壌国土安穏、万民豊楽之家内安全、子孫長久外意味を申す

日本からの「異敵」の「退壌」を望むという止幾子の揺るがぬ願望は、彼女がその後も依然政治に無関心ではな

かったことを示している。処罰への恐れがあったとしても、それ以上に年齢を重ねたことで、彼女は揺らぐことがなかったのであろう。一八六〇年（万延元年）四月、止幾子は「和歌雑詠」を著わした。全体を貫く主題は、世の中から離れた孤独と村での生活であるが、それは、世事を忘れてしまったことを意味しているのではなかった。止幾子の和歌は、詩的な憂いと、老いという避けられない定めに思いを馳せるものであったが、敗北を宣言したり勤皇運動の断念を表すものではなかった。文飾と論鋒するどく述べるために辺鄙な暮らしが強調されすぎているが、世間から遠ざかってはいても、「輩はところどころに別るとも　心ひとつにみゆる月かな」（「和歌雑詠」）と詠んでいるように、止幾子が闘志を失うことはありえなかった。止幾子は勤王家たち（「輩」）から分離されたが、彼らとのきずなは、「心ひとつ」と依然固かった。止幾子はまた、政治の舞台で進行中の混沌とした時々刻々の情報から隔離されていたわけでもなかった。

幕末の騒乱が激しくなるにつれて、水戸は内乱状態に陥った。その時までにはもう、ネットワークを通しての知らせや伝聞は、必要ではなくなっていた。なぜなら、止幾子は、秩序の崩壊を自ら目の当たりにしていたからである。一八六四年（元治元年）の止幾子の生活日記「日用重寳記」は、天狗党と諸生党の衝突を詳しく記録している。そこには、軍隊の行進、百姓一揆、物財の破壊や、頻発する暴力行為などの描写が含まれている（「日用重寳記」）。「日用重寳記」はまた、このドラマの主要な役者として、天狗党の田中愿蔵《げんぞう》や、宍戸藩主でありながら一八六四年八月に水戸に送られ、天狗党の乱を鎮圧し、水戸藩の平和を取り戻した松平頼徳の名前を挙げている。止幾子は、客観的で公平な立場からは程遠く、自分の勤皇精神を十分に自覚していた。例えば、彼女は、日記中、筑波山で天狗党の乱を攻撃した幕府・藩の連合のことを「奸物」と呼んでいる。もう一人、天狗党の不倶戴天の敵である鈴木岩見守（重棟《しげむね》）も、止幾子の目から見ると「奸方」だった（「日用重寳記」）。このように、止幾子は、実際に活動はせずとも、その心中は水戸藩の政治社会における最も激烈で、徹底した不平分子と同じ位置にあった。

八月末には、止幾子の周りでも、戦争の砲声が日常のこととなった。彼女は八月二三日に近隣の山に登り、天狗党同調者をも含む松平側の兵力と、当時水戸を占拠していた市川三左衛門が率いる一派との間の野戦の余波を目撃した。「此の日地頭山へ登りて見れば御城下の方に煙り立ちのぼりて大筒の音激し其れより下りて雨降りて戻る」（「日用重宝記」）といった混乱のなかでも、止幾子は依然、寺子屋を続けることはできた。「日用重宝記」によれば、七月二〇日の記事には「小坂より手習子三人来る」と記されている。その後、八月九日にも、八人か九人の生徒が来ている。

彼女はまた、家族の、村民たちの、城下町の、松平頼徳の、そして藩主の運命を予言したいと易を続けていた。そうすることによって、勤皇派内での新たな役割を演じようとした。彼女は、もう旅に出る意欲がなく、また出来もしない状況下で、多分こうなるであろうと予告することによって、わずかながら今後の方向性や希望を与える役割を果たしたのである。彼女が易に没頭するのは、戦争によって生じた不安定な状況による場合が多かった。例えば、一八六四年八月初めには、これから平和になるのかどうか、また、この衝突のために避難した三〇人の村民が最終的に帰村できるかどうかを見定めるために、易経六四卦で占った（「日用重宝記」）。

台より庄左衛門様来たりて卜を見る。村方三拾人の身の上也。

䷞澤山咸六二　吉事也　今明の内戻るべし

五日の易は

䷲震為雷　六二　雷百里をおどろかし　有聲無形と心（得）べし

六日は

䷎地山謙初六　謙はへりくだると　是も静かなるべし

彼女の卜した内容や占ってもらった顔ぶれは、幕府滅亡に至る数年間の彼女の社会的な活動の場を映し出すものであった。

幕府終焉後の止幾子の人生は、ひたすら浮き沈みの連続であった。一八六九年（明治二）一二月一二日の夜、彼女の家に六人の盗賊が押し入った。止幾子は、この出来事について多くを書いていないが、深い悲しみをもたらした、とだけ記している。しかし、その四日後には、母が八三歳を迎え気力をとり戻している。次いで、一八七〇年の元旦に、日本がついに平和になった喜びを、「吹く風も枝をならさぬ静けさは　治まる御代の印とぞしる」と詠んだ〔『四季雑詠』〕。

しかしその得意げな様子は、長くは続かなかった。その日の夕刻には、娘の久米子の訃報がもたらされた。止幾子は、悲しみに打ちのめされた〔「日用重寶記」〕。止幾子は、明治維新の騒乱は過去のものとし、人生の最後の数年を教育に捧げた。一八七二年学制が創設され小学校が設立された時、彼女の寺子屋が小学校に改装された。こうして彼女の寺子屋が村で最初の小学校になり、止幾子は茨城で最初の女性教師となった。一八七四年に新校舎が完成すると、彼女は高齢ゆえか教職から退いた。しかし、あくまで彼女に教えを乞う者がいたので、学校をもう一年続け、完全に教職を離れたのは一八七五年であった。その同じ年、彼女は皇室への忠義を認められ、「終身禄現米拾石（を）下賜」された〔女子学習院　一九三九年、五六六頁、茨城県立歴史館所蔵黒澤家史料　写本四四号「終身録御墨付」〕。

結論

止幾子は、勤皇派への献身により止幾子に贈られた前述の一八七五年（明治八）の表彰状で、「窃《ひそか》に」京都へ潜入したことを激賞されている。彼女自身、『京都捕之文』の中で、自分は単独で行動したと主張しており、一九九三年の『日本女性人名辞典』でも、止幾子は誰とも行動を共にしていないことが強調され、彼女が京都へ「単身」で行ったと明記されている〔芳賀登　一九九三年、四〇六頁〕。

「百姓の女が単身で旅をする」というこれらのシナリオは、魅力的ではあるが、誤っている。実際の止幾子は非常に濃密でかつ広範な交流ネットワークから便宜を得ていたのであり、そのネットワークとは、彼女を知る、例えば鯉淵治兵衛や、最新事情をたえず耳に入れてくれる獅戸中務、森田善男、彼女に宿を提供してくれた菊屋のよう勤皇派を公言する者など、明らかに勤皇派支援を名乗るグループや言わず語らずのうちに支えてくれる人たちだった。旅中の彼女は、政治について無知をよそおうために生じる極度の緊張と、安全なネットワークのなかで任務を果たすときの深い安堵・解放感――下館の経師粽吾と一緒の時のように――との間を揺れ動くが、強い決意と驚くほどぎりぎりのところまで踏み込んで任務に就くその姿勢によってこそ、止幾子は自前の力で成長した運動家だと評価することができるのである。彼女は、自分自身の政治運動家への変貌について、いくつかの説明を挙げている。ある説明では、天の予言を強調し、他の説明では、獅戸中務、慶円坊、座田維貞、その他の人々との人間関係に焦点をあてているが、ネットワークこそが彼女の経験の中心であった。武家の出ではなく、女であり、また幕末騒乱の中心に近いとはいえ近傍にすぎない村の住民であった止幾子は、行商人として、歌人として、手習い師匠として、易者として、修験者の娘として、勤王家の知人として、そして地域社会の一員として、自身が構築した関係から大いに利益を得た。こ

図　黒澤止幾子(1889年撮影)

れらの絆が彼女をあふれる情報の受け手たらしめ、幕末史へ参加を可能にしたのである。

止幾子は一八九〇年（明治二三）に没した。彼女は、死の前年の写真を残している。これは、現存する彼女の唯一の写真である。その死から一七年後の一九〇七年（明治四〇）、彼女は、宮内省から階位を追贈された数少ない女性の一人となった。

止幾子の物語は、小さなレンズを透して、明治維新史を書き直す手助けをしてくれ、地方の文化、人的ネットワーク、そして女性であるという点に焦点を当ててくれる。絲屋寿雄は、『明治維新と女性の夜明け』のまえがきの中で、「明治維新の変革は日本の女性に何をもたらしたか」（絲屋寿雄一九七六年、一頁）という重要な問題を提起していた。しかし、「女性」という語の範疇はあまりに広すぎ、そのような問いに対して、唯一の答えがあるとは考えられない。それぞれの女性勤皇家にたいして、同じ数の女性たちが徳川幕府の現状維持を望んでいるのであり、多分それ以上に多くの女性が、自分の意見を持っていないか、あるいは幕末期の政治変動に気づいてもいなかった。

さらに、一八六八年が日本史の分岐点であることは否定できないとしても、私たちが、歴史の大局から、一個人というより限定された小世界へと焦点をせばめて見るならば、近世から近代への転換は、別個の一連の基準年によって区切られているように見える。黒澤止幾子のケースは、まさにそうであった。一八六八年の明治維新は、止幾子の人生においては、重大な区切りではなかった。近代の日本史のなかでも、多くの点で注目すべき分岐点が、特定の一個人の経験を透して見ると、全くたいしたこともない出来事となってしまう。止幾子の一八六八年前後の人生には大きな変化はなく、個人的な悲劇（娘の死）と喜び（母の誕生日）の方が、彼女が知り得た抽象的な政治変動よりも、更に深く、より激しく、彼女の感情を動かしていた。

全体としてみれば、教えることと書くことは、折々の変化の下でも止幾子が続けていたことだった。黒澤止幾子の人生における転換点を見極めるとすれば、必ずしも明治維新ではなく、一八五四年（安政元）に彼女が寺子屋を引き継いだ時や、一八五八年（安政五）夏、秋の徳川斉昭の刑の宣告と中司との出会い、あるいは一八七二年（明治五）に寺子屋を小学校へ転換した時、そして一八七五年の終身禄受与の時である。いいかえれば、止幾子の人生の軌跡が示しているのは、徳川から明治への過程において、既定の一連の基準によるのではなく、その変遷に関わったひとりひとりが、個人的で個性的な道筋をたどったということであり、それは、ときに、後から遡及的に構成された粗筋に沿わないことがあるということなのである。

参考文献一覧

〈史料〉

『維新史料綱要』（維新史料編纂事務局、一九四一年）
茨城県立歴史館所蔵黒澤家史料　黒澤止幾子「安政五年日記帳」（写本三四号）、同「京都捕之文」（写本二号上・三号下）、同「紀行」

（写本一号）、同「四季雑詠」（写本一七号）、同安政五年「日用重寶記」（写本四〇号）、同元治元年「日用重寶記」（写本四一号）、同「和歌雑詠」（写本一二号）、「終身録御墨付」（写本四四号）「中追放御構場所」（写本四三号）
『小梅日記』全三巻（志賀裕春・村田静子編、平凡社、一九七四年）
『大日本維新史料　類纂之部　井伊家史料』第一八巻（東京大学史料編纂所編、東京大学出版会、一九五九年）

〈著書・論文〉

會田範治・原田春乃『近世女流文人伝』（明治書院、一九六〇年）
安蔵良子「黒澤止幾子の生涯と思想」（『茨城史林』二五号、二〇〇一年）
――「日記に見る元治甲子の乱、元治元年・黒澤止幾子の『日用重宝記』から」（『江戸期おんな考』一三号、二〇〇二年）
――「女寺子屋師匠の生活」（『総合女性史研究』二一巻、二〇〇四年）
絲屋寿雄『明治維新と女性の夜明け』（汐文社、一九七六年）
ウォルソール・アン Walthall, Anne. "Fragments of Friendship: Matsuo Taseko and the Hirata Family." *Monumenta Nipponica* 64, no. 2 (Autumn 2009): 315-335
――*The Weak Body of a Useless Woman: Matsuo Taseko and the Meiji Restoration.* Chicago: University of Chicago Press, 1998（日本語訳：アン・ウォルソール著、菅原和子・田﨑公司・高橋彩訳『たをやめと明治維新』ぺりかん社、二〇〇五年）
小川煙村『幕末裏面史』（新人物往来社、一九九八年）
尾崎秀樹編『新潮日本人名辞典』（新潮社、一九九一年）
桂村史編纂委員会編『桂村史　通史編』（桂村、二〇〇四年）
金森敦子「黒沢止幾『上京日記』、『京都捕之文』」（『国文学解釈と鑑賞』第七一巻八号、二〇〇六年）
金子幸子・黒田弘子・菅野則子・義江明子編『日本女性史大辞典』（吉川弘文館、二〇〇七年）
神田より子『神子と修験の宗教民俗学的研究』（岩田書院、二〇〇一年）
木谷喜美枝「幕末・維新期の女流文学」（『幕末維新を生きた13人の女たち』新人物往来社、一九七九年）
郡司篤信『古今無双烈女時子』（水戸、一九〇〇年）
ケリー・ジョアン Kelly, Joan. "Did Women Have a Renaissance?" In *Becoming Visible: Women in European History*, edited by Renata

Bridenthal, Claudia Koonz, and Susan Stuard, 175-201. Boston: Houghton Mifflin, 1987
『国史大辞典』（吉川弘文館、一九九〇年）
コシュマン・J・ヴィクター Koschmann, J. Victor. "Action as a Text: Ideology in the Tengu Insurrection." In *Conflict in Modern Japanese History: The Neglected Tradition*, edited by Tetsuo Najita and J. Victor Koschmann, 81-106. Princeton: Princeton University Press, 1982
女子学習院編『女流著作解題』（女子学習院、一九三九年）
女性史総合研究会編『日本女性史　第三巻　近世』（東京大学出版会、一九八二年）
高木俊輔「草莽の女性」（女性史総合研究会編『日本女性史　第三巻　近世』東京大学出版会、一九八二年）
永井路子「明治維新は女性にとって何であったか」（『幕末維新を生きた13人の女たち』新人物往来社、一九七九年）
長沢美津編『女人和歌大系』三巻（風間書房、一九六八年）
中原雅夫『明治維新と女性』（木耳社、一九七四年）
西田かほる「神子」（高埜利彦編『民間に生きる宗教者』吉川弘文館、二〇〇〇年）
『日本史大事典』（平凡社、一九九三年）
日本歴史学会編『明治維新人名辞典』（吉川弘文館、一九八一年）
布村安弘『明治維新と女性』（立命館出版部、一九三六年）
野口勝一「黒沢時女伝」（日本史籍協會編『野史臺維新史料叢書』一六巻　伝記七、東京大学出版会、一九七五年）
芳賀登編『日本女性人名辞典』（日本図書センター、一九九三年）
『幕末維新を生きた13人の女たち』（新人物往来社、一九七九年）
ハーデカー・ヘレン Hardacre, Helen. "Conflict between Shugendō and the New Religions of Bakumatsu Japan." *Japanese Journal of Religious Studies* 21, nos. 2/3 (1994): 137-166
水戸市教育委員会『水戸市史』中巻四（一九八二年）
水戸市教育委員会『水戸の先達』（二〇〇〇年）
Miyake Hitoshi. "Religious Rituals in Shugendō." *Japanese Journal of Religious Studies* 16 (1989)

モリス・アイヴァン *The Nobility of Failure : Tragic Heroes in the History of Japan.* New York: New American Library, 1975（日本語訳：アイヴァン・モリス著、斎藤和明訳『高貴なる敗北』中央公論社、一九八一年）

山川菊栄「武家の女性」（田中寿美子・山川振作編『山川菊栄集』第一〇巻、岩波書店、一九八一年）

三　明治維新期のリテラシーとジェンダー

大口勇次郎

はじめに――江戸の遺産「開学明細書」――

江戸時代において、読み書きの能力（リテラシー）が広く社会に行きわたっていたことが、明治維新にはじまる政治的変革や、その後の工業化を含む経済的発展の過程で大きな力となったことが指摘されてから久しい。この点について早くから注目したR・P・ドーアは、徳川時代の武士に対する儒学を中心とした藩校の教育と、庶民たちの読み書きを中心とした寺子屋教育について検討している〔ドーア　一九七〇年〕。藩校は、武士（男性）を対象としたものであったが、寺子屋は早くから女性にも門戸を開いていた。ドーアは、一八六八年における寺子屋の就学率について、与えられた断片的な数字からいくつかの推論を重ね、男子は四三％、女子は一〇％という数値を導き出している。男子の四三％は、一八七五年の小学生男子児童の就学率が五四％というデータを考慮すれば、納得のいく数値であろう。しかし女子の就学率が、男子の四分の一以下という点については、別の角度からの検証も必要であると思われる。江戸時代の教育については地域差が大きかったというドーアの指摘も踏まえて、寺子屋教育の先進地域であった東京の場合について、検討していきたい。

本章では、東京府における塾開設の申請書を集計した「東京府　開学明細書」（以下「開学明細書」）のデータを用いて、一八七三年（明治六）初頭の、東京における塾の実態を明らかにしたい〔東京都　一九六一―六三年〕。この史料については、既に小木新造〔一九七九年〕、菅野則子〔一九九四年〕、藤田薫〔一九九九〕、石山秀和〔二〇〇三年〕らによる先行の研究があるが、ここでは特に塾の生徒数の男女差に着目して、学制令発布期のリテラシーとジェンダーの関連について考察したいと思う。

分析に入る前に、「開学明細書」が作成される一八七二年に至るまでの明治政府による教育政策を概観しておきたい。新政府は、幕府時代の教育機関であった昌平《しょうへい》学校（儒学）、開成所（洋学）、医学所（医学）の三校を総合して大学校と称し、一八七〇年に「大学規則」を制定して、欧米にならった制度の確立を目指したが、その後昌平学校を閉鎖するなどいくつもの試行錯誤を経たのちに、一八七七年東京開成学校（もと大学南校）と東京医学校（もと大学東校）の合併によって、法・文・理・医の四学部をもつ官立の東京大学を成立させた。他方、庶民の初等教育機関については、一八六九年に各府県に対して小学校を設置することを求めており、京都府はこれに応じ、一八七〇年までに市内に六四ヵ所の小学校を設置したという。東京では、当初昌平学校内部に置かれた句読所を年少者の教育機関としていたが、これが廃止されると、東京市内の六ヵ所（芝、市ヶ谷、牛込、本郷、浅草、深川）の寺院内に府立小学校を設置した。一八七一年には府県の学校は文部省に移管されたが、さらに同省の布告によれば、東京府には先の六小学校のほか、女子小学校と洋学校の開業を予告している。

このように手探りの状態が続いていたが、一八七二年八月に、新政府は文教政策の基本方針を定める「学制」を公布した。学制の主旨を述べた太政官布告（「被仰出書」）は、伝統的な身分制的な教育観を排したといわれており、ジェンダーに関しても、①これまで士人のものであった学問を「農工商及び婦女子」にまでおよぶようにする、②「幼童の子弟は男女の別なく小学に従事」させると、武士の教育と寺子屋教育二点の改革について述べている。しかし①では、武士の学問を改革すべく大学制度の建設に着手して「農工商」にまで入学の枠を広げたが、「婦女子」にまでは及んでいない。②について云えば、実は既に江戸時代の寺子屋では男子に並んで女子も学んでいたのである。

「学制」以降、文部省が教育行政を統括し、全国を大学区、中学区、小学区に分け、当面は国民すべてが就学するべく小学校の設置に力を入れているが、しかし現実には経費の面で公立の小学校の建設が遅々として進まないなか、東京府では、これまで軽視してきた旧幕時代以来の私塾・寺子屋、つまり江戸時代の「遺産」を把握する必要を感じたのであろう。私立の塾・学校について、申告制に基づく認可の対象としたのである。

官立の学校に対応するレベルの塾を「私学」、教師の免状を持つものが自宅で生徒を教授する場合を「私塾」、免状を持たないものが自宅で教授する場合を「家塾」とし、この区別にしたがって、すべての塾・学校に開業願いを提出するよう求めた。開業届は、「私学」、「私塾」、「家塾」の分別とともに、塾主の氏名、住所、年齢、学歴、職歴を申告させ、開業する塾について塾名、所在地、開講「学科」、授業に使用する「教授書籍」を記し、さらに塾生徒の男女別と、年齢階層別の人数を求めている。塾や学校側はこれらの項目のデータを添えて、一八七二年一一月から翌七三年二月までに開業届を東京府に提出している。この開業届を集成したものが、「東京府開学明細書」であり、これが新政府の文教政策がいまだ確立していない過渡期における旧幕時代から継続する民間の教育施設の実相を明らかにしているのである。

「開学明細書」のデータを手掛かりにして、第1節では明治五年の東京における学校と塾を概観し、第2節で特に塾生の性差データに着目して女性のリテラシーについて考えていきたい。

1　一八七二年の塾を俯瞰する

(1)　手習塾

一八七二年（明治五）、東京府には、文部省が管轄する学校としては大学南校、大学東校、師範学校の他に、寺院に間借りした公立小学校が二四校あるだけであった。他方「開学明細書」によって政府が掌握した私立の塾・学校は、九九八校にのぼり、その内訳は表1の通りである。これによると、「家塾」は九五五校、全体の九五％を占めているが、「家塾」を分析した石山秀和の整理によると、「家塾」の八割に当たる七六二校が手習塾であったという〔石山秀和　二〇〇三年〕。手習塾とは、基本的に「筆道」（書道）つまり日常生活に必要な仮名と漢字の「読み書き」を教える塾を指し、教科としては「素読」（漢籍の読み）と「算術」（和算、洋算）を併記する場合もあり、さらにその延長として漢籍の初歩を手ほどきすることもあったという。このような塾は、塾主が自宅を使って開くことができ、近所の年少者が容易に通学できるもので、まさに江戸時代以来の「読み書きそろばん」の寺子屋の姿を受け継いでいるのであろう。

表1は、通学する生徒数によって塾の数を見たものである。生徒数がいちばん多いのは、「私学」の慶應義塾の三〇二人であり、「家塾」では日本橋にある柳花堂塾の二六八人であった。塾の規模は多様であり、生徒数が一桁の塾もあるので、平均すると一つの塾に五〇人の生徒が通っていたことになる。

「家塾」の実態を見るために、二〇〇人以上の生徒を抱えた一一の塾について、その内訳を表2に示した。一一の塾のうち、京橋の井上塾のみが女性の塾主で、他の一〇塾の塾主は男性である。学科では筆道（筆学）が主であって、これに素読、和算、洋算、漢学、皇学（国学）を加えるものがある。教授書籍は、筆道用に書道の手本や書状の模範文例が必携で、あとは学科に応じた書籍を挙げている。塾生の構成を見ると、大半は一三歳以下であり、このうち女性の割合は男性一〇にたいして七から一〇に達していることが判明する。要するに、規模の大きい家塾は、何れも初級のクラスに性差に関係なく、生徒の入塾を許していることがわかるのである。そのなかにあって下谷の関塾は例外で、ここは祖父と父から受け継いだ漢学と皇学（国学）の塾であり、塾生は一四歳以上が一八五人、女性の塾生は二人という構成からみて、教育の対象を成人男性に置いた国学・漢学の専門塾に特化していることが窺われる。

塾主の履歴を見ると、いずれも開業まで一〇年以上の従学の経験があるが、父親から継承した塾は、関塾の他には神田の金子塾が見られるだけであった。塾の開業年をみると、九塾が一八三一年（天保二）から一八六三年（文久三）までに集中し、一八七二年までに一〇年以上の実績があり、地域で信頼を得た結果、多くの塾生を持つことができたのであろう。

表１　「私学」「私塾」「家塾」の一覧

生徒数	私学	私塾	家塾	計	内女性塾
人	校	校	校	校	校
201-	2	0	11	13	1
151-	1	0	18	19	4
101-	5	1	65	71	5
51-	8	1	229	238	35
21-	16	3	365	384	39
1-	5	0	263	268	9
不明	1	0	4	5	0
合計	38	5	955	998	93

「家塾」には、手習塾の他に、漢学、医学、算術を専門に講ずる塾があった。漢学塾は、手習塾の修了者が学ぶ中等教育の場であり、主として儒学の典籍や漢詩を講じていた。医学では漢方医、西洋医の別を掲げているが、いずれも一〇人以下の小規模のものが多かった。算術は、幕末から西洋算術を専門に教える塾も生まれ、さらにこれを応用した測量術を教える塾も現れている。外国語の塾としては、幕末に蘭学塾が開かれていたが、「開学明細書」では、「私学」の多くが授業科目に英学・独学・仏学を掲げ、また「家塾」でも英語を授業科目に採用したところが少なくない。

以上、「家塾」は江戸時代以来の寺子屋の特徴を引き継いでいることがあきらかになったが、「開学明細書」に「私学」として登録された学校からは、別のタイプの学校を読み取ることができる。「私学」は、官立の学校に対応できるものとされている

表2　生徒200人以上の「家塾」

所在地	塾主	塾名	創業	学科	生徒数（男，女）	内13才以下（男，女）
					人	人
日本橋	中野東三郎	柳花堂	1842年	筆道	268（147，121）	231（119，112）
神田	金子治喜	芳林堂	1857年	筆道	267（139，128）	261（138，123）
神田	矢島高久	なし	1863年	筆学	239（124，115）	239（124，115）
深川	小谷藤次郎	文貴堂	1842年	筆道，素読，算	228（127，101）	228（127，101）
芝	久保田永司	芝水堂	1831年	筆学	223（110，113）	222（109，113）
神田	石黒菊太郎	雲陽堂	1853年	筆学，和算	220（130，90）	208（128，80）
深川	北原雅長	明々館	1870年	皇学，支那学，筆	220（125，95）	183（101，82）
京橋	井上なを	雲泉堂	1871年	筆道	215（99，116）	212（98，114）
下谷	関雪江	雪香楼	1846年	皇学，支那学，筆	208（206，2）	23（23，0）
京橋	黒田知義	蛍泉堂峻谷	1847年	筆道	201（112，89）	194（108，86）
京橋	小岸重右エ門	蓮泉堂	1844年	支那学，筆，算	201（121，80）	149（74，75）

が、実際には自己申告に基づいているため、その内実は多様であった。「私学」三八校のうち、九校は筆学を中心においており、手習塾か、もしくは後述する地域に根ざした小学校を目指すものであった。残り二九校が、英語などの外国語教育、あるいは英書をテキストに講ずる授業科目を掲げた新しい開化教育による中等教育をめざす学校であった。ここでは、その特徴を示す学校として、地域で共同して建設した小学校と、旧大名や教育家が設立した中等学校の二つに分けて見ていきたい。

(2)　地域の郷学校設立

「開学明細書」の「私学」には、個人経営の寺子屋型の塾とは異なり、地域の住民から郷学校の設立を申請するケースが四件みられる（表3）。「家塾」のなかにも、同様なケースが三件あるので一緒に表示した。このうち、荏原郡太子堂村（現・世田谷区）の郷学校の塾主・宮野芟平《さんぺい》は、幕末から旗本屋敷の塾で教えていたが、一八七〇年に荏原郡にもどり郷学校を開き、自らは漢学を教え、筆学担当の教員を四人雇っている。この学校については、設立の経緯の分かる関連資料があり、これによると、そもそもは草莽の士・相楽総三と行動を共にした太子堂村の常次郎が、赤報隊壊滅後に村に帰って斉藤寛斎を名乗り、地元の豪農に郷学校設立の意義を説いたことが始まりだという〔世田谷区教育委員会　一九八八年、森安彦　一九八九年〕。

表3　郷学校一覧

私・家	所在地	校主	校名	創業	学科	教員	社中	生徒数（男，女）	内13才以下（男，女）
						人	人	人	人
私	荏原郡	宮野斐平	郷学所	1864年	支那学，筆道	3	10	49（41，8）	33（26，7）
私	荏原郡	新倉塘十郎	分校所	1856年	支那学，筆道	0	3	98（53，45）	85（45，40）
私	荏原郡	榎本平造	郷学	1870年	皇学，支那学，筆，算	3	0	47（28，19）	37（22，15）
私	南葛飾郡	下村清岑	育養所	1872年	筆道	1	0	90（59，31）	85（55，30）
家	芝	浦口善養	小学舎	1872年	仏学，習字，算	4	6	63（33，30）	53（30，23）
家	芝	村方義方	小学舎	1872年	英学，数学，習字	3	4	117（67，50）	84（42，42）
家	本所	中田国知	教育所	1872年	漢，英，筆学，算	5	8	159（98，61）	126（65，61）

一八七〇年に荏原郡下北沢村の月村重蔵らが、品川県庁に対して郷学校設立を建言し、具体的な計画書を提出している。計画によると、①経費は地域の有志から拠出金を募り、その利子を運用し、手習稽古の筆墨代、素読の書籍代など一切を賄う。②学校の場所は、当分は寺院か空き家を使用し、今後地域内の五、六ヵ所に建設する。③大教師一人は巡回授業し、小教師はもよりの教場で世話をする。④稽古は、毎日朝六つ半より四つ時まで（七時―一一時）、午後は八つ時より七つ半まで（一四時―一八時）とし、農繁期でもどちらかへ出席する。但し、毎月一・六の日は授業を休日とし「輪講」するとした。この計画にしたがって、一八七一年正月二一日から毎月一・六の日に、地域の五ヵ寺を順に回り、大教師による「人倫の道」「孝経講義」などの講義を行い、村々の有志と近隣の寺子屋筆子を対象に、地域の啓蒙活動を目的とした巡回講座を行なった。同年四月には、太子堂村に新築の郷学所が完成し、五月から郷学校として開校した。開校に当たって品川県は、「百姓町人にかぎらず歳八歳に至り候は、必ず入校勤学致すべきものなり。但し有志のものは老少に拘らず入校いたし筆学・算術等相学ぶべきこと」と布告を発しており、入学は原則八歳から、学科は筆学と算術であった。開校に合わせて、郷学校規則が作られており、これによると授業は、毎日正七時に開始し、素読・質問・習字を行うこと、休日は一・六の日と定めている。なお二・七の日には論語の講釈、四・九の日には、『日本外史』の会読としていることから、郷学校の目指した方向が窺われる。

一八七一年四月の開校直後の生徒は一八名（内女性は三名）であるが、七二年末には六九人に達していた。当初は、品川県の管轄であったが、一八七一年末の品川県廃止に伴い東京府の管轄に移り、七二年にはこれまで副教師を勤めていた宮野芟平が黌(校)主となって郷学所を改めて申請したのである。社中には、発起の中心となった斉藤・月村のほか、近隣諸村の有力者一二名が名を連ねている。

郷学校は通学の範囲が広く、開校直後から分校を建てる計画があり、「開学明細書」には、郷学校の分校を名乗る学校が二校申請されている。一つは、荏原郡衾《ふすま》村(現・目黒区)において新倉塘十郎が申請したものである。新倉は、既に一八五六年(安政三)から衾村で筆学塾を開業していたが、太子堂の郷学校が誕生すると筆学担当教授として参加していた。衾村分校が開かれると、新倉は村に戻り、支那学(漢学)と筆道の教育を担当している。もう一つの分校は、荏原郡上北沢村(現・世田谷区)に設けられたもので、榎本平造が黌主として申請している。榎本は、郷学校本校の建設当初から運動の中心におり、開校当時は「郷学所総取締用度頭取」を務めた人物であった。

一八七三年二月、太子堂の郷学校は幼童学所と改称したが、その後教員の宮野が東京府講習所において小学校の教員資格を得て、七四年一月より「荏原学校」の名称で荏原郡最初の小学校として開校し、以来現在まで種々の変遷をたどりながらも公立小学校として続いている。

この他に、地域の声によって小学校を「私学」として設立したものに南葛飾郡(現・墨田区)の育養舎があった。ここでは、戸長が自ら黌主となって申請し、「小区中の幼童教育のため開業す」と注記しているように、もと同地において塾を開いていた男性を教師に雇い、地域の学校を目標としているのである。

同様に地域の小学校を目指しながら、「私学」ではなく「家塾」として申請したケースもあった。芝区(現・港区)では、第二小区長が申請した「小学舎」があり、学科としてフランス語、訳書、和漢素読、習字、和数学を挙げ、教員として各教科の専任として四名を雇用している。同じく芝区の第四小区長が申請した「小学舎」は、学科として、英語と訳書購読の他に和漢素読、習字、和数学を挙げ、他から雇用した教員三名が担当している。芝区は、「家塾」

や「私学」が多く存在した地域であるが、この二つの「小学舎」は、地域の有力者が連携して公立の小学校を目指して設立を計ったものであろう。

この他に、本所区(現・墨田区)の寺院内に設けられた教育所は、英学、漢学、和漢筆学、和漢算学を学科とし、教員五人を雇っている。申請者は戸長二人であり、「社中」には地域有力者として小区の権大警部をはじめ、戸長、町年寄、町用掛ら九人が並んでいる。

文部省の小学校設立・普及の政策に対して、一部の地域ではこれに呼応する動きが既に始まっていることを示している。しかしその実態は、地域によって多様であり、荏原郡の郷学校は、巡回講義を行うなど地域の文化運動の色彩を持つ半面、教育内容は手習と漢籍を中心とした手習塾に準じたものであった。芝区の小学舎のように、英語、フランス語と、訳書の購読をいち早く取り入れているものもあった。小学校の教育が定着する以前の過渡期の状況を窺うことができよう。

(3) 「私学」中等学校の新設

旧大名や教育者らが開いた中等学校をめざした主な「私学」を一覧したのが表4である。先ず旧大名系の私学から見ていくことにしよう。

芝の愛宕下にある勧農義黌は、石川総管《ふさかね》(旧常陸下館藩)と遠藤胤城《たねき》(旧近江三上藩)の連名で申請されており、社中として松平忠恕《ただゆき》(旧上野小幡藩)ら旧譜代藩主ら二八人が名を連ねている。学科は英語、洋算、支那学を掲げており、教員に全国各地出身の日本人を七人と、英学教師として英国人二名を雇用し、二七二人の男子生徒に教えている。報国学舎は、有馬頼咸《よりたけ》(旧筑後久留米藩主)が申請した学校で、神田区西鳥越町の松平忠敬《ただたか》(旧武蔵忍藩)の邸内に置かれていた。英語学の教員にイギリス人の男女一名ずつを雇い入れていた。生徒数は一九五人であるが、この

表4　主要な中等学校

私・家	所在地	校主	校名	創業	学科	教員	社中	生徒（男，女）	内14才以上（男，女）
							人	人	人
（旧大名系）									
私	芝	石川総管他	勧学義黌	1872年	英，支那，筆	9（2）	34	272（272，0）	229（229，0）
私	日本橋	有馬頼成	報国学舎	1872年	英，皇，漢，筆，算	15（2）	0	195（180，15）	165（155，10）
私	本郷	南部信民	共慣義塾	？	英，史，心理，地理	12（1）	0	102（102，0）	90（90，0）
私	芝	有栖川三品宮	第二番中学	？	英，仏，独	2（2）	9	63（63，0）	42（42，0）
私	神田	板倉勝任	共心義塾	1872年	英，皇，支那，算	5	13	40（39，1）	29（29，0）
私	麹町	亀井茲監	培運義塾	1872年	ドイツ語	2（1）	3	18（17，1）	13（13，0）
（教育者系）									
私	芝	福沢諭吉	慶応義塾	1865年	英学，数学	17（2）	17	302（302，0）	279（279，0）
私	芝	近藤真琴	攻玉塾	1869年	英，皇，漢，測量	22	0	121（121，0）	112（112，0）
私	神田	佐野鼎	共立学校	1872年	英学，小学教科	5（1）	20	109（99，10）	56（52，4）
家	日本橋	箕作秋坪	三汊学舎	1868年	英学	0	0	61（61，0）	49（49，0）
		計						1283（1256，27）	1064（1050，14）

注　「教員」の（　）内は外国人数.

うち一四歳以上の女性が一〇人在籍している点は注目される。

共慣義塾は、南部信民（旧陸奥七戸藩）が開いた学校で、教科は、一二人の教員が、英語の文典のほか英書から歴史、地理、地学の授業を行っていた。共心義塾は、板倉勝任《かつとう》（旧上野安中藩）の申請によるもので、これを支える社中には稲葉正邦（旧山城淀藩）らの旧大名の他、教部省関係者や各地の神社の神官が多い。授業科目は、国学、漢学、英学、算学であるが、教員には国学を中心に日本人七人を抱えている。また陪蓮義塾は、元石見津和野藩主の亀井茲監《これみ》が申請した塾であるが、この塾の特徴は、教科をドイツ語に限っていること、そして三人の社中はみな浜田県士族であることである。

旧大名の開いた塾は、旧幕以来の関係によって社中を設け経営の安定を図っている。教科や生徒の年齢を見ると、中級以上の教育を目指しているといえるが、生徒は旧藩関係者に限られているわけではなく、藩の人材養成を目的とした藩学の伝統は、むしろ国元の藩校所縁の学校に引き継がれていたようである。

皇族の有栖川《ありすがわ》二品宮《にほんのみや》が、分部光講《わけべみつのり》（旧近江大溝藩）の屋敷に開設した塾は、もとは育英義塾と称していたが、「開学明細書」では「第二番中学」と申請し、英、独、仏の外国語を教科としている。文部省には、いっとき大学教育を外国語で行うために、既存の開成学校を外国語だけ教える第一中学とする構想があり、有栖川の塾は、これに次ぐ「第二番中学」を目指したものであろう。

次に、教育者たちの開いた塾を、同じく表4から見ていきたい。

慶應義塾の福沢諭吉は、「開学明細書」で、自らの経歴について、はじめ大坂の緒方塾（適塾）で蘭書を学び、後に江戸へ出て独学で英書を読み、少年に英語を教えたが、「明治元年三月に、社を結んで今の慶應義塾の社中となる」と記している。教授する科目は、英語講学、英語学、数学であり、教科書は、英語の文典、リードル（読本）と数学書のほかに、修身論、経済書、歴史、地理書、究理書を挙げている。英語講学とは原書をテキストにして日本語で講義する授業であり、当時の「私学」の授業の大半を占めていた。教員は、福沢を含めて一二人全員が英語講学を担当し、他にアメリカ人の教員二名を雇用している。生徒は、総計三〇二名、うち一三歳以下が二三人、一四歳以上は二七九名で、当時の東京府内でも最多の生徒を持つ中等の学校である。また事務社中として福沢以下日本人教員全員を含む一七名の氏名を列記しているが、福沢の三七歳を筆頭に、若者ばかりである。

三叉《さんさ》学舎を開いた箕作《みつくり》秋坪《しゅうへい》も、初めは適塾で蘭学を学んだが、後に英学に転じ、一八七二年に旧藩主の屋敷を借りて「家塾」を開業した。学科は英学で、授業については「地理書・歴史・究理書・天文書・経済書等、時宜に従い相用い候」としている。

攻玉塾は、旧鳥羽藩士の近藤真琴が開設した学校である。真琴は、はじめ蘭学を学び、一八六三年に幕府の軍艦操練所の翻訳方、ついで測量算術方の教授になった。その後英語を学び、一八六九年に攻玉塾を開業した。佐野鼎《かなえ》は、駿河の郷士の家に生まれたが、砲術を学んで金沢藩の砲術指南役を勤め、幕末には遣米、遣欧使節に随行した経験を持った。佐野が開いた共立学校は、教科に英学と小学校を挙げている。英語は日本人二人とイギリス人一名で担当した。教科の「小学校」とは、新しく需要が高まった小学校教諭の養成を担う授業である。

旧大名系の学校がやがて衰退する中で、教育者が主宰した学校では、慶應義塾が専門教育を特化して私立大学になったほか、紅玉塾、共立学校（後に開成学校と改名）は、多少の曲折がありながらも、今日まで私立中等教育の中核の一端を担っている。

これら旧大名や教育者の設立した「私学」に共通している点として、第一に共立学校を除けば塾生の年齢が一四歳以上が八割を超える構成になっていること、第二に女性の比率が極端に少ないことを指摘することができ、ここから当時の「私学」が、成人男子を主たる対象とした中等教育の学校であったことが確認できよう。

このような教育環境の中で、女性たちの修学の状況はいかなるものであったのか、節をあらためて検討していきたい。

2　女性のリテラシー

(1)　手習塾に学ぶ女性たち

わが国では、平安時代以来、漢字で書かれた書物（漢籍）の読み書きを中心とした男性の文化に対して、女性は仮名書き中心の文化を形成していたといわれている。江戸時代初期でも、漢詩や漢籍の男性に対して、女性たちは日記文学からお伽草紙にいたる仮名書きの読み物に親しみ、手習いでは、仮名の散らし書きという独特な字体を習っていた。男女はそれぞれ別のリテラシーのツールを持っていたのである。

一八世紀初頭、貝原益軒は「女子を教える法」を書いて、女子教育の必要を初めて公けに語ったが、この言説が出版ジャーナリズムの着目するところとなって、「女大学宝箱」の刊行となったことはよく知られている。益軒は、これより先一七〇五年（宝永二）に「万宝鄙事記《ばんぽうひじき》」を著している。この書物は、当時の庶民の「家」の成立に対応して、家屋の修理や管理、道具の補修、庭園や畑の管理、さらには家人の健康管理にいたるまで、日常の生活に必要とされる知識や技術を示したものであった。これらの知識は、「家」を統率する男性に向けて書かれたものであるが、小経営の「家」では、女性も「家」経営の協力者として、生活の知識や技術を身につけることが要請され、ここから女子に対しても男子と同様なリテラシー教育の必要性が生まれていた。このとき、女性に与えられた「女大学」は、儒教的なイデオロギーの装いをまとって女性の役割を説くジェンダー教育であったが、皮肉にもそのテキストは、男の文体である漢字読み下しで書かれたものであった。女性も「女大学」を読み書きすることで、男性の文字文化へ足を踏み入れることとなり、少なくとも初級の寺子屋教育に関しては、益軒の「女子を教える法」に沿って、男女同じ土俵に乗ることになったのである〔中野節子　一九九七年〕。

一九世紀に入るころには、戯作本の「浮世風呂」に描かれているように、江戸の庶民女性の間にも寺子屋教育が普及し、黄表紙などの通俗本の読者にもなるなど、文字に対する親密度が高くなった。従来は「浮世風呂」などの記述から、江戸城大奥を頂点とした武家屋敷への奉公を目指した江戸町人の娘たちの教育熱の高まりを評価して、ここから庶民女性のリテラシーの高さを証明しようとする試みが行われてきた〔青木美智男　二〇〇〇年、市川寛明　二〇一一年〕。次の項では、「開学明細書」から得られるデータをもとにして、女性のリテラシーの実態を、男性と対比しながら数量的に明らかにしてみたい。

(2)　手習塾の「女性指数」

先ず「開学明細書」のデータを、（1）地域的な分布、（2）塾生の構成、という二つの指標を立て、女性たちの寺子屋教育とのかかわりが明らかになるように加工して作成したものが表5である。

表の作成にいたる手続きについて、初めに説明を加えておこう。

表5　地域別　就学指数，女性指数

地域	A戸数	塾数	内女子師匠	生徒数（男，女）	B内13才以下(男，女)	就学指数	女性指数
	戸	校	校	人	人	B/A×100	D/C×100
下町	81,597	372	57	21,448　(12,257，9,191)	17,577　(9,059，9,518)	21.5	105.0
山ノ手	52,789	279	23	12,675　(8,050，4,625)	8,927　(4,791，4,136)	16.9	86.3
東部	22,202	95	7	5,014　(2,835，2,179)	4,243　(2,203，2,040)	19.1	92.6
郡部	50,361	238	6	7,306　(4,430，2,876)	6,301　(3,695，2,606)	12.5	70.5
計	206,899	984	93	46,443　(27,572，18,871)	37,048　(19,748，17,300)	17.9	87.6
(参考) 宿場町	8,010	40	0	1,922　(968，954)	1,749　(872，877)	22	100.6

注　「下町」は，後年の神田，日本橋，京橋，下谷，浅草区.
「山ノ手」は，後年の麹町，芝，麻布，赤坂，牛込，四谷，小石川，本郷区.
「東部」は，後年の深川，本所区.
「宿場町」は，品川宿，新宿，板橋宿，千住宿を含む小学区の合計.

表5の縦軸は、東京府内の地域を示している。「開学明細書」は当時の学校行政区分にしたがって、第一大学区（東京府）を六つの中学区に区分けして記載しているが、この中学区は一時的に採用された区分で、江戸時代の地域区分とは関係なく、当時の大小区制による区分とも異なり、また明治中期以降の東京の一五行政区とも断絶しているため、このままでは前後のデータと比較することが困難なので、以下の手続きで編成替えを試みた。まず各塾の所在する町・村名をもとに一八七八年（明治一一）以降の行政区画である一五の区と五つの郡に置き換え、これをさらに東京の下町、山の手、隅田川以東の区部、及び郡部の四地域に分けて縦軸の基準とした。

次に、横軸の戸数は、一八七三年の「東京府志料」から同様な手続きを経て地域のデータを得た〔東京都　一九五九―六三年〕。塾の生徒数に関しては、「開学明細書」が、六歳から九歳、一〇歳から一三歳、一四歳から一七歳、一八歳以上の五ランクに分けて、それぞれ男女の別を記しているが、ここでは生徒数の男女別の合計と、内数として初等教育の対象となる六歳から一三歳までの生徒数の男女別の合計を掲げた。当時の塾には、自宅から通学する生徒と、地方出身で、塾に寄宿する生徒もいたはずであるが、「明細書」は二、三の例外を除いては両者を区別していないので、多くの塾ではその合計数を報告しているものと思われる。

さてはじめに、塾に通学する生徒数に注目すると、塾生の総数は四万六四四三人であるが、この男女比を計算すると、男性一〇〇に対して女性は六八、男子に比べて女子の就学数は三分の二に留まっていることが判明する。しかし初等教育に相当する六歳から一三歳の年齢階層では、総数三万七〇四八人のうち男子は一万九七四八人、女子は一万七三〇〇人で、男子一〇〇に対する女子の比を算出すると八八となる。これを仮りに「女性指数」と呼んでおこう。女性指数は地域差があり、郡部では七一、山の手では八六、東部で九三であるが、下町地域では一〇五に達し、ここでは寺子屋に通う女子の数は、男子の数を超えているのである。

塾への通学は、決められた通学区があるわけではないが、一三歳以下の初等教育の場合、多くは足の便の良い近所の塾を選択するであろうとの判断で、塾生の構成から地域（区・郡）の特徴をとらえておきたい。

手習塾は下町地域に多く、武家屋敷を有する山の手地域は少ないことを、石山も指摘している〔石山秀和二〇〇三年〕。表5に見るように、ある地域の戸数に対する一三歳以下の塾生数の比率を仮に「就学指数」と呼ぶと、この数値が下町地域、なかでも日本橋、京橋で高く、赤坂、四谷、小石川、麻布など山の手地域では相対的に低いことが確認できる。就学年齢の人口に対し実際に就学している人数の比率を就学率と呼ぶが、本章では、人口の年齢別統計が得られないので、これに代わるものとして就学指数を使っている。ちなみに、この就学指数の地域傾向は、一八八二年の東京市の就学率の分布傾向と一致しており（明治一五年『東京府統計書』）、寺子屋の分布が明治期の就学傾向に大きな関わりを残していることが判明する。また「女性指数」は、「就学指数」の傾向と完全に一致するわけではないけれども、微妙に相関性を保っていて、就学指数の高い下町では、女性の就学者も多いことが確認できる。これに対して、赤坂、牛込では男子の通学者数に対して女子の通学者は三分の二以下にとどまっている。

表5では、江戸を取りまく四つの宿場町（品川、新宿、板橋、千住）を含む小学区を取り出して、参考値を掲げておいたが、これによると、宿場のあった地域は郡部に属してはいるが、就学指数は区部の指数に接近し、女性指数は一〇〇を超え下町の数値に並んでおり、宿場周辺の賑わいは、下町の庶民文化と通底していたことを示している。

以上、学校・塾に在籍している生徒数の男女比について検討してきたが、一三歳以下の初等教育に関して言えば、女子生徒数は男子生徒数の八七・六％に達していること、東京府内でも地域差があるが、下町地域では一〇五・〇％におよび、男子を凌駕していることが明らかになった。

東京において、増加した女子生徒の数を支えた条件の一つは、初等教育の塾における女師匠の存在があったと思われるので、つぎにその具体像を示してみたい。

(3) 塾の女師匠

「開学明細書」に登録されたすべての私学・私塾・家塾のうち、九％を超える九三塾は女師匠であった（表5）。他府県では、女性塾主は多くても全塾の二％以下といわれ、東京府の女性塾主の数は全国的に見ても突出した数であった。

表1から、女性が塾主である塾について、通学する生徒数の階層によって整理すると、二〇〇人を超す生徒を抱えた塾から、一〇人以下の零細な塾までに分布していることが判明する。一塾平均の生徒数は約五六人と算出され、この点については男師匠の塾との差はみられない。また表6によると、女性が塾主である塾において、ここに通う生徒の男女比は、男性三八に対し、女性は六二である。女性師匠の塾では、女子生徒が比較的多いという傾向はみられるものの、男子の生徒を一切取らないという塾は見られない。男師匠の塾では、往々にして生徒を男子に限る場合が見られるが、その点は女性塾のほうが男子の生徒にも開放的であったといえよう。さらに表6から、生徒の年齢に注目すると、一三歳以下の年齢の生徒が全体の九五％に達しており、女性塾の大半が読み書きを教える手習塾であったことが知られる。このことは、女性塾九三校中の八五校で、教える教科として「筆道」のみを挙げていることからも理解できよう。

さて、女師匠の傾向を探るために、ここでは、塾生を一〇〇人以上抱えていた一〇の塾について名前、年齢、塾の所在地、開業年、生徒数、履歴などのデータを表7に示した（この内、井上なをの塾は、表2にも示した）。これらの塾は、井上塾を例外として、他は開業以来一〇年を経たベテランばかりで、地域において実績を積んだ結果、多数の生徒を獲得したものであろう。

女師匠の学歴などの履歴をたどっていくと、父母など家族の営む塾に学んだのちに、塾を手伝い、最後に塾の経営を任されているケースが少なくない。女性の塾主と教員計九三人の内、少なくとも二二人は親の塾との関わりを経歴に記している。男性の手習塾の場合は、親から継承した塾が少なかったこととは対照的である。

筆学を教授する師匠たちが挙げる教授書籍を見ると、手習い用の手本が中心で、男性師匠の手習塾と比べて差はない。教材で性差のあるものとしては、実用的な見地から「女手習い状」「女子用文章」が散見されるが、これらは男性師匠の塾にも備えられている教材である。なお、「女大学」を教授用書籍として挙げている塾は、男性師匠の塾一二校、女性師匠の塾二校のみで、表7に掲げた女師匠たちの書庫にはない。この時期には、もはや伝統的な「女大学」を教材に使用する塾は稀になっていたと判断できる。

表6　女性師匠の塾に通う生徒

生徒の年令	生徒数	男	女
オ	人	人	人
6-9	2663	1192	1471
10-13	2164	683	1481
14-16	278	44	234
17-19	13	4	9
19 以上	15	3	12
計	5133	1926	3207
		(38%)	(62%)

女性師匠九三人のうち、大半の塾では学科名に「筆学（筆道）」「筆道、素読」「筆道、読書」）を掲げていたが、これ以外の科目を挙げた女性師匠は八人いた。このうち四人は、学科として和歌や漢学（支那学）を挙げているが、生徒の年齢や教授用の書籍から判断して、実際は手習教育の合間に漢学の初級を講じているのであろう。

専門的な授業を開いている奥原晴湖と日尾直子については、菅野則子の研究があり〔菅野則子　一九九四年〕、これによると奥原は、一八七〇年には生徒二五三人（男

表7　女師匠の塾（生徒数100人以上）

所在地	塾主	塾名	創業	学科	生徒数（男，女）	内13才以下（男，女）
京橋	井上なを	雲泉堂	1871年	筆道	215（99，116）	212（98，114）
日本橋	上野山丈二女	運泉堂	1862年	筆道，読書	169（41，128）	152（40，112）
日本橋	玉江屋のせ	—	1860年	筆道	162（61，101）	155（61，94）
麹町	中邨とよ	大雅堂	1862年	筆道	162（63，99）	152（62，90）
日本橋	玉江とせ	—	1847年	筆道	155（55，106）	146（52，94）
神田	布施たき	龍海堂	1840年	筆道	137（46，91）	130（46，84）
京橋	小林まき	松井堂	1871年	筆道	135（69，66）	130（68，62）
神田	篠原なを	—	1838年	筆道	130（55，75）	130（55，75）
南豊島	北川いと	晴江堂	1839年	筆道	113（55，58）	97（44，53）
芝	今井晟女	—	1860年	筆道	105（41，64）	97（40，57）

子八二人、女子一七〇人）を抱える大きな筆道塾を開いていたとされるが、一八七二年には教科を「支那書画」に特化し、生徒も女性三人の小規模な塾に変身している。日尾は、父親の日尾荊山の経営していた至誠塾に学び、父親の没後三〇歳でこの塾を継承した。教科としては、皇国学（国学）、支那学（漢学）を掲げ、父親の代から引き継いだ教授書籍には、古事記・六国史・万葉集などのほか、国学関係の専門書を多数所持していた。父親の築いた伝統的な国学塾を引き継いで専門教育を行っていたと理解できよう。英学を掲げた斉藤いつと小林まきの塾については後述する。

以上、寺子屋において女生徒たちは、男子と同等な初等教育を学ぶ機会を得ていたことをみたが、では女子の中等教育はどのような状況だったのか、項を改め検討したい。

(4)　女子の中等教育

江戸時代においては、「読み書きそろばん」を学んだあと、さらに勉学を続けようとした女性には、いったいどのような道が開けていたのだろうか。三都や城下町には、儒学や漢詩を教える漢学塾が存在したが、多くはジェンダー規制によって、塾生は男子に限られることが多く、これに対して和歌のサークルや国学系の塾では、女性の入門が認められることもあった。女性の伝記などを見ていくと、女性にとって上級の教育は、家族内で与えられるケースが多かった。

江戸後期、江戸に女学校を建設する計画の痕跡が、「女学校発起之趣意書」として残されている〔村上直一九七八年〕。これは、一八三七年（天保八）に江戸に住む増上寺料の地方役人で、学者でもあった奥村喜三郎が、町奉行所へ出願したものであり、その趣旨は、当時江戸町人の娘たちが、三味線や踊りなどの遊芸にふけり、華美と奢りに溺れていることを嘆き、寺子屋を修了した女性を対象にした学校を、江戸の各所に設立することを願い出たものである。教科として、午前中は女孝経や女大学などの女訓書と和歌を教え、午後からは小笠原流の行儀作法、薙刀《なぎなた》や小太刀の武芸、機織《はたお》り・裁縫などの選択科目を置くというもので、手習塾を終えた女性たちを対象とした中等の学校として考えられている。しかし町奉行所からは許可が得られず、この企画は実現しなかった。

明治初年における女子の中等教育の実態と可能性について、ふたたび「開学明細書」を手掛かりにして考えてみたい。

先に、表5を見て一三歳以下の女子塾生数が、同年齢の男子塾生数の九割近くに達していることから、男子と同等な学ぶチャンスに恵まれていたと判断した。しかし、一四歳以上の塾生の数を見ると事態は一変する。東京における男性の塾生七八二四人に対し、女性の塾生は一五七一人であり、女性は男性の二割にとどまっている。しかも彼女たちが通学している塾の大半は「筆学」を看板に掲げた手習塾であり、ここでは書道の腕を上げ、『大学』『孝経』などの素読を続けるといった江戸時代と変わりのない世界であった。

この時代、新しく欧米の学問を取り入れて、いわゆる開化教育を採用している学校・塾が少数であるが生まれていた。個々の学校・塾について教育内容まで知ることは困難なので、ここでは教科として欧米系の外国語を掲げている学校・塾を数え上げてみると全部で七六校ある。この内、二二校に、一四歳以上の女子一〇六人が通学している。この数字は実際に外国語を修学する生徒数とはいえないが、開化教育に近付くことのできた生徒数を示しているといえよう。表8に、外国語を教科に置く学校で、一四歳以上の女子生徒を抱える学校を掲げた。外国語に接した一〇六人

表8　女生徒が外国語を学ぶことのできた学校

私・家	校名	外国語	生徒	内14才以上（男，女）
			人	人
私	芳英社	英	57	30　（0，30）
私	報国学社	英	185	165（155，10）
家	開蒙社	英	117	33　（25，8）
家	小学社	仏	63	10　（3，7）
家	共励学社	英	68	48　（41，7）
家	水交女塾	英	20	6　（0，6）
私	共立学校	英	109	56　（52，4）
私	真言宗東派	英	144	121　（117，4）
家	集義塾	英	50	42　（38，4）

注　女生徒3人は5校，2人は3校，1人は5校.

の女性は、中等教育を目指していた一五〇〇人余の女性のなかで決して多い数ではない。その理由の一つは、まだ一部に外国語を忌避する意識が強くあったためであろうが、それよりも大きな理由として、当時開化教育を推進していた「私学」の多くが、女性の入学を認めていなかったことが挙げられるであろう。表4に見るように、外国語を教える有力な私学の大半では、一四歳以上の女性を在籍させていないのである。

表8の学校の多くが、圧倒的多数の男子生徒と少数の女生徒という構成のなかで、女性を対象にした女性教員による二つの英語塾（芳英社、水交女塾）があるので、この塾の成り立ちとその周辺を探ってみたい。

(5) 女学校の発祥

東京出身の士族・斉藤実尭《さねあき》は、一八七一年（明治四）一二月、自宅のある神田雉子町に芳英社と名乗る塾を開設した。七二年一〇月の出願時における芳英社の生徒は、合計五七人、九歳以下の男子が一人、あとの五六人は女性であった。内訳は、六歳から九歳までが四人、一〇歳から一三歳までが二二人、一四歳から一六歳までが一九人、一七歳から一九歳までが六人、一九歳以上が六人であった。「私学」枠で申請したなかでは、女子教育を意識的にめざした数少ない学校である。

塾主の実尭は直接に教えることはなく、二人の教員を置いた。一人は実尭の妻いつ、もう一人は大学南校の教員だった米人ウイルソンの妻ホーレス（二四歳）であった。ホーレスは、給料一ヵ月二五円で雇用されており、英語の読本と会話の教授を担当した。斉藤いつは、「明細書」の履歴によると、一八六九年一〇月から岩手県士族下斗米《しもとまい》文弥の下で、英語の読本と地理に関する書物を学び、七〇年一〇月からは同じく岩手県の士族長沼熊太郎の下に転学して、「萬国史・米国史・英文四書」を修業し、七一年一二月からは芳英社の開業に合わせて教授に就いている。このころ芳英社で学び、のちに桜井学校を開いた桜井千佳は、後年の回想のなかで「授業法は丁度昔の私塾のようで、先進の生徒が後進生に教えて」いたと述べている〔『女子学院の歴史』女子学院 一九八五年〕。

一八七三年二月、星野康斉《やすなり》は、一六歳の娘星野てるを塾主として、芝にある自宅に家塾・水交女塾の申請をした。学科は、皇学、英学、洋算、筆道と多様であり、教員は、塾主の星野てると、小林まさの二人であった。塾生は、入塾生と通学生に分けて記録している。入塾生つまり、寄宿生は、六歳から九歳が女子一人、一〇歳から一三歳までが男二人、女四人であり、この他に通学生として六歳から九歳までが男子一人、一〇歳から一三歳までが男三人、女三人、一九歳以上の女性が六人いた。芳英舎と比較すると、一三歳以下の生徒が多いことがわかる。

星野てるの経歴によると、はじめ自宅で学んでいたが、一八六九年二月に古川正雄方へ入塾し、七二年正月まで修業をつづけ、そのあと同年三月になって水交女塾を開業したという。実際は、父康斉の手助けによって、手習と算術を教えたと考えられる。女性教員として雇用した小林まさは、かつては御家人で当時開拓使九等出仕を勤めていた小林省三の娘で、七三年には一七歳であった。まさは、はじめ「宅にて兄弥三郎から授業」の手ほどきを受けていたものの、その後、静岡藩の成立により省三も静岡へ移転し、まさは沼津兵学校の英語教授を勤めていた乙骨太郎乙《おつこつたろうおつ》のもとへ入門し英語を学んだ。やがて省三は新政府に出仕し、開拓使として北海道へ赴くと、東京に残された娘のまさは、一八七二年二月から星野方へ寄留し、アメリカ人女性教師のカロザスのもとへ通学し、英語の伝習を受けていると記している。

この時期に、東京で女子の英語教育に大きな影響を与えたのは、ジュリア・カロザスであった。夫のカロザスは、長老教会の宣教師として来日し、東京の開市とともに、築地の居留地の第一回の競貸に参加して六番の土地を借りうけた。日本人相手の布教は禁じられていた時期に築地大学校や慶應義塾で英語を教えていたが、夫人のジュリアも一八七〇年から自宅で英語の塾を始めたのである。所在地の住所番号から「A六番女学校」と呼ばれていた。居留地は治外法権であったため、文部省に開業届を提出しておらず、「開学明細書」からは漏れており、教科の内容や生徒数を知ることはできない。ジュリア夫人が個人的に開いた小さな塾であったが、福沢諭吉の息子や娘たちもこの塾に通ったといわれ、水交女塾の小林まさが英語を学んだのはこの塾であった。

この他に、「開学明細書」には見えないが、一八七二年に外務省役人の上田東作が、築地に開いた上田女学校があり、この学校でジュリア・カロザス夫人を雇っていたことがしられている。彼女は、家塾で教えるいっぽう、自宅の近くに開かれた女学校に招かれていたのである。女子師範一期生の島津千世の回想によると、彼女は東京女学校を目指して上京したが、すでに願書は締め切られていたので上田女学校へ入学、ここでカロザス先生から地球儀を前にして地球の自転の話を聞いたのが印象的だったと語っている。千世は、その後七三年二月には、女性を受け入れる数少ない「私学」の報徳学舎へ転校している。

以上、「開学明細書」の作成された一八七二、七三年において、新しい時代の「開化」教育を求めていた女性たちの姿を探ってみた。すでに「私学」では、多人数の生徒に外国語教育を施していたが、多くの学校では男子生徒だけを受け入れて、女生徒は受け入れようとしなかった。「私学」から拒まれた女性たちは、小規模な塾形式の学校であっても、英語を学ぶことができる学校を求めていたのである。今日「回想記」のなかで見ることのできるいくつかのエピソードは、当時の雰囲気を伝えている。ただ、ここに挙げた学校は何れも経営が不安定で、A六番女学校は、一八七六年カロザスの転勤により日本人クリスチャンの運営する学校に受け継がれ、芳英社と上田女学校も早々に姿を消し、水交女塾は、英語を止め、小規模の漢学塾として残ったようである。女子の中等教育草創期における不安定で過渡的な状況を示している。

以上、江戸の遺産「開学明細書」の示すところによって、女子の初等教育、中等教育の実情をとらえてきた。次の項では、明治政府による女子中等教育の方針が確立する明治二〇年代までを視野に入れて、わが国の女子教育が展開する過程を見ていくこととしたい〔『東京の女子教育』一九六一年〕。

3　女子中等教育の展開

新政府は、女子教育について試行錯誤を続けており、一八七二年(明治五)には、官立の女学校として開拓使女学校と東京女学校を東京に設立した。開拓使女学校は、北海道開拓という国策に沿って作られた開拓使学校に併設されたもので、当初は開拓使と結婚することを誓約した五〇人が入学している。開拓の進行とともに札幌に移転したが、一八七六年には開拓使庁内部の内紛で廃校になった。

一八七二年二月に開校した東京女学校は、はじめ入学資格を一五歳以下としていたが、七四年からは小学校卒業の一四歳以上の女子とし中等教育の学校に改めた。教科には、米国人女性教員による英語を置き、「外国人ト語ヲ通シ博学明識ノモノト相交リ見聞ヲ広大ナラシムル」という開化政策に沿った教育を強めていた。当時は神田竹橋にあったことから竹橋女学校とも俗称されていた。

アメリカから招聘された文部省顧問のマレーは、教育改革の意見書を提出しているが、そのなかで、中等教育における男女の共学を推奨することはなく、むしろ、当時アメリカで展開していた女子大学による高等教育を想定したと思われる。開校したばかりの東京女学校の存在を評価するとともに、これに加えて小学校教員の養成には女性教員が必要であるとして、男性用の師範学校に準じた女子師範学校の設置を進言した。

これを受けた文部省は、「女子は幼童の教育にふさわしい」として、小学校の全国的な展開の中で、一八七二年の男子の師範学校の開校に続いて、女子師範学校の設立を計画し、七五年には東京に開校し、全国から生徒を募集したのである。他方、東京女学校は西南戦争のあおりを受けて、予算の欠乏から廃校の憂き目にあい、生徒の多くは女子師範の予科、のちに附属高等女学校に編入・統合された。文部省はこの学校を「優良ナル婦女ヲ養成スル」ところと定め、教科に礼節・家政・裁縫など新科目を置き、外国語は含めないとした。しかし、一八八六年森有礼が文相に就くと、女学校の教育方針が変わり、付属高女は文部省直轄の東京高等女学校となり、教育内容も男子の中学に準じたものとし、中等教育の教育内容に性差別を設けない方針が採用された。しかしこれはいっときのことで、森が暗殺されると、この方針は撤回され、一八九〇年には、再び女子師範の附属となり、教科は修身・家事・裁縫を主とし、英語は選択科目となり、「良妻賢母」を育成することが目標になった。明治三〇年代から生まれた府立女学校のモデルとなっていくのである。

次に、私立の女子中等学校の動向に注目しよう。「私学」教育を推進していた福沢諭吉は、一八七二年五月、京都を視察した折に女紅場《じょこうば》を見学した〔西澤直子　二〇一一年〕。このころ京都では、女子の裁縫・手芸・染色などの技術修練と、英語教育を並列して教える「新英学級及女紅場」が設立され、女性の中等学校の役割を果たしていた。福沢は、手工芸を学ぶ女性たちを評価し、一時慶應義塾内に「衣服仕立局」を設けたといわれる。また、慶應義塾に近接した土地に、幼学舎という英語と算術を教える小規模な学校を開いており、ここでは少数ながら女性の生徒も受け入れ共学制を採用していた。共学授業の実験的な試みとも考えられるが、慶應義塾に女性の入学を認めることはなかった。

一八七二年に東京には、小規模ながら英語を教える私立女子校が四校開かれていたが、その翌年から女子校の開設が増えている。開設の出願数を追ってみると、一八七三〜七七年に一七校、七八〜八二年に五校、八三〜八七年に一七校と、この間順調に増加していることがわかる。ただし、この時期の学校経営はまだ不安定で、右の数字も合併や改名をふくんだものであり、これ以外に無届で廃校するケースもあったから、一概に急拡大とはいえないが、大規模「私学」への入学が閉ざされているなかで、女性の向学心が私立女子校の新たな需要を生み出していたのである。この時期に開校した学校のうちから、いくつかを紹介しておきたい。

先駆をなしたA六番女学校は、塾主のカザルス夫人が広島へ転居すると、キリスト者の原胤昭が生徒を引き継いだが（原女学校）、一八七六年には新栄町に移り新栄女学校となった。また芳英社で学び、牧師の妻となった桜井ちかは一八七六年に桜井女学校を設立したが、後にちかが北海道へ移住すると、九〇年には新栄女学校と合併して女子学院と改名して矢島楫子《かじこ》が園長となった。これらは、いずれもクリスチャンのボランティアによる教育活動であったが、その他に海岸女学校（青山学院の前身）、立教女学校、東洋英和女学校、普連土女学校など教団の財政援助を受けた女学校も生まれ、今日まで継続している学校も少なくない。

江戸時代以来の家塾が、内容を改めて女学校となったものもあり、その代表に跡見花蹊《あとみかけい》の開いた跡見学校がある。花蹊は、一八五九年（安政六）に父親の開いた大坂の家塾を継いでいたが、一八七〇年に東京へ移り、京都の知縁から公卿など上流の子女を相手にした内輪の塾を開いていた。七五年に校舎の新築を機会に跡見女学校として開校し、七七年には、八〇名の生徒を有する漢学塾の伝統を引く学校になっていた。三輪田マサは、京都で漢学を学んだのち、郷里の松山で漢学塾を開くかたわら、愛媛師範の教員を勤めてから上京し、翠松学舎を開いている。三輪田女学校の前身である。

一八八三年に開校した男子校の成立学舎は、八七年に女子部を増設した。修業年限は三年で、教科は、和漢学、英文学、理学、衛生、家政経済、裁縫、音楽、図画、挿花、茶湯、割烹と多岐にわたっている。卒業生の回想によれば、親は官吏、軍人、商工業者など中流家庭のものが多く、校舎は普通の家を借りうけた寺子屋式であったという。
　一八八六年に、「女子に適応する諸職業を授け」ることを目的とした共立女子職業学校設置された。学科と術科に分かれ、学科では読み方、習字、算術、家事、理科を教え、術科では裁縫、編物、刺繍、造花、押絵、組糸、図画などの実技を教えている。このころから、裁縫、編物、手芸などの工芸技術のみを教える学校も多数生まれている。

　これらの女学校に通学する生徒数として、一八八七年、八八年のデータを表9に掲げておく。キリスト教系の英語学校、和漢系の学校、職業系の学校などを合わせると、二〇〇〇人を超えた女性が中等教育に学んでいることがわかり、「開学明細書」から見た一八七二年の数字と比較しても、この一五年間における生徒数の増大と、教育内容の多彩な展開を知ることが出来よう。

　最後に、江戸の遺産である「開学明細書」から、リテラシーとジェンダーについて学んだことを整理し、明治期の女子教育に残した影響を確認しておきたい。まず東京における初等教育は、男子生徒数にたいする女子の比率を示す「女性指数」が高いことを指摘できた。東京府では小学校の普及に際して、寺子屋に源流を持つ私立小学校に依存するところが大きかったといわれている〔土方苑子　二〇〇二年〕。寺子屋の教育実績を引ついだ明治の初等教育は入学資格や授業内容について性別による差異・差別が相対的に少なかったといえよう。一時は市内に設置された十数校の公立女子小学校も、東京の土地に定着することなく消滅している。

表9　女学校の生徒数

校名	創立年	1887年	1888年
		人	人
水交女塾	1872年	20	
海岸女学校	1874年	105	
跡見女学校	1876年	161	
桜井女学校	1876年	325	
立教女学校	1897年	69	
恒徳女学校	1884年	25	
駿台英和女学校	1885年	66	
明治女学校	1885年	210	209
頌栄女学校	1886年	40	
共立女子職業学校	1886年	254	309
東洋英和女学校	1884年		225
成立学舎女子部	1887年		710
東京女学館	1888年		55

出典　「東京の女子教育」より.
注　1888年は「女学雑誌」, 89年は「東京府統計書」.

これに対して、女子の中等教育は、二重の制約を受けて出発した。明治初年に中等教育機関として存在した多くの「私学」と呼ばれる学校から、女性は入学を拒絶されていた。小学校を終えて、さらに中等教育を目ざした女性たちは、やむなく小規模の女子校で学ばざるをえなかった。やがて女子校の教育は質量ともに充実していくものの、既成の中等・高等の教育機関で学ぶ道が開かれることはなかった。女子校という枠のなかで、既成の男子校の教科や授業に準じた教育内容を追求していくのであるが、その間、公立・私立を問わず女子校の多くは独自の女子教育を行うことを謳っており、女子の中等教育は一種のジェンダー・バイアスをもって出発せざるをえなかったのである〔梅村佳代　一九七五年、櫛田真澄　二〇〇九年〕。

参考文献一覧

〈史料・編纂物〉

『跡見開学百年』（跡見学園、一九七五年）
『お茶の水女子大学百年史』（お茶の水女子大学、一九八四年）
『女子学院の歴史』（学校法人　女子学院、一九八五年）
『世田谷区教育史　資料編二』（世田谷区教育委員会、一九八八年）
『東京の女子教育』（東京都都政史料館、一九六一年）
『東京府開学明細書』一～六巻（東京都都政史料館、一九六一～六三年）
『東京府志料』一～五巻（東京都都政史料館、一九五九～六一年）

〈著書・論文〉

青木美智男「近世後期、読者としての江戸下層社会の女性」（『歴史評論』六〇五号、二〇〇〇年九月）
――――『深読み浮世風呂』（小学館、二〇〇三年）
石山秀和「幕末維新期における江戸東京の手習塾と教育内容について」（『東京都江戸東京博物館研究報告』九号、二〇〇三年）

市川寛明「江戸における庶民のリテラシーとジェンダー」（『ジェンダー史叢書2　家族と教育』明石書店、二〇一一年）
梅村佳代「高等女学校令成立の思想的基盤」（『暁学園短期大学紀要』八、一九七五年、のち『日本女性史論集8』一九九八年）
大口勇次郎「日本近世におけるデモクラシーとジェンダー」（『歴史におけるデモクラシーと集会』（専修大学出版会、二〇〇三年）
小木新造『東京庶民生活史研究』日本放送出版協会、一九七九年）
櫛田真澄『男女平等教育阻害の要因』（明石書店、二〇〇九年）
菅野則子「寺子屋と女師匠」（『一橋論叢』一一一―巻二号、一九九四年、のち『日本女性史論集8』一九九八年）
竹内　誠「江戸の地域構造と住民意識」（『講座日本封建都市』二巻、文一総合出版、一九八三年、のち竹内『江戸社会史の研究』弘文堂、二〇一〇年）
ドーア、R・P『江戸時代の教育』（松居弘道訳、岩波書店、一九七〇年）
中野節子『考える女たち』（大空社、一九九七年）
西澤直子『福沢諭吉と女性』（慶應義塾大学出版会、二〇一一年）
土方苑子『東京の近代小学校』（東京大学出版会、二〇〇二年）
――編『各種学校の歴史的研究』（東京大学出版会、二〇〇八年）
藤田　薫「江戸・東京赤坂における寺子屋・家塾・私立小学校の系譜」（『地方教育史研究』二〇号、一九九九年）
――「江戸・東京における寺子屋師匠の筆道修業について」（『慶應義塾大学大学院社会学研究科紀要』五八号、二〇〇四年）
村上　直「近世・増上寺領における『女学校発起之趣意書』について（『法政史学』三〇号、一九七八年）
森　安彦「草莽の志士と郷学運動」（津田秀夫編『近世国家と明治維新』三省堂、一九八九年）
山川菊栄『おんな二代の記』（平凡社東洋文庫、一九七二年。岩波文庫、二〇一四年）

四　明治前期の判決例にみる女性と相続

村上一博

はじめに

一八七〇年（明治三）一二月、内外有司に頒布された新律綱領（第九四四）は、その戸婚律立嫡違法条において、およそ嫡長子孫に亡没疾病などの理由がなく庶子を立てる者は、杖七〇に罰し、嫡子をして改立せしめると定めた。明治時代に入っても、江戸時代における武家の嫡長男子相続主義をとることが明示されたのであり、この規定は、形式的には、一八八二年（明治一五）の旧刑法施行によって廃止されるまで、華士族平民のいずれにも適用されたと言われてきた〔石井良助　一九五〇年・一九五四年、高柳真三　一九五一年、向井健　一九七四年、大竹秀男　一九七七年、前田正治　一九七七年、服藤弘司　一九八二年、山中永之佑　一九九一年〕。しかし、江戸時代において――農民・町人相続については勿論のこと――武家相続から女性が完全に排除されていたという見方には、近年疑問が提起されており〔宮本義己　一九七五年、大口勇次郎　一九七九年、柳谷慶子　一九九二年・二〇〇一年〕、また、明治政府の施策において、この嫡長男子相続主義がどの程度、維持貫徹されていたのかについても、未だ充分に明らかであるとは言い難い。本章では、一八九〇年（明治二三）の旧民法公布以前における、太政官布告・達などの法令、伺・指令などの先例、大審院をはじめとする各裁判所の判決例に表れた、戸主死去後における女性（婦女子）による家督相続の実態と、それに対する行政庁や裁判所の対応について検討することにしたい。

1　法令と伺・指令にみる女性と相続

(1)　嫡長男子相続主義の緩和

新律綱領の二年後、一八七三年（明治六）一月二二日の太政官布告第二八号は、その冒頭で、華士族家督相続において、総領（嫡長）の男子を他へ養子に遣わし、あるいは父の心底に応じないことを理由に縁故ある者へ厄介に遣わし、その家は次・三男あるいは他人に相続させる旨を、当主が随意に願い出た場合、聞届けられうるとした〔外岡茂十郎編『明治前期家族法資料』、以下、法令および伺・指令の引用はすべて同書による〕。この太政官布告第二八号は、被相続人である父（現戸主）の裁量によって相続人を自由に決定することを認めたものにほかならなかったから、先の新律綱領の立嫡違法条と明らかに矛盾することになる。そこで、同年七月二二日、太政官は、第二六三号布告を発して第二八号布告を改正し、家督相続は必ず総領の男子たるべきだが、もし亡没あるいは廃篤疾等、止むを得ない事故があれば、その事実を詳かにして、次・三男または女子に養子を迎えて、これに相続させる旨願い出ること、次・三男や女子がいない場合は血統の者をもって相続を願い出ること、そして、もし故なく順序を越えて相続する者には相当の罰を科すとした。嫡長男子の最優先相続権をあらためて確認・保障し、また嫡孫に代襲相続権を認めるが、もし嫡子嫡孫に事故があるときは、直系卑属中から一定の順位によって相続人を立てるべしとの趣旨である。

この場合の相続順位は、男子を女子に優先し、男子のうちでは嫡出を庶出に優先し、それぞれ長幼の順によるものとする。直系卑属に男子がなければ血統続きの親族から相続人を選ぶのである。ここには、嫡長男子を優先し、血統を重視するという武家法的相続原理が色濃く見出されるとはいえ、伺・指令などの先例によれば、「不得止」事由として、当人の一身上の都合のみならず、一家や親族の都合なども広く認められたから、新律綱領の立嫡違法条で確認された嫡長男子の相続権は、もはや揺るぎなく強固とは言い難く、早い時期に、相当程度に緩和されていたと言わねばならない。

さらに、一八七六年（明治九）になると、三月一三日、太政官は、平民（農工商雑業等を営む者）について、戸主が難治の病気に罹るか、あるいは死亡後に相続すべき「親生ノ嗣子アルモ」幼少で家職に従事して該家を維持する能力もなく、また相応の後見人もいない場合には、有禄の華士族とは違って「一概ニ血統ナレハトテ幼少ノ者ヲ以テ相続ナシ難キ家業柄」もあるから、実子孫以外の、当該家の営業に熟練の親族や養子に家督を継がせることも「特別ノ詮議」によって許可する旨を指令した（一月二二日内務省伺）。この指令は「以後ノ照例ニ不相成」という建前であったが、六月五日の太政官達第五八号は、実子ある者が養子を相続人とし、また子女ある寡婦が夫を迎えて前夫の跡相続人とするなどは、一般に許しがたい定規だとしながらも、華士族を除いて、現実に極貧あるいは老病等で、実子孫があっても幼少であるか、または有子の寡婦でも極貧あるいはその子女が幼少かつ後見すべき者もない場合に、親族協議をもって願い出て、「不止得事情」に係るものは、地方官限りで聴許してもよいとした。この太政官達第五八号は、翌一八七七年（明治一〇）一二月二〇日の太政官達第九九号により、士族にも適用されることとなったから、ここにおいて、華族を除き、士族・平民については、各地方の慣習に応じて、血統の連続性にこだわることなく、「現実的な生活共同体としての家」〔大竹秀男　一九七七年〕を保護するため、相続人の定立について便宜的で柔軟な取り扱いが認められることとなった。

以上のように、明治政府は、当初、華士族家督相続法の原理を平民にまで浸透させようとしたのだが、実際には、逆に、嫡長男子に固執せずに一家の都合によって比較的自由に相続人を選んできた平民の慣習に引きずられる形で、「現実的な生活共同体としての家」を保護する方向に大きく傾斜していったのである。

(2) 女性による中継相続

それでは、女性（婦女子）による相続は、どのような場合に認められたのであろうか。一八七三年（明治六）一月の太政官布告第二八号中には、「当主死去嗣子無之、婦女子ノミニテ、已《やむ》ヲ得《え》サル事情アリ養子難致者《いたしがたきもの》ハ、婦女子ノ相続差許《さしゆるし》、従前ノ給禄可支給事《しきゅうすべきこと》」と定めた条項があり、とくに華士族を対象に、婦女子による家督相続（実質的には給禄の支給）が認められた。ここでは、婦女子の相続（女戸主）に期限などの制限が設けられていなかったため、司法省から、養子など男子の相続人を迎えても女戸主が相続を譲らず、種々命令を下す事態になれば「風俗ヲ壊乱シ又ハ罪戻ニ陥ル等ノ件々相生シ、不体裁必ラス之ヨリ始マリ可申《もうすべし》」との懸念が出されたため、太政官布告第二六三号によって、「婦女子相続ノ後ニ於テ、夫ヲ迎ヘ又ハ養子致シ候ハ、、直ニ其夫又ハ養子ヘ相続可相譲事《あいゆずるべきこと》」との文言が追加された。婦女子相続は、嗣子がなく婦女子のみで「已ヲ得サル事情」で養子をとれないという例外的な場合に限られ、しかも、相続後、入夫や養子を迎えると直に戸主の地位を譲らなければならないという、一時的・暫定的な「中継」（仮あるいは補欠）相続と位置づけられたのである。ちなみに、右の太政官布告第二六三号に関する一八七四年（明治七）四月一九日の正院指令（滋賀県伺）は、同号を平民にも準用しているが、この点について、一八八八年（明治二一）一〇月三一日の大審院判決（同年第八五号「家督相続争論」事件）は、こうした先例は「随時事ニ就テノ指令ナレハ之ヲ以テ公布ノ明文ヲ動カスコト能ハサル道理ナ」りとして、一般的効力を否定している。

もっとも、先例をみると、一八七六年（明治九）五月一六日の千葉県からの伺「戸主亡没或ハ隠居ノ際、家督相続ノ実養子幼少ニ付、家事取賄《とりまかない》ノ為メ、妻又ハ母へ一旦相続致サセ候仕来、従来ノ慣習ニテ、平民中往々有之候得共、右ハ孰《いず》レモ一家熟議ヨリ出候義ニ付、向後モ右便宜ニ任セ可然哉《しかるべきや》」に対して、同年一〇月三日、内務省は「嗣子ヲ以テ相続ニ相立ヘシ、尤、妻又ハ母へ後見為致《いたさせ》候儀ハ不苦《くるしからず》候事」と指令し、嗣子幼少を理由とする妻または母への中継相続を否定して後見すべきことを命じているが、一八八一年（明治一四）二月二一日の三重県からの伺「若シ戸主タルモノ死亡或ハ養戸主ナルモノ離縁ノ際、其子幼少ナルカ為メ、成長迄ノ間、其遺妻ナル者相続人トナルカ如キ……」に対する、三月一四日の内務省指令は、幼少者を廃嫡して遺妻が中継相続するよう命じているから、後見と区別されるべき、妻あるいは母の中継相続について、内務省の解釈・対応に動揺があったことが知られる。

また、先例中には、婦女子相続の場合であっても、右の内務省指令のように幼少者の廃嫡や、家の代数への算入（一八七四年一一月一九日内務省伺・七五年二月一四日太政官指令）を命じたり、あるいは、相続人選定まで本家「戸主ノ実母ヲ仮ニ相続為致度願出ル者有之、右死者ノ血縁ハ無之候へ共、本末ノ縁故有之ニ付」聞届けてよいかとの内務・大蔵両省からの伺（一八七五年三月三日）に対して、太政官は、「難聞届《ききとどけがたし》」と指令するなど（四月二七日）、庶民の相続実態を考慮してであろうか、女性への中継（仮）相続の固定化を、事実上容認したと解される例も見出される。妻や母への中継相続は、必ずしも入夫あるいは養子に戸主を譲るまでの一時的・暫定的なものではなく、「現実的な生活共同体としての家」を保護するという観点から、ある程度、持続的・安定的なものとも考えられていたと解されるのである。

一八七三年の太政官布告第二八号で家督相続が許された「婦女子」の範囲については、①遺妻・遺女・伯父母姉妹等（一八七三年二月一五日柏崎県伺・二月二三日太政官指令）、②戸主の母・妻・女子・女孫またはその家に生まれた伯叔母姉妹等（一八七五年二月二八日内務省伺・四月二三日太政官指令、三月一三日宮城県伺・五月五日内務省指令）、③「戸主ノ母、妻、女子孫又ハ其家ニテ生レシ伯叔母姉妹、幷《ならびに》他家へ縁付候子女ノ挙ケタル女子、生前貰受置候女子等」（年月日不明内務省伺・一八八〇年九月二〇日太政官指令）――遺された家族が妾しかいない場合には、その遺妾が相続することも認められている――、と次第に範囲が拡大され、④養子女の相続権を認めた例も見出されるようになる（一八八八年一月二三日司法省指令・一月一〇日静岡県伺、一八九六年七月二九日鹿児島県問合・司法内務両省回答）。ちなみに、一八九六年（明治二九）七月二八日の島根県照会に対する、八月一八日司法省回答は「遺妻又ハ祖父母ハ一時相続スルコトヲ得ルモ、伯叔父母等ハ一時相続スルコトヲ得ズ」としているから、この時期になると、中継相続人となりえた婦女子は、遺妻と祖母に限られたことになる。

さらに、婦女子相互間の順位については、一八七六年（明治九）五月三〇日の太政官指令（四月一七日内務省伺は、女子女孫・姉妹・母妻・伯母の順を主張した）および同年六月一五日の内務省指令（三月二〇日置賜県伺）では、すべて親族協議に任せるとされていたが、後には、被相続人の女子を（年月日不明内務省伺・一八八〇年一一月一七日太政官指令）、数人の女子あるときは、男子と同様、長幼の順に依るべきことを（一八九〇年四月日不明神奈川県伺・四月一八年司法省指令）命じた例が見られるなど、明治政府の方針は一定していない。

2　判決例にみる女性と相続

前節では、太政官布告や達、あるいは各省庁の伺・指令などのいわゆる先例から、嫡長男子、次いで婦女子の相続についての取扱いを見てきたが、以下では、婦女子の相続権をめぐって争われた判決例を検討したい。判決例の検討を通して、明治前期の家督相続をめぐる紛争において婦女子がどのように位置づけられていたのか、その具体的な紛争形態を知ることができ、さらに、裁判所による家督相続関係法令（布告・達）の運用・解釈の適用実態や、判決と先例（伺・指令）との異同が明らかになると考えられるからである。

(1) 子女・養女

戸主死去に際して、男子がなく女子のみが残された場合、その女子に相続権が認められていたことは疑いないが、裁判では、どのような争いが展開されていたのであろうか。判決例では、終局判決に至るまで、裁判所の判断が二転三転するなど錯綜した事例が数多く見られる。

【事例1】「家督相続差拒」一件〔再上告審：明治二〇年三月三〇日大審院判決（明治一八年第四二四号事件）〕は、金井太郎治の死後、その実母キクが戸主となったが、キクも死去したため、太郎治の長女サタが金井家を相続しようとしたところ、太郎治の養女キンの婿養子である八十吉が故障を唱え、その解除を求めた事案である。

初審の熊谷始審裁判所（明治一五年一一月二日判決）および控訴審の東京控訴裁判所（明治一六年四月三〇日判決）は、いずれもサタ側の主張を認めた。熊谷始審裁判所において、八十吉は、金井家へ養子に入った際、養母キクが該家の戸主であったのだから、「戸主ノ養子トナル者ハ、其戸主ノ長男同等ノ権アリテ相続ナス可キハ言ヲ俟タス、原告『サタ』ノ如キハ、被告カ義姪タルヲ以テ、被告ノ嗣子トナシ該家保存ノ位地ヲナシタルモノナル旨」を主張したが、裁判所は、キクと八十吉を対比すると「其尊卑親疎ノ弁素ヨリ多言ヲ贅セスシテ明ナリ、然ラハ則立嫡ノ順序ニ従フモ先ツ原告〔キク〕ヲシテ被告〔八十吉〕ヨリ先キニ該家ヲ相続セシム可」きであり、八十吉は、サタの姑であるキンの夫婿に止まるもので、金井家の相続者たる資格を備えていないとした。東京控訴院もまた、「亡キク始メ親戚等ニ於テ〔八十吉が〕嗣子養子タルコトヲ約諾シタル証ナク」、かつ八十吉の妻キンは金井家の正嫡ではないから、「亡太郎治ノ長女即被控訴人サダカ当家ノ正嫡」であり、相続させるのが相当であると判示した。しかし、大審院は、正系者が幼年である場合は中継をなす例が少なくないから、正系か否かによって一概に相続権の有無を判断することは出来ないし、抑《そもそ》も普通養子なるものは分家分産の特約がない限りは相続養子と推測すべきものである。原被告から提出された戸籍帳簿の記載は齟齬しているから、その事実を審究する必要があり、また親属の保証はその多寡親疎によって取捨するのでなく、事実に適するものを採択するのが筋であるのに、東京控訴裁判所はその審理を尽くさない裁判であったとして、八十吉の上告理由を認めて原審判決を破棄し、名古屋控訴院に移送した。

そこで、名古屋控訴院（明治一八年一一月九日判決）は、被上告人の八十吉を、

当時ノ戸主金井「キク」方へ婿養子ニ貰ヒ受ケタルハ、全ク「キク」已ニ老ヒ、亡太郎治カ一女「サタ」アルモ幼年ナレハ、直チニ之ヲ戸主タラシムヘキ能力ヲ有シタルニアラサレハ、先以テ被上告人ヲ金井家へ貰受ケ其女「キン」ニ配シ、他年「サタ」生長ノ模様ニ依リ之ヲ「サタ」ニ及ホスモ、即今被上告人ヲシテ金井家ノ養嗣子ト為シタルノ情況見ルヘク、而シテ「キク」死後、更ニ親属会議ノ上「サタ」ヲ分家セシムヘキコトニ決……セシモノト認定セサルヲ得ス

と判示し、婿養子の八十吉に対して、サタが成長するまで、中継相続することを認めたが、この判決を不服として、サタ側が再び上告した。

再上告を受けた、大審院もまた「上告第三条ノ主点ハ曩《さ》キノ上告ニ対シ本院カ与ヘタル弁明中『固有ノ正系ヲ変更スル謂レナシ』トアルヲ採摘シ、正嫡ヲ擱《お》キ他ヨリ養子ヲ為サシムルハ一般差許サヽル所ナリト云フニアレトモ、正嫡ヲ擱キ養子相続ヲ為サシムルノ場合アルコトハ、明治九年第五八号公布ノ許ス所即チ本院カ曩キニ示シタル例外是レナリ、今上告者ハ金井家ハ極貧ニ非ス『キク』ハ当時老病ニ非ス又後見タル可キ適任者ナキニ非サレハ決シテ養嗣子ヲ撰ムノ要ナシト云フト雖モ、抑被上告八十吉カ金井家へ入籍シタルヤ先戸主『キク』在世中既ニ其位地ヲ定メタルコトノ事実」ありと認定して、八十吉の相続権を認めたのである。

もっとも、右判決が言及している大審院の上告受理理由書をみると、上告人サタは「亡金井太郎治ノ長女ニシテ金井家ノ正嫡ナルコトハ動カスヘカラサル事実ナリトス、而テ太郎治死去ノ際、一旦祖母『キク』カ該家ヲ相続シタレ

ハトテ、『サタ』カ正系ノ順序ヲ変更スヘキ謂レナキコトハ本院ニ於テ曩キニ与ヘタル弁明ノ如シ、然ラハ則チ『キン』死亡ノ後チ該家ノ相続ヲ為スヘキモノハ上告人『サタ』ナルコトハ普通ノ相続法ナリ」との理由で、最終的な大審院判決とは逆の判断を示している。

最終的な大審院判決は、サタ側が主張する「正嫡ヲ擱キ他ヨリ養子ヲ為サシムルハ、一般差許サヽル所ナリ」「金井家ハ極貧ニ非ス、『キク』ハ当時老病ニ非ス、又後見タル可キ適任者ナキニ非サレハ、決シテ養嗣子ヲ撰ムノ要ナシ」との主張を退けて、「正嫡ヲ擱キ養子相続ヲ為サシムルノ場合アルコトハ、明治九年第五八号公布ノ許ス所」、すなわち「本院カ曩キニ示シタル例外」にほかならず、「抑《そもそも》被上告八十吉カ金井家ヘ入籍シタルヤ、先戸主『キク』在世中、既ニ其位地ヲ定メタ」という理由で、八十吉を養嗣子と認定し、その中継相続を認めた。逆に、上告受理理由では、明治九年太政官第五八号達を限定的に解釈することによって、正嫡家女であるサタの相続権を優先すべきであり、これが大審院の判例だと述べているから、大審院内でも、見解が大きく分かれていたことが知られるのである。また、上告受理理由は、養子の相続によって、サタをして「終ニ相続権ヲ失ハシメ」と述べており、名古屋控訴院が養子八十吉の相続を「中継」として認めた趣旨とは異なっているから――この点は、最終的な大審院判決でも同様である――、大審院は、家女が幼少時の婿養子による相続を、「中継」に限定していないと解されるのである。

【事例2】「家督相続」一件〔明治二〇年一二月一六日大審院判決（明治一九年第二〇六号事件）、再上告：明治二三年一二月一日大審院判決（明治二二年第三五四号事件）〕は、山口順展（上告人）が、実父山口順相の相続人である実母山口マカトの死後、沖縄県の慣習に基づいて最近親の男子である故をもって山口本家の家督相続を求めたのに対して、順相およびマカトの長男である上告人の兄亡山口順純の妻である山口カマト（被上告人）が故障を唱え、家督はカマトの子順誠の長女、すなわちカマトの長孫女たる山口マカマト（被上告人）が相続すべきだと主張した事案である。

上告人の順展は、兄順純は長子ではあるけれども、父母存命中に故あって別家分籍したため、父順相の家督は母マカトが相続したのだから、順純はすでに嫡系の権利を失い、したがってマカマトがその家督を継襲する権利がないのは勿論、旧慣によるも近親の男子で実男である上告人をおいて、遠親である分籍の曾孫女に家督を継がせる理はないと主張したが、これに対して、被上告人のカマトは、順相の死後、一旦妻のマカトが家督を相続したが、その後、長子の順純に譲り、順純は十数年間にわたって家政を掌ったのち死去、その長子の順誠もすでに二女を遺して死去したため、カマトが家督を継襲し（姑のマカトがこれを輔翼）、山口家の経済祭祀その他一切の事務はカマトに帰したのであり、マカトも死去したため、カマトは戸主権を退き、正系たるマカマトに家督を相続させようとするのは素より当然のことだと抗弁したのである。

初審の沖縄県裁判掛（明治一八年一〇月二四日判決）は、沖縄県の旧慣について、沖縄県顧問官へ同県士族家督相続の制規旧慣を問合せ、その回答に「旧藩制中士族ノ家督相続ハ、必ス血統近キ男子ニ継襲セシムヘキ成例ニシテ、仮令《たとえ》嫡系タリトモ婦女子ニ之ヲ継襲セシムヘキ成規ハ勿論、慣例トテモ之レナシトアレハ」、マカマトは「順相嫡系ノ曾孫ナルモ、既ニ婦女子ナル以上其系統ノ家督ヲ継襲スヘキ権利ナキモノナリ」と断じて、順展（原告）側の主張を認めた。これに対して、控訴審の長崎控訴裁判所（明治一九年六月二六日判決）は、順展は、沖縄県士族は旧藩制中から婦女子に家督を継襲する制規なき旨陳弁するが、該慣例は「男子ヲ除キ婦女子ヲ以テ相続スル慣例アラサルトノ主旨ニシテ、正統ノ者ニ男子ナケレハ該統ノ婦女子ニテモ相続シ得ラル、条理ナリ」と述べて、原審の判断を覆した。順展側からの上告を受けて、大審院民事第二局は、長崎控訴裁判所が、カマトらが提供した「偶《たまたま》慣習ニ背キシ一二ノ例外アルヲ的《(ママ)》例ト為シ沖縄県ノ慣例ニ対シ附会ノ解釈ヲ下シ」たとする上告理由を容れ、「亡順純カ一家ヲ為サ、ル限リハ、其遺迹ヲ同人ノ妻子ニ於テ相続スヘキ道理ナキニ付……山口順相ノ遺跡ヲ同人ノ妻『マカト』カ相続中ニアリテ亡順純ノ遺跡ヲ其妻『カマト』カ……相続セシ事迹ノ如キ他ニ格段ナル慣習ナキ限リハ分家ノ確証ト為サヽルヘカラサル筈ナルニ、原裁判所ハ慣習ノ存在スルコトヲモ明示セス仍《な》ホ上告人ニ挙証ヲ責メ其確証ヲ……挙示セサレハ」と判示した長崎控訴裁判所判決は事実理由の齟齬を免れないと述べて、東京控訴院に差戻した。ところが、東京控訴院民事第一局（明治二二年四月五日判決）は、次のように述べて、順展の主張を退けた。

抑モ亡順純ハ亡順相ノ嫡男ニシテ被願人ノ内「マカマト」ハ其順純ノ長息女ナルニ付、「マカマト」カ山口家ノ相続ヲ為ス可キハ正統ノ順序ニシテ、願人カ其相続権ヲ争フハ不条理ナリトス、然ルニ願人ハ沖縄県下ニ於テハ戸主血統ニ最近ノ男子カ跡相続ヲ為ス可キ古来ノ習慣ナリトテ乙第四号証ヲ提出スルモ、前陳ノ如ク現ニ本按所争ノ山口家ニ於テ「マカト」カ亡順相ノ遺跡ヲ継キ又ハ「カマト」カ亡順純ノ遺跡ヲ継キタル事ノ如キアルヲ以テ視レハ、婦女子ニシテ士族ノ相続ヲ為シ得可カラサルモノトハ断言シ難ク、即チ其相続ハ男子ニ限ルモノナリトノ願人カ申立ハ信認シ難シ

東京控訴院は、「戸主血統ニ最近ノ男子カ跡相続ヲ為ス可キ古来ノ習慣」ありとの主張を退け、実際に、順相の配偶者マカトや、順純の配偶者カマトが夫の遺跡を相続した事実を根拠に、女性による相続を認めたのである。

順展（同人死去につき相続人の順徳および代言人高梨哲四郎）側は、この判決を不服として再び上告した。大審院は、東京控訴院が、亡順純もまた分家したと看做さざるを得ないが、抑も亡順純は亡順相の嫡男であり、マカマトは順相の長孫女であるから、マカマトが山口本家を相続するのが正統の順序だと判決したが、原判決のように亡順純が山口本家を去って分家しているとすれば順純は「最早山口本家ノ家族ニアラサルヲ以テ山口順相ノ嫡男タル資格ヲ有スヘキ条理」がない筈であるのに、原判決は何らの説明もしていない。仮に、順純・順展ともに「分家シテ各自一家ヲ創立シタル以上ハ本家ニ相続人ナキ場合長子ノ分家シタルモノヲ以テ次男ノ分家シタルモノニ先ンスヘシトノ旨趣」だとしても、この場合に「最近ノ卑属親ハ何カ故ニ除斥セラル」のか説明がないから、理由不備の非難を免れない不法の裁判であるとして、原判決を再び破棄し、今度は名古屋控訴院へ移送した。この大審院判決は、婦女子の相

続権それ自体についてまったく言及しておらず、また移送された名古屋控訴院判決は、判決内容が不明であるため、残念ながら、当該事案において婦女子の相続権について、どのような最終判決が下されたのかを知ることはできない。

【事例3】「相続故障解除」一件（明治二二年四月二九日大審院判決（明治二一年第四〇八号事件））もまた、生存の血属親が女子ひとりの場合に、当然その女子が相続するのか、男子養子を認めるのかという、子女の相続権が争われた事例である。

上告人側（代言人：増島六一郎）は、上告理由の第三条において「凡《およ》ソ相続人ヲ採ルニ男ヲ先ニシ女ヲ後ニスルハ血属同等親ノ間ニ在テ適用スルノ規則ニ過キス、上告人ノ立テントスルよしハ善助ノ姪ナルヲ以テ当時生存者中相続スヘキノ卑属親ナリ……相続人ハ血属親ナラサル可カラストハ法律ノ命スル所ナレトモ、同等親間ノ場合ヲ除キ其幼者ノ女子ニシテ一家ヲ管理スルノ能力ナク成年ノ後ニ及テハ夫ヲ迎ヘテ戸主ヲ譲ラサル可ラサルノ不便アルト否ハ此法律ヲ動スノ理由ト為スヲ得ス、後見人ヲ以テ幼者ヲ助ケシメ夫アッテ其妻ノ家ヲ輔佐スルノ制アリテ之ヲ補フノ道アレハナリ、況《いわん》ヤ女子相続ノ法律行ハレ相続人ハ独リ先ツ血属親ニ採ルノ法律普ク行ヒ得ヘキノ今日ニ於テヲヤ」と論じ、さらに第五条において「明治六年廿八号布告ニ惣領ノ男子ナキ時ハ二男三男又ハ女子トアリテ、生存ノ血属親女子ノミナルトキハ其独リ相続人タルヘキハ疑ナシ、原〔大阪控訴院〕判決ハよしハ亡善助ノ生存血属親ナルコトヲ認メナカラ……被上告人〔関野善次郎、関野本家の養子〕ニ撰定権アリトシ、其撰定シタル死者ノ血属親ニ非ル岸吾〔善次郎の甥〕ヲ正当ノ相続人ナリトシタルハ、右ノ布告ニ背キ、撰定者ト相続人タル可キモノ、何タルヲ誤解シタル擬律錯誤ノ不法アル裁判ナリ」と主張したが、大審院民事第二局は、子女の相続権それ自体には言及せず、亡善助が被上告人先代の養子となり本分家の関係にあるから、新たに分家した養子が死亡しその遺子がない場合にはその相続人を選定する権は養家尊族の親に属すべきとする大阪控訴院判決を支持し、「善助ノ身上ハ尋常世間ニ行ハル、報労即チ資本ヲ与ヘ暖簾《のれん》ヲ分ツ如キノ比例ナラサルコト判然」であり、「善助ハ故善右衛門ノ養子ニシテ関野家ヲ本宗トシタルモノ」であるとの理由から、上告を退けた。大審院は、明治六年太政官布告第二八号に「惣領ノ男子ナキ時ハ二男三男又ハ女子トアリ」、したがって「生存ノ血属親女子ノミナルトキハ其独リ相続人タルヘキハ疑ナシ」との増島の上告理由を退けて、男子養子による相続を認めたのである。

子女が、家女でなく、養女の場合はどうであろうか。

【事例4】「家督相続引直」一件（明治一一年八月〈日不明〉東京上等裁判所判決〈明治一一年第五一二号事件〉）は、亡斎藤忠篤の養女ワカが長女として、忠篤の相続を求めた事案である。初審の東京裁判所（明治一一年五月二四日判決）は、ワカは忠篤が生計を立てさす目的で養い置いたもので嗣子として貰い受けたのではなく、戸籍に長女と記載したのは誤りだとして、請求を退け、東京上等裁判所もまた、忠篤には、他家に嫁いだトクがいるから、ワカは「戸籍上忠篤ノ長女ト為セシハ誤リ」で「唯忠篤ノ養女」にすぎないと判示して、養女側からの請求を退けた。

【事例5】「戸籍訂正家事引渡督促一件」（明治一二年三月一八日大審院判決〈明治一一年第一八五号事件〉）においても、大審院は、「凡養子女ノ其家ヲ養父母死亡ノ後ニ於テ継襲セントスルニハ、先ツ養父母カ生前ニ於テ其養子女ヲ貰ヒ受クルノ目的ト、養子女カ其養家ニ在テ待遇セラル、所ノ分限トヲ推究セサルヘカラス……当時原告ノ父ハ貧窮ニシテ原告ヲ養育スルニ支ルヨリ亡大貫弥七ハ其窮ヲ恤《あはれ》ミ之ヲ貰ヒタルモノニテ、決テ大貫家相続ノ為メニ貰ヒ受タルモノニアラサルハ……明瞭ナリ」と述べて、養女の相続権を否定している。

この二例とは逆に、養女の相続権を認めたのが、【事例6】「女戸主相続差拒」一件（明治一五年六月二九日白河始審裁判所判決〈明治一五年第一号「女戸主相続差拒」事件〉）である。すなわち、白河始審裁判所は、

……其親族協議上原告カ大越家ノ養女トナリタルトノ点ハ何等拠ル可キモノナシト雖トモ、甲第一号証戸籍面ニ拠レハ「長男呉助亡孫スミ」トアリ、是則《これすなわち》亡與左衛門ニ於ケル原告「スミ」ヲ入家セシムルノ際ニ在テハ、同

人ヲシテ大越家ヲ相続ナササシムルノ存意タルヤ推知スヘシ……〔被告が〕原告家ヲ立出タルハ亡與左衛門等ノ許諾ヲ得出稼シタリト言フモ、眷祖父與左衛門重病ニ罹ルモ存問セス、剰《あまつ》サへ其臨終ニ会セス、遥ノ后之《のちこ》レヲ聞知セシ等、其重要ナル孝道ヲ欠キ家出ノ後該家ヲ不顧ヲ視レハ其許諾ヲ得出稼ナシタルニアラサルヲ知ルニ足ル可シ、此一点ニ於ルモ大越家相続ヲ争フノ権ナク、況ンヤ前罫ニ解クカ如ク已ニ鈴木善次郎ノ妻トナルニ於ヲヤ、旁原告ハ該家相続ノ権利ナキモノトス

と判示し、他家に嫁いだ（ただし事実婚）家女側の主張を退け、縁組に際して亡戸主が養女スミをして「大越家ヲ相続ナササシムルノ存意タルヤ推知」しうるとして、養女の相続を認めたのである。

以上三件の事例では、養女縁組の経緯、すなわち相続人とする目的で養女縁組がなされたか否かが争点とされており、およそ男子養子が、通常、実子と同等に相続人として処遇されたのと比較すると、女子養子の相続権は甚だ脆弱なものであったと言わなければならない。

子女の相続権に関しては、このほか、子女間の相続順位が争われた【事例7】「相続故障解除」一件（明治一九年一一月三〇日大審院判決〔明治一九年第八五号事件〕）がある。大沼潤三死去後、その遺妻シケが相続人となったが、シケも病死し、相続すべき嗣子がないため、シケの伯姪にあたるキクと、潤三の妹ないし従妹にあたるイトとの間で、相続が争われた事案であるが、初審の東京始審裁判所（明治一八年一二月一六日判決）は、親族協議の上でキクを大沼家の相続人に決定したと判定し、キクが該家の血属者でないことはその際既に熟知されていたとして、キク側からの相続故障解除の請求を認めた。これに対して、東京控訴裁判所（明治一九年三月二〇日判決）は、親族協議の決定には、潤三およびイトの伯母にあたる千代や、イトの再従兄弟にあたる恵斎の連署がないから、「親戚一体」による決定とは見做されず、また「『イト』ヲ措キ他ニ潤三ノ近親ナキ上ハ、『イト』ヲシテ『シケ』ノ跡相続セシムルハ当然ノコトトス」と述べて、原審の判断を覆した。大審院もまた、親族協議によって上告人の妻キクを叔母である

亡大沼シケの跡相続人とする旨成立したとの事実を否定したうえで、「夫死シ其妻其跡ヲ相続シ、其妻又該家ノ戸主ヲ退キタル場合ニ於テ其跡ヲ相続スヘキモノハ、其妻ノ血属ヨリハ寧ロ其夫ノ血属ヲ以テスヘキヲ当然ナリトス」と判示した。遺妻の相続を認めても、その子孫による当該家の相続は、夫方の血統が優先されるべきだとするのである。

(2) 遺妻（寡婦）

相続すべき子女がない場合に、亡戸主の遺妻を同家の相続人とすることの是否が争われた事例、とりわけ、相続人の選定にあたって遺妻の意向を重視し、その意に叶った適当な相続人が決定しえない場合に、遺妻自らが中継相続することを認めた判決例が、数件見出される。

【事例8】「無謂長男ヲ擱キ寡婦へ家名継続セシムルニ付戸主改立」一件（明治一三年八月〈日不詳〉大阪上等裁判所判決（明治一三年第七一四号事件））は、養子を退けて、亡戸主の遺妻が相続することを認めたものである。

控訴人（養子豊太郎）側は、「凡ソ養子ナルモノハ其父死去スレハ直チニ其跡相続人トナルヘキ権利ヲ有スルモノナルニ、養母タル被告安村『ヤス』ハ其養子豊次郎ヲ擱キ漫ニ戸主トナリシハ相続法ニ違反セシ無効ノ戸主ニシテ、蓋シ『ヤス』ニ於テ豊次郎ヲ擱キ戸主トナリシハ、同人儀未タ安村家へ嫁セサル以前ノ私生ノ子アルヲ自宅へ引入レントスル意存アルノミナラス、阿部弥七郎ナルモノト馴合ヒ同人ノ三男ヲ他日安村家ノ相続人ニ相立テントスルノ主義ヨリ出タルモノナレハ、安村『ヤス』ハ速カニ其戸主ヲ退キ養子豊次郎ニ於テ戸主ト相成ル様裁判ヲ乞フ」と自らの相続権を主張したのに対して、大阪上等裁判所は、次のように判示して、遺妻の相続権を容認した。

此争ハ養母「ヤス」ニ於テ安村家ノ相続ヲ為スヘキ権利ヲ有スルカ又養子豊次郎ニ於テ其権利ヲ有スルカノ一点ニアリトス、凡ソ子タルモノハ実子ト養子トヲ問ハス其父母ノ監守ヲ受クヘキモノナルヲ以テ、其父母ニ於テ此子ハ未タ戸主ノ任ニ堪ヘス又篤ト其所行ヲ監察セサレハ財産ヲ委托スルニ至ラスト見認ムル上ハ、固ヨリ其子ニ戸主タルノ権利ヲ与ヘサルハ父母ノ権内ナリトス、故ヲ以テ仮《たと》ヒ其父死去スルトモ其子ノ戸主ニ堪ユルヤ又財産ヲ委托スヘキモノタルヤ否ヤヲ論セス直チニ戸主ト為ルヘキ道理ナシ、然リ然ラハ其養母タル被告有村「ヤス」及ヒ親族一同ニ於テ其豊次郎ノ所行ニ付満足セサル廉之レアルヨリ不取敢其監守者タル養母ニ於テ親族一同ノ公議ヲ取リ当分亡夫ノ相続ヲ為シタルモノナレハ、乃チ縁故ナキ相続人ニアラサルヲ以テ敢テ被告カ不当ノ処置ニ出タルモノニアラストス、元来子タルモノハ仮ヒ一旦戸主ト相成ルモ其父母及ヒ親族一同ニ於テ其子ノ所行放蕩ニ出テ到底一家ヲ維持スルニ覚束ナシト見認ル上ハ其父母及ヒ親族ニ於テ其子ノ戸主タル分限ハ何時ニテモ之レヲ剥奪スルコトヲ得ルモノニシテ、殊ニ安村豊次郎ノ如キハ未タ養子ノ分限ナレハ被告於テ更ラニ他ヨリ養子ヲ取リ之レニ安村家ノ相続ヲ為サシメタルニ於テハ、原告ヨリ故障申立ツヘキハ又格別ナリト雖トモ、其養母及ヒ親族一同ノ協議上ヨリ養子豊次郎カ所行ニ於テ不満足アルヲ以テ当分養母カ戸主トナリシヲ彼是故障可申立筋之レナク、依テ原告カ本訴戸主改立ノ請求ハ不相立事

大阪上等裁判所は、養子の所行を監察し戸主たりうるかを判断するのは、もっぱら養父母の権利である点を確認したうえで、養父死去後、養母である有村ヤスおよび親族一同が豊次郎の所行に満足しかねる廉があったため、親族一同の協議により、「不取敢」監守者である養母において「当分」亡夫の相続を委ねたのであり、遺妻は「縁故ナキ相続人」（養子側の主張）とは言えないから、「不当ノ処置」とは言えないと判決したのである。

【事例9】「血族相続要求」一件（明治一五年二月九日大審院判決（明治一四年第六九九号事件））では、原告松見彦三郎が、自分は、亡戸主増井久太郎の実兄で、最近の血属親であるから、弟久太郎の跡相続するのは当然であると主張したのに対して、大審院は、

抑モ戸主タル者実子孫ナク又相続人タルヘキモノヲ定メスシテ死亡シ其妻アルモ一家ヲ維持スルニ足ラサルノ場

合等ニ在テハ親族協議ヲ遂ケ其血族中最近ノ者ヲ以テ相続人ニ撰定スルヲ普通ノ習慣又ハ死者ノ欲望ニ適セシムルナリト云ヒ得ヘシト雖モ、本訴ノ如キハ之ト異リ、故増井久太郎死亡跡其妻即チ被上告者〔ムメ〕ニ於テ久太郎カ跡相続ヲナシ現ニ増井家ノ戸主トナリテ該家ヲ維持シ居ル者ナレハ、其戸主カ自己ノ相続人ヲ撰ムニ当リ之ヲ親族ニ若クハ他人ニ要ムルモ固《もと》ヨリ戸主ノ全権ナルニヨリ、他ニ別段ノ理由アルニアラサルヨリハ他ノ親族等ヨリ之ヲ故障スルヲ得サルモノトス

と判示して、上告を退けた。久太郎の遺妻が既に戸主となり該家を維持しているからは、相続人を選定する全権は現戸主である遺妻にあり、他の親族から故障を唱えることはできないとの趣旨である。

【事例10】「家督相続差拒」一件（明治一六年六月二八日大審院判決〔明治一六年第一八九号事件〕）においても、原審の名古屋控訴裁判所（判決年月日不明）が、「抑モ家督相続ノ如キハ戸主死歿シ其子孫ナキ場合ニ於テハ親戚協議ノ上相続人ヲ撰定スルハ普通ノ慣行ナルモ、今ヤ被告〔佐藤ジヤウ〕ハ亡建斎ノ遺妻ニシテ他ヨリ相続人其人ヲ撰定セントスルトキハ専ラ被告ノ諾如何ニ因ルモノトス」と判示したのに対して、上告人〔佐藤建六郎〕が、亡戸主の実弟として血統を強調し「我国家督相続ノ慣例」を根拠に相続権を主張したのに対して、大審院は、上告人は別家の戸主であるから佐藤家の相続人たらんことを要めるのは「不条理モ亦甚シ」と述べ、上告を棄却した。大審院は、相続人の選定は、専ら遺妻の「諾如何」によると断じたのである。

【事例11】「家督相続差拒ミ解除」一件（明治二〇年一一月一〇日大審院判決〔明治二〇年第一二九号事件〕）は、平林セイ（原告・被控訴人・被上告人）の夫国雄の死後、大林家を相続すべき男女の子がいないため、追って相当の養子を選定するまで、セイを一時戸主としようとしたところ、親族ら（被告・控訴人・上告人）が故障を唱え、其解除を請求した事案である。初審において、被告側は、セイは「只婚姻ニ依テ国雄ト仝居《どうきょ》シタルノミ」であり「固ヨリ大林家ニ血縁ナキモノナレハ仝家ヲ相続スルノ権ナキコトハ勿論」だと主張したが、名古屋始審裁判所（明治一九年

一一月二七日判決）は、被告側が相続人にしようする利三郎は国雄の養子たる戸籍記載がないのに対して、セイは「即今大林家尊属ノ親ナレハ全家ヲ永遠ニ維持シ且ツ自己終身ノ待養ヲ受ル相当ノ養子ヲ撰択スルノ権アリ、加フルニ明治六年七月廿二日第二百六十三号布告等ニ依レハ婦女ニシテ戸主トナルヲ得可キモノナリ」と述べ、セイの主張を容認した。控訴審の名古屋控訴院（明治二〇年二月二八日判決）も、戸籍上養子と認められない利三郎を相続人とすることはできず、たとえ利三郎が大林家の血縁として最も養子として適当の者とするも「第一其養母ト為スヘキセイが承諾しないのみならず、「親族中ニモ議ノ協ハサル者アルヲ強而養子ト為シ大林家ヲ相続セシメント云フモ亦不当ナリ」と判示した。親族らは、「凡ソ相続ノ事タル死者ノ血統ヲ択ムヘキハ本邦ノ法例《ママ》ニシテ又古来本邦ノ慣習トスル所ナルニ原控訴院カ此法例慣習ノ誤謬タルコトヲ判定」しなかったなどを理由として上告したが、大審院は、

後嗣ヲ撰定スルハ可成其血属ニ因ルヲ至当トスレトモ、夫死シタル場合其妻タル者ノ意見ヲ以テ其家ノ血属中ニテ相当ノ相続人ヲ得ル迄一時仮リノ相続ヲ為スハ習慣上ノ許ス所ナリ、此場合ニ方リ仮ノ相続ヲ為ントスル者ニ非行等アリテ其家ノ危害アリト認ムル事由アラハ格別、否ラサレハ夫ノ親属ヨリシテ敢テ之カ故障ヲ為スヲ得サルハ勿論、遺妻ノ意ニ適セサル者ヲ強テ養子相続人タラシメント求ムルヲ得ス

と判示して、遺妻セイの中継相続を認めた。遺妻が当該家の血属中から適当な相続人を選定するまで「一時仮リノ相続ヲ為スハ習慣上」認められており、その意に反して、親属が養子相続人を強いることはできないと断じたのである。

以上、四件の大審院判決では、【事例8】「養子豊次郎ヲ擱キ、漫ニ戸主トナリシハ相続法ニ違反セシ無効ノ戸主」、【事例9】「血族中最近ノ者ヲ以テ相続人ニ撰定スルヲ普通ノ習慣又ハ死者ノ欲望ニ適セシムル」、【事例10】血統ある亡戸主の実弟が相続するのが「我国家督相続ノ慣例」、【事例11】「死者ノ血統ヲ択ムヘキハ、本邦ノ法例ニシテ又古来本邦ノ慣習トスル所」といった主張が退けられて、【事例8】遺妻および親族一同が養子の「所行ニ付満足セサル

廉之《かどこ》レアルヨリ、不取敢《とりあえず》其監守者タル養母ニ於テ……当分亡夫ノ相続ヲ為シタル」は不当ではない、【事例9】「戸主〔遺妻〕カ自己ノ相続人ヲ撰ムニ当リ、之ヲ親族ニ若クハ他人ニ要ムルモ、固ヨリ戸主ノ全権」である、【事例10】「他ヨリ相続人其人ヲ撰定セントスルトキハ、専ラ被告〔遺妻〕ノ諾如何ニ因ル」、【事例11】「血属中ニテ相当ノ相続人ヲ得ル迄〔遺妻において〕一時仮リノ相続ヲ為スハ習慣上ノ許ス所」との理由により、いずれにおいても、遺妻の中継相続が容認されている。

このほか、亡夫の相続人になろうとした婦女が、亡夫の妻であるか否かが争われたのが、【事例12】「家督相続回復ノ詞訟」（明治一七年一〇月二五日大審院判決〔明治一六年第五四七号事件〕）である。石川貞助死亡により、その妻シュンがその相続をしようとしたところ、親族からシュンを貞助の妻とは見做しがたいとの異議が提起されたのである。

控訴審の宮城控訴裁判所（明治一六年六月五日判決）は、諸証拠から判断して、シュンの入籍は貞助死亡後ではあるが、「既ニ貞助ト夫妻ノ交リヲ為シ貞助病中ヨリ最後ニ至ル迄看護シタル実際アルニ因レハ、貞助ノ妻タルモノト視做サヽルヲ得」ない。しかし、「凡死者ノ相続人ニ於ル男子ナケレハ女子ヘ相続ヲ為サシムヘキモノニテ、其相続権ハ死者ノ即時移転スルモノ」であり、原告シュンは貞助自筆の遺言書だと言うが、至親の親族が立会連印していない不完全なものであり、さらに相続届も親族協議の上で成立したものでないから、シュンは該家を正当に相続する者でないとした。判決を不服としたシュンからの上告を受けて、大審院は、貞助とシュンが事実上の夫婦であると認定した点について、審理を尽くさず且つ理由を示さない不法な裁判であるとして、原判決を破棄し、東京控訴裁判所に移送した。その後、東京控訴裁判所が、貞助とシュンの夫婦関係について、どのような判断を示したのかは委細不明であるが、一連の判決が、戸主が死去した際に男子がなければ遺妻に相続権があることは当然と見做している点を、ここでは確認しておくに留めたい。

【事例13】「相続権回復ノ詞訟」(明治一九年四月二一日大審院判決〔事件番号不明〕)は、原告山田(成田)近吉が、被告マスの夫正夫の叔父にあたる民三郎の長男であるとして、正夫の死後、成田家を相続した遺妻マスに対して、相続権の回復を求めた事案である。

東京控訴裁判所(明治一八年一二月二五日判決)は、成田家は故勝太郎から実子正夫に相続され、正夫死去に際して嗣子なきため遺妻マスが同家を継いだ。民三郎は正夫の叔父であるが、マスが相続するに際して、双方協議の上、財産分与して分家したのでその子供に成田家の相続権はなく、そのうえ、近吉が民三郎の長男である証拠もないとした。大審院においても、近吉が「抑モ女子相続ハ男子相続スルモノナキ場合ニシテ苟《いやしく》モ男子ノ相続者アル上ハ決シテ女子ノ相続スヘキモノニアラサルナリ、然ルニ被上告者〔マス〕カ上告者〔近吉〕アルニモ拘ハラス相続スル如キハ法律ニ背キタルモノナリ、加フルニ成田家ノ血統ヲ絶ツニ至ルヘシ」と主張したが、大審院は、近吉が民三郎の長男とは認められないとの理由で、上告を退けた。この判決では、直截に、遺妻の相続順位に言及されていないが、結果的には、遺妻への相続が容認されている。

(3) 母親

これまで、子女および遺妻の相続事例について検討してきたが、亡戸主の母親が相続する事例も見出される。

【事例14】「家督相続引直(拒障)」一件(明治一一年八月一日大審院判決〔明治一〇年第九七号事件〕)は、茨城県士族の江川尹臣が死去した際、子がなく、跡相続についての親族協議も整わなかったため、亡尹臣の相続人は追って養子が決まるまで、仮に継母シツとして県庁へ願出て受理され、これに親族から異議が出された事案である。東京上等裁判所(判決年月日不明)は、

明治六年第二十八号布告改正第一章及ヒ其末章ノ法律ニ因レハ、家督相続ハ必当主惣領ノ男子タルヘク若シ其嫡

男亡没或ハ不得已事故アレハ其事実ヲ詳カニシ次男三男又ハ女子へ相続ヲ願出ツヘキコトナリ、此女子ト云ハ則チ当主ノ出生ナルコト不待論、然ルニ次男三男女子無之者ハ血統ノ者ヲ以テ相続願出ツヘシ、此血統ノ者ト云ハ男ハ女ニ先タチ近キモノハ遠キモノニ先タチ兄ハ弟ニ先タルカ如キ亦論ヲ族《ま》タス、若血統ノ近キ男アルモ不得止事故アレハ血統遠キ婦女ヲ以テ相続シ、若血統ノ婦女ナキカ又ハ有之モ不得已事故アルトキハ当主ノ養母遺妻又ハ継母其他ニモ及フヘシ、故ニ尹臣亡後其子孫ナケレハ血統ノ者ヲ求メ若血統ノ者ニ相続スヘキ者ナキトキハ格別ナレトモ、其血統ノ者アルヲ措キ尹臣ノ継母「シツ」ヲ以テ相続人ト為スハ法律ニ違フタルモノナリ、而シテ右第一章及其末章等ニ養子ト記載アルハ当主ノ相続人ヲ云フナリ当主ト養子トノ間ニ相続人ヲ立ヘキモノニ非ス、然ルニ「シツ」相続ノ願書ニ養子見当リ候迄ハ「シツ」へ家督相続被仰付度トハ何等ノ道理ナルヤ、旁以テ不都合ナル願意ニ付、仮令被告〔茨城県権令〕ハ最初其事情分明ナラサルヨリ其願意ヲ聞届ケタルモ、既ニ其相続法律ニ適セサルト親戚協議ノ不整トヲ以テ其許可ヲ取消シ更ニ法律ニ照ラシ相続人ヲ定メシムヘキコトナリ、若シ夫其相続人ヲ定ムルニ付尹臣ノ遺族又ハ親族等互ニ争論アルハ法衙ニ訴ヘ裁判ヲ受クヘキモノト可相心得候事

と判示して、養子を差し置いて継母へ相続することを法律違背とした。東京上等裁判所は、明治六年第二八号布告改正条項の解釈として、戸主の遺子がない場合にはまず血統の者から相続人を選び、これもない場合または「不得已事故」あるときにだけ「当主ノ養母遺妻又ハ継母其他ニモ及フ」との解釈を示したのである。これに対して、大審院は、

明治六年第二十八号布告ニ当主死去跡嗣子無之婦女子ノミニテ已ムヲ得サル事情アリ養子難致者ハ婦女子ノ相続差許シ従前ノ給禄可支給事トアルニヨレハ、「シツ」ヲシテ相当ノ養子ヲ決定スル迄相続人タラシメシハ法律ニ違タルモノト為スヲ得サルノミナラス、被告忠信外四人等ノ願書ハ成規ノ手数ヲ経ス且其願意ニ於テハ亡尹臣ノ遺族ト協議熟談ヲ遂ケサルモノナレハ、原告県庁カ之ヲ採用セス先キノ示《（ママ）》令ハ取消シ難シトテ願書ヲ却下シタル

ハ処分上不当ノ筋ニアラ〔ず〕

と述べ、東京上等裁判所の判決を破棄した。大審院は、養子縁組の成立を否定したうえで、明治六年太政官布告第二八号により、嗣子なき場合には、止むを得ない事情で養子を決定できない場合は、養子決定までは亡戸主の母が相続することを認めたのである。

【事例15】「家督相続差拒」一件（明治一二年五月五日大審院判決〔明治一二年第五〇号事件〕）は、戸主猶吉の死亡後、養女カズが跡相続したが、同女も死亡し、他に遺子がないため、追って相当の相続人を選定するまで、原告トキ（亡猶吉の後妻、亡戸主の養母）が仮の相続をしようとしたところ、親族から異議が出されたという事案である。

大阪上等裁判所（明治一一年一二月一八日判決）は、

凡戸主ノ父母タルモノハ其戸主死亡シ一家ノ内相続スヘキ子孫ナキトキハ其父母ノ内生存セシ者ニ於テ直ニ該家ヲ相続シ、追テ同宗最近ノ血統中ヨリ養子ヲ選定スヘキ権利ヲ有スルハ勿論ナリトス、則チ原告ハ、先戸主「カズ」カ継母ニシテ其父母ト同一視スヘキモノナレハ「カズ」カ死跡ヲ直ニ相続シ、追テ同宗最近ノ血統中ヨリ養子ヲ選定スルハ原告カ固有ノ権内ニシテ他ヨリ之ヲ差拒ムヘキ者ニ非レハ、原告ニ於テ補欠相続ヲ為スヘキ謂レ無之トノ被告申立ハ採用セス

として、養子の選定は遺妻の固有の権利だとして、親族からの異議申立を却下した。大審院もまた、次のように判示し、大阪上等裁判所の判断を支持した。

原告〔上告人〕ハ明治六年太政官第二百六十三号布告ニ準拠シ、戸主没後実子ナキトキハ血統中ヨリ相続人ヲ撰フヘキモノト思考スト云フト雖モ、明治六年太政官第二百六十三号布告ハ、華士族ノ家督相続ニ限リタル法律ナルノミナラス、其第一条ニ家督相続ハ必ス総領ノ男子タルヘシ若シ亡没或ハ廃篤疾等不得已ノ事故アレハ云々ト

アル亡没トハ総領ノ男子カ亡没シタル場合ヲ指スモノニテ、戸主カ亡没シタルヲ謂フモノニ非サルニ由リ、平民ニテ戸主タル「小城カズ」カ没後ノ相続人ニ付テノ準拠ト為スヘキ法律ニ非ストス……原告ハ相続人ヲ撰定スルニ親族ノ協議ニ任スルハ一般ノ慣例ニシテ寡婦若クハ継母ノ専断ヲ許スノ規則アルナシ云々申立ルト雖モ、相続人ヲ撰定スルニ継母ヲ除キ親族ノミ協議ニ任ストノ慣例ハ之レナキモノトス、且夫《かつそ》レ被告「小城トキ」ハ小城家ノ相続ヲ為スヘキ養子ヲ撰定スル迄ノ間「カズ」ノ死跡ヲ相続スヘキ者ナレハ……原告ニ於テ之ヲ拒ムノ条理ナキコト自ラ明瞭ナ〔り〕

大審院は、遺妻も参加した親族協議によって養子を選定するまで、亡戸主の尊属たる母親が中継相続することを認めている。なお、この判決において、大審院が、明治六年太政官布告第二六三号を「華士族ノ家督相続ニ限リタル法律」であるとして、平民への適用を認めていない点を確認しておきたい。

【事例16】「家督相続」一件〔明治一六年一一月二九日大審院判決〔明治一六年第五八五号事件〕〕においても、「江戸家ノ相続人由之助カ不幸ニシテ死亡スルヤ一家ノ尊属タル被上告〔カク〕即チ実母ノ承諾セサルニ……〔上告者は〕檀ニ復籍相続願ヲ為シ……被上告者ハ〔由之助の妹マンに、あるいは別に〕養子撰定ノ間一時補欠相続人ト為リ、結局相当ノ養子ヲ為シ相続セシメントノ意ナリ」として、母親への補欠相続を認めている。もっとも、母親への相続は、あくまでも臨時的な暫定的措置であることが強調されている点は注意すべきであろう。

以上の三件では、母親への中継相続がすべて容認されているが、否定された事例もなくはない。

【事例17】「家督相続差拒解除」一件〔明治一六年四月二三日大審院判決〔明治一六年第一九一号事件〕〕は、母親への相続を決定した親族協議の不成立を理由に、母親への相続を否定した事案である。

初審の名古屋始審裁判所〔明治一五年八月一四日判決〕は、一家の戸主が相続人を定めず死亡したときは、その遺妻あるいは同居の尊属親が名跡を相続するのは当を得ているとして、亡ギンの母親であるヒサの相続を認めたが、これに対して、名古屋控訴裁判所（明治一五年一二月二五日判決）は、「戸主死亡シテ遺留ノ子女ナクシテ其相続人ヲ定ムルニ方テハ親族ノ協議ニ依ラサルヲ得サルナリ、而シテ原告〔永野佐右衛門〕ハ死亡者キンノ叔父ニシテ殊ニキントハ家系本末ノ間ニアレハ……」相続人選定協議に関与せざるをえないと判決した。この判決を不服として、ヒサが上告、その上告理由は、自分は亡キンの亡父利三郎の遺妻、すなわち「該家ノ尊族親」であり、「キンハ生存中相続人ヲ定メスシテ死亡シ、水野家ニ遺留スル者ハ尊族親ナル上告人……ヲ措キ他ニ之レナキヲ以テ、上告人カ相続ヲナスハ至当」であると主張したが、大審院は、ヒサが協議を為すべき順序を履まず直ちに相続願書への連印を要求した点を問題として、その上告を棄却したのである。

それでは、相続する母親が妾である場合、その相続は認められたのであろうか。

【事例18】「家督相続差拒」一件（明治一三年一〇月二九日高知裁判所判決〔明治一三年第二八一三号事件〕）は、亡戸主の実母で先代の妾である駒に、親族会議によって家督を相続させようとしたところ、他の親族から異議が申し立てられた事案である。

原告側（親族）は、明治六年の太政官布告第二八号に「当主死去跡嗣子無之婦女子而已ニテ已ムヲ得サル事情アリ養子難致者ハ婦女子ノ相続差許シ云々」とあるのに準拠して、亡貞好の母親である駒への家督相続を適法だと主張したが、被告側（親族）は、明治六年太政官布告第二六三号に「家督相続ハ必ス総領ノ男子タルヘシ、若シ亡没或ハ廃篤疾等不得止事故アレハ其事実ヲ詳ニシ、次男三男女子へ養子相続願出可シ、若シ二男三男女子無之者ハ血統ノ者ヲ以テ相続願出ヘシ云々」とあるのを根拠に、血統の者に相続させるべきだと抗弁した。高知裁判所は、被告側が立論の根拠とする第二六三号布告に言う「血統」は「其家ノ血統ヲ指示セシモノニシテ……養子等ノ血統ヲ云ヒシモノニアラス、其養子ナルモノハ甲家ノ子弟ヲ以テ乙家ヲ相続セシ迄ナレハ、乙家相続ノ際、血統ノ如何ヲ論スルニ当リ、甲家血統ト乙家ノ血統ト分別セサルヲ得ス」と述べ、被告側が相続人に適当だとする被告の弟について、別家の血統に属するとしてこれを退けたうえで、駒は確かに先代の妾であり、亡戸主の実母ではあっても当家の血統でないとはいえ、原告ら数名による親族会議で決定して官庁に願出たのであるから、被告一名が親族会議の決定を覆すことはできないと判示した。

この事例は、当該吉彦家が士族であることから、明治六年太政官布告第二六三号が適用されるのは勿論であるが、残された子がない場合に、養子を選定すべきか、尊属に遡ってまで母親（しかも妾）に相続させるのかが争われた事例として興味深いが、判決は、もっぱら親族会議の決定を尊重して、血統のない先代の妾に相続を認めているにすぎないのであって、妾の相続権それ自体を承認した判決とは言えない。ちなみに、妾が、亡夫の相続人を決定する親族会議に出席するなど、夫家の家督相続に関与しうると判示した裁判例は、これまでにも確認されている〔村上一博一九九八年・二〇一二年〕。

おわりに

以上、大審院判決を中心に、可能な限り下級審判決も用いて、女性（婦女子）相続に関わる一八九〇年（明治二三）以前の判決例を検討してきた。法文解釈という観点から見ると、結局は、一八七三年（明治六）一月の太政官布告第二八号で、婦女子に家督相続が許される条件である「已ヲ得サル事情」の範囲、および同年七月に追加された太政官布告第二六三号による「中継」相続の性格付けが争点とされている。

戸主死去後、子女のみが遺された場合の家督相続については、もっぱら、子女と、最近親男子や男子養子との相続順位をめぐって争いが生じており、正嫡家女の相続権を優位とする事例もあれば、男子養子を嗣子養子としてその中継相続を認める事例もあるなど、判決例に一貫した論理は見出されない。ただし、養女の相続権については、相続人とする目的で縁組がなされた場合に限られ、およそ男子養子が、通常、実子と同等に相続人として処遇されたのと比較して、甚だ脆弱なものであったと言わねばならない。

遺妻（寡婦）相続については、諸判決例は、相続人の選定にあたっては遺妻の意向が重視されるべきこと、遺妻の意に叶った適当な相続人が決定しえない場合には、遺妻自らが中継相続することを、ほぼ例外なく認めており、中継の意味についても、一時的・暫定的なものと言うより、ある程度、安定的・継続的なものと認識されていたと解して良いであろう。

母親への相続も認められているが、判決例から見る限り、遺妻相続より、さらに例外的な場合であり、母親への相続は、あくまでも臨時的で暫定的措置、文字通りの「中継」相続であることが当然の前提とされているようだが、親族協議による先代の妾への相続を容認した事例も見出される。

以上のように、女性（婦女子）相続に関係する明治前期の判決例を見る限り、大審院以下の諸裁判所は、法令に依拠して（伺・指令など先例の動向も実質的に反映して）、嫡長男子相続主義や血統の連続性にこだわることなく、相続人の決定を、もっぱら親族協議に委ねており、また、子女・遺妻・母親といった婦女子への相続についても、基本的には一時的・暫定的な中継相続を基本としつつも、法令の「中継」的性格を緩和しながら、「現実的な生活共同体としての家」の維持を目的として、便宜的で柔軟な判決を下していたと解される。このような意味で、女性（婦女子）の相続は、固有の権利としてではなく、現実的・便宜的な措置として認められていたのである。

こうした判決例の動向が、旧民法公布以降、どのように変化していくのかについては、今後の課題としたい。

参考文献一覧

〈史料〉

下級裁判所民事判決原本（国際日本文化研究センター民事判決原本データベース）
大審院民事判決原本（国立公文書館）
『法令全書』慶応三年（国立印刷局・内閣官報局、一八八五年～）
『明治前期家族法資料』外岡茂十郎編、第一巻第一冊・第二冊、第二巻第一冊・第二冊（上・下）、第三巻第一冊・第二冊（一九六七～一九七一年、早稲田大学）
『明治前期大審院民事判決録』第一～一三Ⅰ巻（三和書房、一九五七～一九七六年）

〈著書・論文〉

石井良助『長子相続制（法学理論篇）』（日本評論社、一九五〇年、のち石井『日本相続法史』創文社、一九八〇年）
――――『明治文化史2』（洋々社、一九五四年、のち原書房、一九八〇年）
大口勇次郎「近世農村における女性相続人」（『お茶の水女子大学女性文化資料館報』一、一九八〇年、のち大口『女性のいる近世』勁草書房、一九九五年）
大竹秀男『「家」と女性の歴史』（弘文堂、一九七七年）
高柳真三『明治家族法史（法学理論篇）』（日本評論社、一九五一年、のち高柳『明治前期家族法の新装』有斐閣、一九八七年）
服藤弘司『相続法の特質』（創文社、一九八二年）
前田正治「明治初年の相続法」（『家族問題と家族法Ⅳ　相続』酒井書店、一九六一年）
宮本義己「武家女性の資産相続」（『國学院雑誌』第七六巻七号、一九七五年）
向井　健「明治初年の相続法」（講座『家族5　相続と継承』弘文堂、一九七四年）
村上一博「明治前期における妾と裁判」（『法律論叢』第七一巻二・三号、一九九八年、のち村上『日本近代婚姻法史論』法律文化社、二〇〇三年）
――――「明治前期の民事判決例にみる妾の法的地位」（屋敷二郎編『夫婦（法文化叢書10）』国際書院、二〇一二年）
――――「明治前期の妾関係判決」（『法律論叢』第八四巻四・五号、二〇一二年）

柳谷慶子「仙台藩領における姉家督慣行」（『石巻の歴史』六、一九九二年、のち『日本女性史論集3・家と女性』吉川弘文館、一九九七年）
――――「女性による武家の相続」（桜井由幾・菅野則子・長野ひろ子編『ジェンダーで読み解く江戸時代』三省堂、二〇〇一年）
山中永之佑『幕藩・維新期の国家支配と法』（信山社出版、一九九一年）

五　幕末維新期の社会と性売買の変容

横山百合子

はじめに

歴史、文学をはじめ絵画、芸能にいたるまで、近世の性売買については研究分野を横断して数え切れない言及があり、それらを一括りに論じることは難しい。古賀十二郎の長崎遊女研究〔一九六八年・一九六九年〕、牧英正による法制史研究〔一九七〇年〕、宮本由紀子の吉原細見研究〔一九七六年ほか〕などは注目すべき成果であるが、近世の遊女や遊廓にかかわる消費的・享楽的言説が現代にいたるまで生産され続けている状況に比して、史料に基づく歴史研究は大きく立ち遅れていた。

このような研究状況に変化が生まれたのは、一九八〇年代半ば以降のことである。宇佐美ミサ子、曽根ひろみらによる売春女性自身の意識や実態に着目した女性史の見地からの買売春研究〔宇佐美ミサ子　二〇〇〇年・二〇一二年、曽根ひろみ　二〇〇三年〕や、塚田孝、吉田伸之らによる近世社会史研究をふまえた性売買をめぐる社会構造分析が提起され〔塚田孝　一九八七年・一九九七年、吉田伸之　二〇〇六年〕、近世の性売買の実態研究は大きく進んだ。特に、遊廓研究に〝町と身分〟の視座を導入した塚田の新吉原研究、またそれをふまえた吉田による「遊廓社会」論により、買売春を近世社会固有の特質のなかで捉える途が提起されたことは、研究深化につながった〔佐賀朝・吉田伸之編　二〇一三年・二〇一四年〕。しかし、それらは男女の不均等な権力関係のなかで生きた歴史的主体としての売春女性への関心に基づく女性史とは相当なズレがあり、買売春をめぐる女性史研究と遊廓の社会構造論的研究は、交差することのないまま今日に至っている。したがって、研究の進展のために現段階で求められるのは、両者の成果をふまえつつも、売春女性と彼女たちが置かれた近世的社会構造との関係を相互規定的なものとして把握し直し、主体としての売春女性の意識と行動を捉えること、また、その結果「遊廓社会」と近世の性売買にいかなる特質が付与されたのかを解明することであろう〔本書総論、横山百合子　二〇一四年〕。性売買の歴史のなかで明治維新が持つ意味を明らかにするためにも右の作業は不可欠であり、そこでは、買う男性の意識の解明も重要な課題となる。

本章は、以上の問題意識に立ち、近世後期の性売買システムの構造を概観し、遊客の実態とその買春意識を瞥見する。次に、遊女たちの意識・行動を通して、遊客や「遊廓社会」と遊女の関係、および幕末期における「遊廓社会」の動揺の実態を明らかにし、最後に、芸娼妓解放令による政策転換を経て、明治維新が日本における性売買の変容にいかなる影響を及ぼしたのかを展望したい[*]。

*売春、買春の語は、通常は女性が性的サービスを売り男性が買う行為を指すため、本章では男色を取り上げる余裕はないが、男色を含む性的サービスの売買行為全体を指す語としては性売買の語が適切であろう。ただし、性売買の語には男女間の抑圧性が含意されないという難点もあるため、本章では、性売買の語を用いつつ、文脈に応じて売春、買春、買売春の語を適宜使用する。

1　近世後期の性売買システム

(1)　近世新吉原遊廓の特徴とその規範的性格

近世日本の娼婦は、城下町における公認の遊女、宿場や湊町、門前町などの準公認（黙認）の飯盛女・洗濯女、夜鷹《よたか》・船饅頭《ふなまんじゅう》などと呼ばれる非合法の隠売女《かくしばいた・ばいじょ》という法的枠組みによって区別され、きわめて広範囲に性売買が展開していた。その全体像を推定するのは困難であるが、江戸―東京地域でみると、東京府が捕捉している公認遊廓新吉原の一八六七年（慶応三）の売上金額は八万八〇〇両余、同じく深川は一五万両で合計二三万八〇〇両余（東京都公文書館所蔵「東京府開設書」）、また一八六八～六九年（明治元～二）の一年間では新吉原・深川・根津の売上高合計が一五万八〇〇〇両に上った（横山百合子　二〇一四年）。公認遊廓以外の四宿や岡場所も新吉原に匹敵するかそれを凌駕する規模を誇っており、明治元年の不況は窺えるものの、近世後期の江戸性産業の大きさは相当なものがあったといえよう。さらに、新吉原は、全国への性的言説の発信源としても圧倒的な存在感を示していた。

また、新吉原遊廓は、幕府による性の管理政策の中心的位置を占めていた。維新後の東京府も、一八六九年に根津遊廓を認可した際、「規則等新吉原町ニ倣ひ不取締之儀無之様可仕旨被仰渡《つかまつるべきむねおおせわたされ》」「土地之規矩《きく》、収税取集之儀、諸事旧幕府ニ而申付《て》候通《とおり》」（明治二年「順立帳」二三）と、新吉原遊廓の運営を参照させており、性売買管理における新吉原の規範的性格は維新政権に引き継がれ、一八七二年芸娼妓解放令発令までほとんど変わるところがなかったといえよう。ここでは、旧幕期から明治初年までの江戸―東京における新吉原遊廓の性格とその性管理政策の特徴を概観しておきたい。

第一に注目されるのは、幕府の性の管理統制が、新吉原の町としての機能に依拠していたことである。塚田孝によれば、遊廓の創設による遊女屋の公認は、同時に遊廓以外での遊女屋営業の禁圧と新吉原の遊女屋営業独占という特権の保障を意味していたという。江戸時代初期、同職共住によって創設された町は、一般にはその特徴を失っていくが、新吉原は、遊女屋仲間と町が一体化する形で同職共住を保ち、特権を享受し続けた。そして、売女訴訟——遊廓以外の場における非合法の「売女」を摘発し禁圧を徹底すること——も、そのような特権を持つ新吉原町全体の義務（役）とされ続けたのである〔塚田孝　一九九七年〕。新吉原町は江戸市中の非合法売春摘発のための暴力装置を保持し、一八世紀初めまでは、取締りと摘発のために戦闘（「発向」）に及ぶことも稀ではなかった。いいかえれば、新吉原町は、特権と表裏にある固有の役として江戸市中における売春の禁圧・取締りを課せられていたといえよう。

このような町の性格は幕末まで一貫して維持されたとみてよい。宮本由紀子は、一九世紀の新吉原の考察において、遊女屋中最多を占める小見世遊女屋（下層遊女屋）の多くが、町が摘発した隠売女を抱えることで遊女屋営業を行い、隠売女が吉原遊廓を内部から支えていたという実態を明らかにしている〔宮本由紀子　二〇〇〇年〕。町と遊女屋仲間の関係については、さらに詳細な検討が必要であるが、町制機構と遊女屋仲間組織が分離し後者の役割が肥大化する幕末になっても、新吉原五町の特権は重要な役割を果たしており、このような遊廓の体制は、幕末まで変わらずに維持されたのである。*

＊江戸における遊廓創設の目的については、不審情報の収集と幕府への密告という治安上の役割の重要性も指摘されている〔宮地正人　一九九四年〕。たしかに、幕末の新吉原町名主の業務を書き上げた「吉原名主年中行事二」（狩野文庫）にも、町奉行所年番懸に「名主自身内密証文可持参」とあるように、それらが町の負う役であったことは明らかであるが、それらは副次的な役であり、新吉原遊廓の第一義的な役割は性の統制・管理にあったと理解しておきたい。

第二に、役と特権の体制のもとでの遊女の制度的位置付けにも注目したい。遊女たちは実際には個々の遊女屋の家に抱えられているが、新吉原町は、遊女屋やその家族ら町の住民とは別に、「遊女人別帳」（「遊女名前帳」）を作成して遊女を管理・掌握した。病気療養の場合のみ許された遊廓外への出入についても、名主による厳重な出入の管理が定められていた〔『東京市史稿』産業篇四〇、四八七頁、「新吉原遊女町規定証文」〕。法的には、遊女の人身は「制外之者」〔旧幕引継書「天保度御改正諸事留十」〕と位置づけられ〔坂本忠久 一九九七年〕、一般の市中町人の家構成員として把握される家族・親族・奉公人等とは異なる位置に置かれたのである。

また、摘発した隠売女の処置は、時期により変化はあるが、一九世紀には、新吉原町による摘発かどうかにかかわらず、その売女を引き受ける町を新吉原内の五町が鬮引《くじび》きで決定し、三年間、引き当てた町の遊女屋が順に預かった（売春をさせた）。また、その売女が三年間の遊女奉公を課せられるにあたり、その町が出金した落札金は「冥加金」と呼ばれ、売女をめぐる諸入用や五町入用に繰り入れられた〔狩野文庫「新吉原規定一」〕。

このような遊女（公認）と売女（非合法）への措置は、公認か非合法かを問わず江戸市中の娼婦の身体を新吉原町の管理下に置くことが原則であったことを示している。すなわち、遊女とは、新吉原五町が掌握・管理すべき娼婦のうちすでに遊廓において把握・掌握された者であり、売女は、本来は早急に五町が管理・掌握すべきであるのに見落とされている娼婦（今後掌握されるべき娼婦）であって、それらはすべて町の一般住民とは別に新吉原町が掌握・管理すべき対象であったのである。このような遊女の人身管理・把握、売女への措置から見れば、遊女（「制外之者」）は町の住民ではなく町の管理・把握対象なのであり、非合法の売女に対する遊女奉公の強制も、摘発された売女自身にとっては懲罰として受け止められたであろうが、本来的には、新吉原町の持つ売春営業の独占特権から派生した遊女掌握・管理権のあらわれと見るべきであろう。

享保期以降、幕府は、性売買への規制を緩和して岡場所を黙認し、宿場などへの準公認の娼婦（飯盛女など）の設置を許可していくが、右のような遊廓の遊女の法的位置づけは、性の商品化とその拡大にもかかわらず新吉原町の役と特権と結びついて維持され、一八七二年の芸娼妓解放令の発令まで継続していたと見られる。たとえば、一八六九年、新吉原京町二丁目家持遊女屋越後屋茂助が、越後国南蒲原郡鶴ヶ曽根村で「買求メ」た一五歳〜二四歳までの八人の女性を、町に届け出ずに自らの養女として戸籍登録し密かに売春させ、それが発覚した際の取扱いをみてみよう〔東京府文書「明治二年順立帳」三三〕。この事例は、遊廓内に無届けの娼婦を置いたという違反であるが、新吉原町年寄共は、そのような「廓法」に背き「自儘《じまま》の所業」をする遊女屋にたいしては、「その者抱え遊女残らず五町会所にて外遊女屋共え入札申し付け、右代金を差遣《さしつかわ》し新吉原町差し構い候仕来りに候」〔同〕と述べ、遊女の掌握・管理についての町の権限を強調した。とはいえ、「御一新」直後でもあり、入札代金を茂助に渡した上で新吉原を追放するという旧来の原則的措置は「手荒之様ニ相聞」えるということになり、特例として対処をやや緩和し、改めて茂助を越後に行かせ、八人の人別送りの手続きを済ませ「制外之者」として正規の手続きの踏み直させることで、この一件は落着した。東京府大参事大木《おおき》喬任《たかとう》もこれを承認している。ここからは、基本的には新吉原五町による娼婦の掌握と入札による分配処理という新吉原の隠売女摘発の原則が維持されていたことが確認できる。このように、新吉原町の遊女屋の営業独占と娼婦の身体の掌握・管理という新吉原の役と特権の論理は、維新政府樹立以降も引き続き意識されていたとみるべきであろう。

なお、公娼という語は近世、近代に共通して用いられるが、近世においては、このような売春宿営業者と娼婦の関係を前提としてこの語を用いるべきであろう。幕府の公文書では、非合法の売女は原則として「隠売女」と記されるが、この語は、東京府が明治八年四月四日東京府達第八号〔『東京市史稿』市街篇五七、三七二頁〕において「かくしばいじょ」（傍点――横山）と読み仮名を付しているように、旧幕期から明治初年に至るまでは、娼婦の身体の所有者が隠して売春をさせる含意で用いられた。もちろん近世においても自ら隠れて売春を行う女性は存在するが〔曽根ひろみ　二〇〇三年〕、遊女に比べて劣悪な環境で売春する夜鷹にもその背後に夜鷹屋が存在するように〔『守貞謾稿』三、四一一頁〕、旧幕期における恒常的売春の基本的形態は、娼婦の抱え主が売春をさせるものとみておきたい。

売春は一般的には都市における事象であるが、江戸をはじめとする空間利用の稠密な近世都市において、娼婦が誰からも中間的な搾取を受けずに不特定多数相手の売春を恒常的に営みうる場＝空間は想定しにくいからである。すなわち、近世の公娼とは、営業を許可された遊女屋・旅籠屋（実質的な売春宿経営者）などが、公権力に届け出た娼婦を指すのであり、〝女性自身が公的権力から売春営業の認可を受ける〟という形の公娼は、実態はともかく、法制度上は、自売以外の売春を禁止した芸娼妓解放令以降のものであった。一六八五年（貞享二）の遊女屋の名題帳作成、一七六六年（明和三）の名題帳再作成、一七九五年（寛政七）「新吉原遊女町規定証文」（旧幕引継書「市中取締類集」吉原規定・関東廻村之部上）制定など、近世の新吉原遊廓の運営原則を定める規約類は、すべてこのような遊女屋―遊女関係を原則として組み立てられているのである。

(2) 性売買システムを支える社会構造

以上みてきたように、新吉原遊廓は、特権を認められ役を負うという身分的性格を帯びて成立したものといえるが、五町からなる新吉原遊廓のみが孤立してなりたっていたものではなかった。本項では、そのような身分的性格を帯びた新吉原五町がどのような社会的諸連関のもとで存立していたのかを、遊廓をめぐる地域的社会関係と、個別の地域を越えて全国に及ぶ社会関係の二つの側面から見ておきたい。

遊廓をめぐる地域的社会関係という視点は、吉田伸之の「遊廓社会」論の提起により導入されたものである〔吉田伸之　二〇〇六年〕。吉田は、新吉原五町遊女屋仲間のヘゲモニーのもとで茶屋仲間をはじめ出入諸職人・商人などが従属的に従うという形の遊廓内結合と、新吉原に近似する四宿・岡場所など江戸市中の擬似的な遊廓を総体として捉え、新吉原遊廓を中核とする江戸市中の性売買をめぐる社会的結合全体を「遊廓社会」として概念化した。「遊廓社会」論は、町を単位とする共同体結合にとどまらず、共同体内部の相剋や小結合、およびその外部を一つの地域社会として把握する概念ともいえよう。

一方、神田由築や筆者は、吉田による性売買システムを成り立たせる地域的社会構造という提起に関連して、「遊廓社会」のさらに外側に広域的に展開し性売買システムを支える社会関係の存在を検討してきた。前項でみた一村から八人まとめて若い女性を購入し新吉原に連れてくるといった越後の農村の事例のように、近世の遊女は、基本的には身売り奉公によって調達されたと考えられるが、神田由築は、身売りの過程やその後の「住み替え」と呼ばれる転売において女衒《ぜげん》、女見などと呼ばれる侠客が重要な役割を果たしたこと、また芸能興行に重要な役割を果たしていた侠客ネットワークが、広域におよぶ遊女売買組織としても機能していたことを実証的に明らかにした〔神田由築　一九九九年〕。侠客ネットワークは、本来的には博奕打ちによる非合法のネットワークである。しかし、新吉原を頂点とする全国の性売買諸施設が広域から娼婦を確保し、かつ性売買秩序を維持する暴力を保持するためには、このようなアウト・ロー的な社会関係が不可欠だったのである。

一方、幕藩権力による性売買の公認は性売買に関わるさまざまな全国的規模の公的社会関係の発達も促した。以下では、幕末期の新吉原を金融的に支えていた寺社名目金貸付とそれをめぐる広域的社会関係を例として挙げておこう〔横山百合子　二〇一三年b・二〇一四年〕。

寺社名目金貸付とは、寺社が堂舎建立などに際し、幕府の債権保護を受けて行う貸付である。江戸では寺社のほか御三家なども同様の貸付を行っていたが、富裕な町人・農民などが確実な投資先として寺社・御三家などに差加金を出資し、名目金貸付の原資とすることも多かった〔三浦俊明　一九八三年〕。新吉原遊廓の西隣、竜泉町に位置する京都真宗仏光寺派本山仏光寺末の西徳寺を貸付所とする仏光寺名目金貸付もその一つである。仏光寺は准門跡寺院であり、その名目金貸付への差加金出資者は信州中野代官所管下の豪農山田庄左衛門家（現中野市）、中山五郎右衛門家（同）、坂本幸右衛門家（現須坂市）などであった。彼らは出資するだけでなく、江戸に子弟を派遣して貸付業務にも携わっていた。同名目金の貸付先は、新吉原の遊女屋・茶屋などの遊廓関係者と、市中一般向けに大別されているが、貸付の主たる対象は新吉原遊廓関係者であった。貸付は、一件あたりの金額が平均一〇〇両以下、期間も一年以内という比較的短期の日常的な金融であるが、万延元年〜文久元年の坂本家の返済滞りの記録〔須坂市所蔵文書「文久元年新吉原町・浅草田町御貸付金調帳」・「江戸向・本所深川之分」〕によると、遊廓関係者への平均貸付金額（七二両）は、市中一般向けの平均（二三両）の三倍と大きく、また新吉原遊廓内でも、遊女屋への貸付金額の方が茶屋・諸商人への貸付金額に比べて大きく、遊廓においてヘゲモニーを握っていた遊女屋の経済力を窺わせる。その詳細は別稿に譲るが〔横山百合子　二〇一三年b・二〇一四年〕、仏光寺名目金貸付の実態は、京都の准門跡寺院と北信濃の豪農の連携を示しており、新吉原を中核とする江戸の性売買システムが広域的な金融システムによって支えられていたことを示すといえよう。

また、名目金貸付事業への関心は、仏光寺や出資者豪農に留まるものではなかった。仏光寺は、代々摂関家である二条家と猶子関係を結ぶ准門跡寺院であるが、二条家も同貸付に目を付けており、一八六一年（文久元）初めから一年余、同家は、仏光寺から同貸付事業の奪取を画策している〔坂本康之家文書一四一―九イ・ロ「国許書状下」〕。当時、二条家当主斉敬《なりゆき》は公武合体派公家の中軸にあり、同年一一月の和宮降嫁に向けて尽力、翌年正月には右大臣、その後関白就任という栄達の途上にあった。このような時期、同家は二条家侍等を江戸に派遣して、当時仏光寺貸付所のトップにあった仏光寺家来関斎宮の籠絡を図った。こうして始まった仏光寺と二条家の対立は、信州豪農から「大出入」〔同〕と呼ばれるほどの紛争に発展し、豪農坂本家から派遣され貸付に携わっていた坂本源之助は、一八六一年三月には、実家にたいして「此節江戸中大評判ニ御座候」〔同〕と報告している。実際にどの程度の評判であったのかは不明であるが、少なくとも貸付実務の担当者の目からみて大事件と受け止められていたことは間違いない。

残存する史料から、最終的には二条家の企図は失敗に終わったとみられるが、宗教的権威としての〝本山〟や、朝廷に連なる伝統的権威としての〝摂家〟あるいは〝准門跡〟が、遊廓＝売春宿業者を主たる営業対象としていることで関与に逡巡した形跡はなく、むしろそれぞれは新吉原関係者への貸付事業に対して強く執着しているといってよい。このような事例からは、近世社会において性売買がきわめてオープンに許容され、上層の公家・寺院もそこに吸着する勢力の一部だったことが窺える。いいかえれば、幕府の公認と保護を前提とする性売買システムは、侠客ネットワークのような非合法的関係だけでなく、国家的・宗教的権威、豪農などの社会的権力にも支えられた、広い意味での社会関係のなかで発達していったのである。冒頭で紹介した江戸における性産業の規模は、そのような合法・非合法を取り混ぜた幅広い諸関係に支えられて存在した「遊廓社会」の到達点を示すものといえよう。

(3) 遊女にとっての性売買システム

しかし、近世遊廓と性売買を考える際に、以上のような性売買システムの構造解明に分析を留めてはなるまい。ここでは、右のような近世後期の広域的な性売買システムのなかで、娼婦がどのように位置におかれていたのかを見ておこう〔詳細は、横山百合子　二〇一四年〕。

前述の仏光寺名目金の貸付を受ける際には抵当証文の提出が義務づけられていたが、現在確認される七通の抵当証文を見ると〔中野市立山田家資料館（仮称）所蔵　山田庄左衛門家文書七四―一―三・四、八八―一〕、新吉原の遊女屋が貸付を受ける場合、抵当物権はすべて年季の限定付の遊女の身体となっており、非遊廓地域の場合に家屋や畳・棚・建具などが抵当とされるのとは大きく異なっている。これは、遊廓関係者の間では、遊女は貨幣に等しいモノ＝財であり、遊女が抵当商品として流通していたことを示している。

また、抵当という形式で遊女の身体そのものの商品化が進行していたことは、同貸付における保証人関係からも窺える。非遊廓地に住む借用人（非遊女屋）の場合、請人の居住地は、借用人の居住地とは関係なく市中全域に分布しており、親戚や知音、営業上の関係者など、必ずしも空間的な一体性をもたない者が請人になったとみられる。一方、新吉原遊廓の居住者が同貸付を受ける場合、確認できる九一件の事例のうち八九件（九八%）の保証は、隣り合う遊女屋同士など遊廓内の人物によって行われている。このような遊女の身体という特殊な抵当物件を付した借金において請人になれる者とは、返済が滞った場合に抵当商品（遊女）を預かって借金の弁済ができる者、すなわち遊女売買に関わることができる者か、その遊女に売春をさせることが認められている遊女屋である。

右からは、第一に、近世後期の性売買システムにおいては、性的サービスが商品化されただけでなく、サービスの提供者である娼婦の身体が家屋敷や畳・建具と等価のモノ＝財として商品化され流通していたことがわかる。身体そのものが商品として売り買いされる人間を奴隷と表現することが許されるならば、近世の遊女とは、期間の限定を設けた債務による性的奴隷商品であり、その流通過程からみても、人の売買そのものであったというべきであろう。

また、第二に、右のような保証関係は、同職共住という町共同体本来の排他的な結合関係を反映するだけでなく、公認遊廓および宿場・湊町などの擬似的遊廓やその周縁に広がる岡場所等々の買売春業者のネットワーク内部、すなわち広い意味での「遊廓社会」を背景とするものでもある。しかも、その範囲は無限定に拡大するわけではなく、売春宿経営や遊女売買に直接的に関わりうる者という点での共同性に制約されており、それ以外の者は請人に立ちにくいという点で閉鎖的でもあった。[*] いいかえれば、遊女の奴隷商品的性格は、その社会内部においてのみ維持されるのであり、遊女自身がそのような閉鎖的社会の外部に出ることができれば消失するといえよう。

＊右の貸付において、仏光寺や二条家、豪農らは、遊廓への貸付事業には積極的であるが、抵当である遊女の身体を入手し売春に関わることはなく、具体的な保証処理は請け人を含む「遊廓社会」内部で行われることが前提とされている。北信豪農は「女郎買い」自体には極めて警戒的であり〔坂本家文書一二五―八「日用記」万延元年一二月五日条〕、坂本家が遊女の売買に直接携わることはまったく想定されていない。貸付に携わる仏光寺・豪農等と「遊廓社会」の関係は、金融という側面に留まり、それぞれが形成している社会的結合関係の内部に踏み込んで関わることはなかったとみてよい。

第三に、しかし、人身売買禁止を原則とする近世社会において、きわめて閉鎖的な遊廓社会内部に限るとはいえ、遊女の売買・流通がこれほど公然と許容されたのはなぜなのだろうか。それは、ひとことで言えば、それが女の人身であるからである。男色の場合にも「子供」とよばれる少年・幼児が売買されており〔神田由築 二〇一三年〕、人身売買は厳密に女に限定されているわけではない。しかし、女、若年の男という性や年齢に基づく区分によって劣位に位置づけられた人間が、一定の社会的条件のもとで、社会の構成要素としてではなくモノとして売買されうるという現象は、近世社会のジェンダーの強烈な抑圧性の反映とみることができるのではないか。

同時に、女の売買が一定の制約のなかではあっても安定的に展開した背景として、近世社会の身分的特質も考慮すべきであろう。近世社会は、それぞれ一定の自律性を持つ身分的集団の複層として形成される社会であり〔塚田孝 一九八七年〕、「遊廓社会」も、一定の自律性を帯びた集団的結合として社会に定置されていた。幕府・藩の統治もそのような集団の自律性を前提としており、集団の内部で露骨な人身売買が行われたとしても、幕府や藩が容喙したり咎め立てしたりすることはなかった。いいかえれば、人身売買のような一般的な社会的準則からの逸脱も、それが許容されたのはあくまで集団の内部においてであり、それが、近世社会の身分的特質と近世のジェンダーとの相互作用の帰結だったのではないか。したがって、そのような「遊廓社会」と外部社会との接点—すなわち身売りの場においては、近世社会の一般準則にのっとって奉公人契約という非人身売買的な形式がとられ、合法性が担保されたと考えておきたい。

なお、実質的には売買されるにもかかわらず、形式上は年季奉公という合意による労働契約の形態が採られるため、契約形式を重視して遊女の歴史的性格を従属的雇用労働力と見る見解もあるが〔吉田伸之 二〇一二年〕、以上見てきた実態をふまえれば、遊女の年季奉公契約は、人身売買禁止規定にもかかわらず人の売買が行われるという社会的実態を全体秩序のなかに組み込むための形式的調整手段なのであって、近世の遊女の歴史的性格を雇用労働に見出すのは、実態にそぐわない理解であろう。

2 遊客と買春

本節では、前節で見てきた性売買システムの全国的拡大という状況のなかで、売る側（遊女―遊女屋）ではなく、もう一方の当事者遊客の買春の実態と遊女に対する意識を瞥見しておきたい。

宮本由紀子の研究によれば、一七六一年（宝暦一一）の「吉原細見」を最後に、大尽遊びの対象であった太夫、格子など高級遊女が姿を消し、さん茶女郎が増加、安永期以降は、全体として新吉原遊女の下層化が進んだことが指摘されている〔宮本由紀子　一九七六年〕。このような事実は、対応する遊客の下層化・大衆化を反映していると考えられる。遊客の実態については、長崎丸山遊廓における遊客の実態研究にみるように、近年ようやく研究の緒についたところであるが〔横田冬彦　二〇一二年〕、下層化が進行したと思われる近世後期～明治初年の新吉原の遊客とはどのような人びとだったのだろうか。また、それらの人びとは遊女にたいしてどのような視線を向け、また買春についていかなる意識をもっていたのだろうか。遊客の全体像を把握することは難しいが、一八世紀末から明治初年にかけての新吉原登楼の事例からその一端を探ってみたい。

(1) 武士と買春

北陸一〇万石の大聖寺藩士笠間亨（一七六八～一八〇八）は、公私の生活を二十余年にわたり記録した「笠間日記」〔『加賀市史料』（九）　一九八九年〕を著したが、記事中には、買春の記事が散見される。次の史料は、参勤で江戸詰であった一八〇〇年（寛政一二）閏四月九日条である。

九日　晴天、五つ過泊より帰る、馬場へ出、滝波ニ一鞍乗る、当六日出雲守様へ被為入《いらせられ》候節御贈物有之ニ付、昨日此方様へ被為入節御対顔有之、御奥へも御通り有之候得者《えば》、御答礼として千宗佐作之竹ノ釣花生一ツ、御膳様より御団扇可被下筈之処《くださるべきはずのところ》、殿様御風気故《ゆえ》御対顔無之ニ付、今日御近衆頭東方御使者ニ而右の品物被進候処、出雲守ニハ当時茶之湯　甚《はなはだ》御好ニ付、甚御満悦之御様子也、九つ過《すぎ》より竹内求馬・山本進・出渕猪之助同道ニて罷出《まかりいで》、浅草より山之宿吉原仮宅見物いたし、聖天町八幡屋五郎兵衛と言茶屋ハ、中ノ丁ニ而ハ右九軒当りノ上茶屋ニて、出渕氏出入之者ニて是へ入り、其隣ハ大文字屋市兵衛という京町之大屋てい也、是へ罷越ス、尤風《もっともふう》と致したる趣向也、何《いずれ》も壱分之女郎を約《やくし》、予ハ八重巻と言女郎也、芸者召連罷越一興有之、暮合罷帰る、今夕村井氏へ咄ニ参り四ツ比罷帰る

同日記の解題によれば、作者笠間亭は、儒者の家に生まれ、知行一七〇石の笠間家の養子となって近習頭や表御用人などを勤めた中級家臣である。乗馬のほか剣道、槍術稽古、四書五経の会にも出席する文武両道の武士であり、日記からは勤務に精勤する姿が窺える。右引用部分でも乗馬を嗜み主君の動向に細やかに関心を寄せるなど、藩士としての素養と忠義心をもつ人物といえよう。この日午後、ともに登楼した竹内求馬は二〇〇石中小姓組筆頭、山本進は近習で、その後、主君の御用引請、示談相手、近習頭を勤めた人物である。亭を含めいずれも主君に近仕する藩士の中核部分であった（出淵猪之助は不明）（『加賀市史料』（二）「大聖寺藩士由緒帳」）。登楼については、仲ノ町茶屋八幡屋を通して遊女を買うという手続きを踏んでおり、一八〇〇年の「吉原細見」（『江戸吉原叢刊』七巻）によれば、茶屋八幡屋のほか、京町一丁目遊女屋大文字屋市兵衛、遊女八重巻のいずれもその実在が確認できる。史料に「大屋」とあるように大文字屋市兵衛は、女郎九八人、芸者二人、遣り手一名を抱える新吉原でも有数の遊女屋で、亭が買った八重巻（弥重巻）は、大文字屋ではランクの高い遊女である。

右の史料で興味深いのは、第一に、中堅クラスの一般藩士にとって、登楼や買春は放蕩や規範の逸脱ではなく、

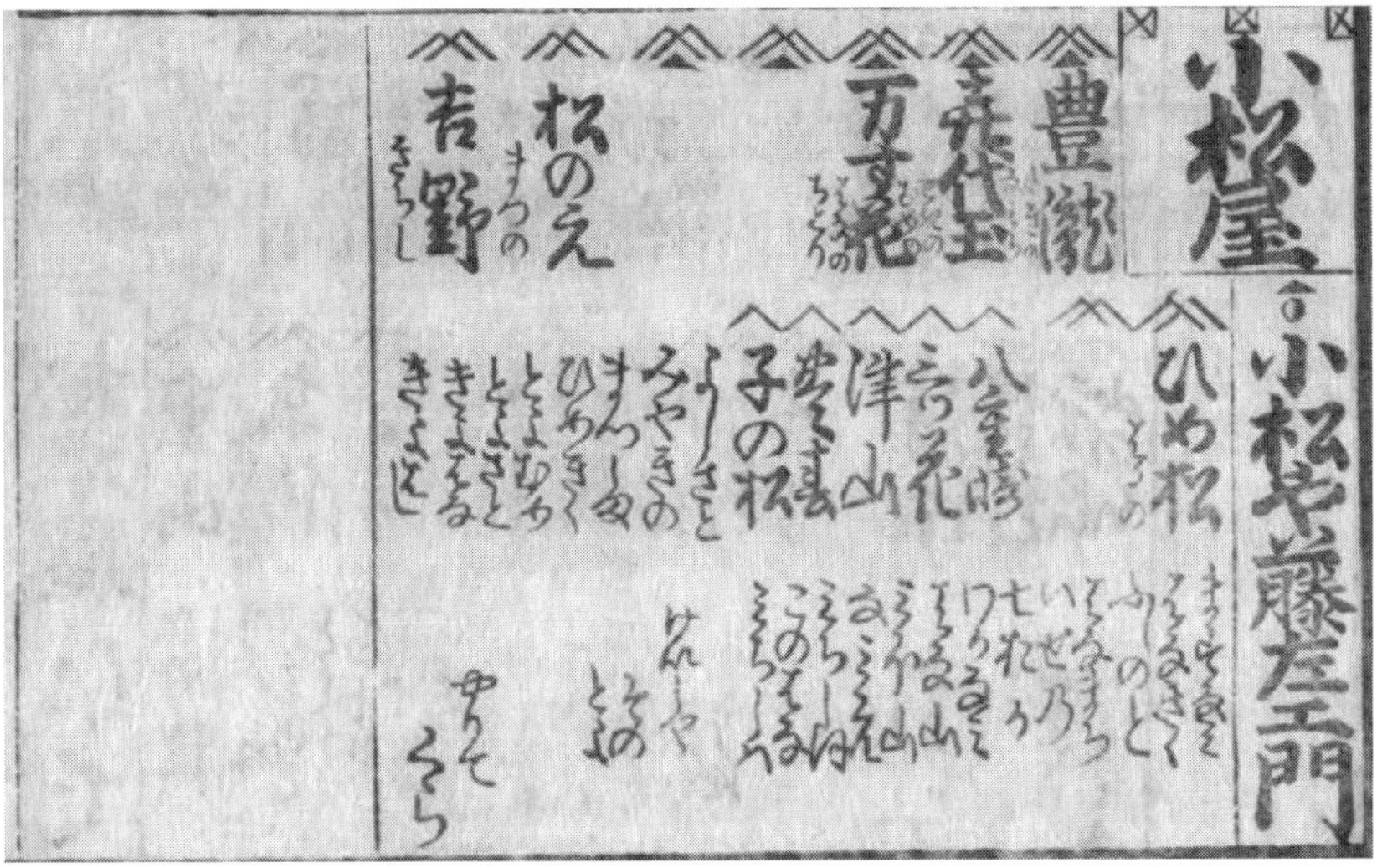

図　寛政七年「吉原細見」，小松屋の項（国立国会図書館蔵）

「風と致したる趣向」すなわち、ちょっと思いついて仲間同士で楽しむというほどの行為であり、まったく躊躇が見られないという点であろう。また、右の記事からは、登楼した大文字屋や上級の茶屋である八幡屋は亨に近い人物である出淵亥之助に対して出入の関係にあり、茶屋を経て上級遊女屋で買春をすることが日常的な行為であったことが窺えよう。次の寛政七年四月九日条（傍注は『加賀市史料』による）からは、それが藩邸内でもある種の了解事項であったと考えられる。

九日　曇る、其後晴天、五ツ過泊より帰る、八ツ半頃全瓜生・左仲、仲町より浅草辺へ参り買物いたす、全瓜生栄庵・藤井喜兵衛参り、馬道にて休み直ニ大手へ出、今戸橋へ参り、待乳山へ上り夜ニ入吉原へ参り、江戸丁一丁小仕《(松か)》屋へ上り、部屋持三ツ花ニ出会、左仲は座敷ノ喜代玉、栄庵ハ部屋ノ沖《(津か)》山、藤井も部屋也、それより中丁なれバツツじ花見物出、其後上る、是ハ今朝瓜生、藤井今夕之首好相催予を御誘引也、御門出入之工面《(くめん)》ハ藤井氏より桑原平助を頼ミ、御門番人へ相達したる趣也

江戸町一丁目小松屋の三ツ花、喜代玉、津山などはいずれも吉原細見により存在が確認される（図）。同行した瓜生栄庵・

藤井喜兵衛らの詳細は不明だが、朝登楼を思い立ち、門の「出入之工面」（おそらくは深夜の帰藩邸）を桑原平助（江戸表破損方横目桑原万助の関係者か）を通して門番に指示できる関係にあることは明らかであり、登楼は藩邸の警衛体制のなかでも黙認されていた。これらの記事からは、山東京伝が「吉原楊枝」（国立国会図書館蔵　京―一一七）で「大見世の部屋持の女郎ハ家中もの又ハ高の能《よ》き山の手のるひ也」と述べるように、大見世の多い新吉原江戸町一丁目遊女屋の部屋持遊女（大見世ではやや安価な遊女）の顧客として「家中者」といわれる藩士層および旗本層をあげることができよう（宮本由紀子　一九七六年）。また、同僚・上司から門番に至る藩士の日常的な人間関係の延長上で登楼が行われ、「馴染み」と呼ばれるような登楼の日常化が起こっていることも看取できる。このような武士の買春のあり方は、大聖寺《だいじょうじ》藩に限ったことではなく一般的な現象だったとみてよい。

また、すでに宮本由紀子が指摘しているが、「何も壱分之女郎を約」といった客層に対応するため、寛政年間を画期として遊廓の側も金額を明示して売春のシステム化・大衆化を図っている（宮本由紀子　一九七六年・一九八〇年）。右の史料にも見られる「ツツじ花見物」などの仲ノ町（新吉原遊廓内の中央通り）の装飾や、俄のような芸能興行的要素も付加して遊興性を高め集客戦略を練ることも、大衆化の表れといえよう。つまり、遊客の大衆化・下層化とは、伊達綱宗《だてつなむね》、榊原政岑《さかきばらまさみね》、紀伊国屋文左衛門など半ば伝説化された大名・豪商の豪遊の消滅に加え、留守居や大名隠居などを相手とする〝呼び出し〟の遊女も極端に減少するなかで、遊廓経営がシステマティックに合理化され、「吉原細見」による遊女・娼家の格、時間に応じた料金の公示によって一般の武士や商家の主人・手代層が広く通えるような性売買のしくみが整備されたことを意味しているのである。さらに、寛政期には長屋に集住するごく下層の遊女屋が「つぼねみせ」として「吉原細見」に明記され*、全体としての客と遊女屋の下層化が進行していった。

*局見世は享保期には出現しているが、一七八三年（天明三）の細見「五葉の松」（国立国会図書館蔵　八五一―一一〇）、一七八五年（天明五）の「新吉原細見」（『江戸吉原叢刊』第七巻　二〇一一年）には、「局見世」の呼称は見られず、一七九七年の「吉原

細見記」(同上)以降「局見世」の記載が定着した。

では、これらの遊客は買春に対してどのような意識をもっていたのだろうか。この点については、一般に、武士が買春に対する倫理的逡巡を示すことは少なかったと思われる。幕末、尊攘派志士たちが遊廓や飯盛旅籠屋を拠点とし、維新政府の顕官となった後もしばしば遊んでいることは知られるが、尊攘派志士だけでなく、武士の登楼意識はさまざまな史料に散見される。一例として、幕末の儒者古賀謹一郎の門下であった刈谷無隠が、兄事していた同門下長岡藩士河井継之助について語った思い出をみてみよう〔今泉鐸次郎 一九三一年、五二頁〕。

河井に会いましたときに、河井が女郎買ひなどするものじゃない。己は此の通りしたがと言うて、吉原細見を私に見せた。それをみると、娼妓の名の上に△の付いてあるのもあるし、○の付いてあるのもあるし、◎の付いているのもある。又消してあるのもある。総て有名な吉原の女郎と云ふものは残らず買って居る。其の印は手取の女と、馬鹿な女と、美いのと、醜いのとの見分けだ。「此通り己は女郎買をして見た。お前にはならないと云ふ訳は、この婦人に溺れると云ふものは、惰弱な意気地なしの溺れるものではない、英雄豪傑が却って溺れるものである。それは後から羽織を着せられて背中をポンと叩かれるの何んのと云ふ訳ではない。言ふ可からざるの間に鉄石の腸を溶かす者がある。口説や手管で英雄豪傑は騙されぬけれども、一種言ふ可からざる情に於て其身を誤り易いと思ふ。英雄の気質を備へて居る者程危険に思ふ。それだから、決して成長しても是ばかりはやるな」。今日まで河井の教はできるだけ守って居たけれども、此一事、教に背たのでとう〳〵半生を誤ったのである。

右からは、「吉原細見」の用いられ方が窺えて興味深く、また刈谷は、河井が性病に罹患した際、苦痛に耐える修練として病を受け止めていたとも語っている〔同〕。伝聞史料であること、また河井の場合、後に長岡藩政において遊女屋営業の廃止政策をとっていることもあり、その買売春観についてはなお検討が必要であるが、刈谷の語りに従う限り、河井の訓戒は買春によって被るマイナス面を慮っての買春回避の主張であり、そこからは、「笠間日記」と同様、遊女を商品としてみることや買春行為自体への価値判断は窺えない。やや時代を遡るが、政治思想・芸術・学問の諸分野で著名な渡辺崋山が書簡のなかで性病の苦痛を訴えている例などを考え合わせると〔『崋山書簡集』一八八二年、九五頁〕、武士にとっての買春は、その政治的地位や思想・教養にかかわらず「風と致したる趣向」によって行われる日常性の範囲内の行為とみられていたのではないか。そして、そのような感覚の背後に、曽根ひろみの指摘する、幕府の売春に対する道徳的判断の欠如があることはいうまでもない〔曽根ひろみ　二〇〇三年〕。役と特権の論理に基づいて買売春を正面から公認し遊女の商品化を容認する政策のもとで、買春の日常化と曽根のいう道徳的判断の欠如を特徴とする遊女観・買春観が醸成され浸透していったとみておきたい。同時に、ここでは詳細を論じる余裕がないが、そのような買春観は、武士の「家」内部における女性の地位の低さとも相関するものと考える。

(2) 都市民衆と買春

では、このような武士層の買春意識に対して、一般民衆男性にはどのような意識と行動の特徴が見られるのだろうか。明治五年芸娼妓解放令を受けて新吉原遊廓からの解放を目指したかしくという遊女と、彼女に関わった竹次郎・菊次郎という二人の青年の行動からその一端を見てみよう〔以下、史料は、横山百合子　二〇一三年ａによる〕。

遊女かしくは、越後国蒲原郡東ゆり上村の生まれで、六歳で親を亡くした後、各地の宿場や岡場所を次々に転売され、一八七一年（明治四）、京町二丁目せき長家の局遊女屋〔一八七二年四月刊「吉原細見」〕という都市下層の遊客を顧客とする見世の遊女となった女性である。一八七二年一〇月芸娼妓解放令によって解放され人主（かしくを新吉原に転売した深川の遊女屋）のもとに返されるが、「かしく儀は、どのよニ相成候共、遊女いやだ申」という切迫した思いから、新吉原京町一丁目の大見世海老屋の召仕竹次郎、ついで遊客であった深川東扇橋町髪結渡世の店借菊次郎と夫婦約束をし遊廓からの解放を行政当局に訴えた。ここでは、かしくの強い思いを受け止めた竹次郎、菊次郎の意識と行動に注目してみよう。

解放令直後の一一月二日、かしくと竹次郎は連名で「しろと《素人》ニなし被下候様」と訴える嘆願書を当局に提出した。願書には遊女の身から解放されて素人になりたいというかしくの切実な心情が吐露されているが、結局、竹次郎は召仕という「戸も無之」身分だとして、体よくあしらわれ訴願取り下げに至った。翌一八七三年一月、新吉原の出火による避難の中で、かしくは客であった深川東扇橋町に住む髪結職人の弟子菊次郎のもとに走るが、菊次郎は、かしくに対して「篤と異見差加え」、かしくを追い返した。しかし、数日後の早朝、かしくが再び菊次郎のもとに駆け込み、解放令にもかかわらず人主によって借財が膨らまされるという身の上の切なさを訴えるに及び、ようやく菊次郎はかしくの願いを容れ行動するに至るのである。前述のように武士が遊女をクールに商品視しているのに比べ、二人の青年のかしくに対する心情が、都市下層というかしくとの階層的共通性に基づく共感的なものであったことは確かであるが、彼らの行動から、当時の都市下層社会の買売春に対する意識を見てみよう。

第一に、相手が遊女であることは、彼らが結婚を考える上で支障とはなっていない。これは、幕府の性売買公認政策の浸透によって買売春肯定が社会の支配的思潮となっており、下層民衆男性に売春女性への嫌悪や忌避がないことを示している。ただしこのような買春意識は、同時に買春の肯定をも意味しており、この点では前項で見た武士層の意識と性質を同じくしている。また、遊女かしくにみられるように、売春女性の側も、遊女としての生活には強烈な嫌悪と反発を抱いているが、貞操観念や純潔規範を内面化し売春経験をスティグマとするような売春罪悪観は抱いていない。

第二に、髪結職人の弟子である菊次郎の行動には、都市民衆世界の論理とそこで生きる人びとのメンタリティが貫かれている。たとえば、かしくが最初に菊次郎のもとに逃げて来たとき、菊次郎はかしくに説諭し遊廓に戻らせている。そこには、遊女の身揚げなど考えられない自らの社会的位置の自覚と現実の受容があろう。したがって、再び駈け込んできたかしくを救おうと夫婦約束をした際にも、彼はそのような現実社会の論理に則って対処していくのである。まず、かしくの身体を書き入れ（抵当）とする借金一五両――かしくからみれば、解放令により身代金が消滅したにもかかわらず再び自己の身体を担保物件とされたゆえの借金であり、不当極まりないものであるが――を、親方の助力も得て律儀に返済しようとする。同時に、紛争解決のため親方の〝扱い〟を引き出し、それが不調に終わると戸長の上位にある府当局への越訴を行うのである。親方―弟子の強い絆、買売春の受容とそれに沿った負債返済義務の容認、仲人を介しての示談による解決、示談不成立後の越訴などは、いずれも近世の民衆社会において歴史的に育まれてきた慣習と行動である。それだけに、そのような民衆社会に内在する規範を越えることは、そこに生きる菊次郎には考えにくいものだったであろう。客観的条件という点からみても、近世都市社会において髪結職人は町に対して従属性を帯びつつ共生する関係にあり〔横山百合子　二〇〇九年〕、戸長がかしくらの訴えを退け熟談内済を主導したとき、髪結親方とその弟子菊次郎が戸長をはじめとする町の側に対抗しうる条件はなかった。*報われぬ結果に終わったが、菊次郎は、心中・逃亡により自らの生存の社会的基盤を捨て去ることを除いて、都市下層の一髪結職人が遊女を人として遇しようとした際に取り得る最大限の努力を尽くしたのである。

＊厳密にいえば、大小区制期の戸長を個別町や地域利害の代表者としてのみ見ることはできないが、この事例では、旧来の身分共同体としての町の立場を理解する者として概括的にみておく。

さらに、買春と性暴力の通底性も今後検討すべき論点である。河竹黙阿弥の傑作である歌舞伎「梅雨小袖昔八丈」（通称「髪結新三」）のなかで、「地獄めぐり」（隠売女を買う行為）をしようしていた髪結の弟子勝奴は、途中で見知った商家の下女を口説いて袖を引き、下女に逃げられると、「丁度四辺に人目もなく、小当たりに当たってみたが、あの剣幕ぢやア覚束ねえ、やっぱりこりゃ四百出して、遊んだ方が早手回しだ」〔『黙阿弥全集』第一一巻〕とつぶやく。文学作品の中では、買春と性暴力が性的欲望充足の選択肢として同じ位相で捉えられており、幕末の民衆男性の性意識のもう一つの側面を示唆していよう。

こうして、性売買は近世の都市社会において広く展開し、身分制社会のさまざまな論理と絡まり合いながら武士、民衆を問わず買春、売春を受容する意識が浸透していった。その際に、役と特権の論理に依拠した幕府の性売買公認・管理政策が近世日本における買売春の受容を支える一因となったことは間違いないのではないか。

3　遊女と売春

では、このような状況のなかで、商品化される遊女自身は自らの生活と売春についてどのような意識をもっていたのだろうか。

(1)　付火《つけび》する遊女たち

まず、新吉原の火事について検討した宮本由紀子の労作「吉原仮宅についての一考察」を参照しつつ、遊廓に売られた後の遊女たちの意識と行動をみてみたい。

表は、同論文所収の第1表「吉原の火災と仮宅営業」から、出火年月、遊廓の被災状況、出火原因と火元を摘記し、若干の補訂を加えたものである。一九世紀の火事多発に比べて一七〜一八世紀の火災数が少ないことの理由は不明であるが、同氏によれば吉原は開設から幕末までに二六回火事に遭い、全焼が二一回、吉原が火元になったのが二八回、特に文化年間以降の火災はすべて吉原から出火し、そのうち遊女の「付火」と確定できるものが一三回ある。ここでは、幕末期の新吉原名主竹島氏による「梅本記　参」〔丸善マイクロフィルム版狩野文庫〕から、さらにその詳細を見てみよう。

「梅本記」は、一八四九年（嘉永二）、新吉原京町一丁目の遊女屋梅本屋佐吉抱遊女一六人が集団で付火し、四人が遠島となった事件（表№28）の調書などを収録した簿冊である。次の史料は、付火に参加した遊女の一人で、〝押し込みの上、人主引渡〟の処罰を受けた、かつ事重本の調書の一部である。

私儀、信州上田在竹澤村百姓半蔵娘ニ而、拾三ヶ年已前天保八酉年中母親病死いたし、追々困窮いたし候ニ付、親半蔵義身上相仕舞、同年十二月中御当地ニ縁付居候婦方を便《たより》、同人一同当地え罷出相尋候処、本所林町ニ婦幷婿鍋次郎義罷在候ニ付、同人方え落付候処、是又困窮之中、懸り人相成居候義も難成《なりがたく》候間、翌戌年二月中親半蔵義も納得之上、京町壱丁目安房屋吉蔵方え遊女奉公ニ住込罷在、右身之代金を以路用ニいたし国許え立帰り候義ニ而、右吉蔵義ハ、遊女屋渡世難相続《あいつづけがたく》、相仕舞候ニ付、同人方より当主人佐吉儀、根津ニ罷在候節、拾壱ヶ年已前、天保十亥年、私拾八才之砌《みぎり》、同年より去々未年迠《まで》九ヶ年季、人主不相分《あいわからず》、右鍋次郎受人ニ相立、酌取奉公ニ住込罷在、其後、同十三年寅年中、佐吉儀吉原町え引移候得共、別段証文書替候様子も無之様被存《ぞんぜられ》、去々未年（弘化四年――横山）季明候心得ニ付、其段佐吉え申聞候処、右様之義承り候而何ニいたし候哉抔、不取留《とりとめざる》義《ぎ》而已《のみ》申居《もうしおり》、取敢不申、左候得は、当所え引移候而より如何様《いかよう》之取計致し置候哉難相分義《あいわかりがたきぎ》ニ御座候、然ル処、平日二度之食事ニ而、三度ハ為給不申《たべさせもうさず》、右二度之食事も豆腐之殻又ハ草箒之芽を摘《つみ》、右を古米之中え焚《たき》込《こみ》、塩を入雑炊ニいたし為給《たべさせ》候《そうら》得共《えども》、何分匂ひ有之候而、一口も被給不申、彼是手間取候得は、厳敷察当《さっとう》いたし、其上客取不申節ハ、不精ニ付客無之抔申之、邂逅客有之候而も、客酒食等買物不申候得は、差働《さしはたらき》無之故、右体取受も不致旨申之、厳敷折檻致し、且又外並より仕舞日多、五節句も前日当日共二日宛仕舞為致、客無之、如何様之才覚為致《いたさせ》候而も、仕舞金受取不申候而ハ、中々承知不致、彼是引しろい候得は、箱ニ懸又ハ手鍵弓之折木を以、手当り次第打擲《ちょうちゃく》いたし、其外聊《いささか》之義ニ而も法外之責致し、陸々《ろくろく》食物も不為給、右様手荒之取扱ニ而已《のみ》逢候而ハ、迚《とて》も身体難保《たもちがたく》、然ル上ハ存分ニ皆憤を晴シ御法通之御沙汰を受候心得ニ而、傍輩拾六人申合、

表　吉原・新吉原火事年表

No.	和暦	西暦	吉原の被災状況	火元・出火原因
1	寛永 4	1627	吉原辺まで	
2	寛永 7	1630	吉原町	
3	正保 2	1645	吉原全町	
4	承応 3	1645	吉原大門通り	
5	明暦 3	1657		
6	延享 4	1676	吉原全町	江戸町 2 丁目梅村市兵衛（武，玉）
7	明和 5	1768	吉原全町	江戸丁 2 丁目四つ目屋喜三郎（遊女屋）
8	明和 8	1771	吉原全町	揚屋町河岸梅屋伊兵衛
9	明和 9	1772	（吉原）	行人坂火事
10	天明元	1781	伏見町全町，2 丁目，仲ノ町の一部	江戸町 2 丁目佐七店家田や仁兵衛（茶屋）
11	天明 4	1784	吉原全町	京町一丁目水吐尻明屋より水道尻挑灯屋
12	天明 7	1787	吉原全町	角町分仲ノ町喜五郎（または茶屋五郎兵衛）
13	寛政 6	1794	吉原全町	または江戸町 2 丁目丁字屋長兵衛（隣家商人屋）
14	寛政 12 ？	1800	吉原全町	田圃竜泉寺町
15	文化 9	1812	吉原全町	龍泉寺村非人頭全七小屋
16	文化 13	1816	吉原全町	京町 1 丁目海老屋吉助（または同町左八店明屋）
17	文政 4 ？	1821		○豊菊 15 才が付け火，文政 4 年 3 月，八丈島に流罪
18	文政 7	1824	吉原全町	京町 2 丁目林屋金兵衛（遊女屋）
19	文政 11 ？	1828		○花鳥 15 才が付け火．文政 11 年 10 月，八丈島に流罪
20	文政 12	1829		○清橋 27 才，瀬山 25 才が共謀し付け火，文政 12 年 10 月八丈島，新島に流罪
21	天保 2	1831		○伊勢歌 22 才が付け火，天保 2 年 3 月，八丈島に流罪
22	天保 4	1833		○吉里 17 才，藤江 26 才，清瀧 25 才が共謀し付け火，それぞれ八丈島，三宅島，新島に流罪
23	天保 6	1835	吉原全町	角町堺屋松五郎（遊女屋）
24	天保 8	1837	吉原全町	○江戸町 2 丁目丁字屋せい（または源太郎）
25	弘化 2	1845	吉原全町	○京町 2 丁目川津屋．同抱え遊女玉琴 16 才，六浦 16 才，姫菊 14 才による付け火
26	嘉永 2	1849		○喜代川 25 才が付け火，嘉永 2 年 10 月八丈島に流罪
27	嘉永 2	1849		○代の春 15 才が付け火，嘉永 2 年 4 月，三宅島に流罪
28	嘉永 2	1849		○京町 1 丁目梅本屋佐吉抱遊女 16 人が共謀して付け火．佐吉と，福岡，谷川，玉芝，錦糸が八丈島に流罪
29	嘉永 5	1852		○玉菊 35 才，付け火，嘉永 5 年 3 月，八丈島に流罪
30	安政 2	1855	家根へ焼け抜け	京町 1 丁目是本屋町兵衛土蔵縁物置より出火
31	安政 2	1855	吉原全町	安政大地震による火事
32	安政 3	1856		○梅ヶ枝 27 才，付け火，八丈島に流罪
33	万延元	1860	吉原全町	江戸町 2 丁目紀の字屋六太郎の屋上より出火
34	文久 2	1862	吉原全町	京町 1 丁目裏屋（または同 2 丁目）より出火
35	元治元	1864	吉原全町	江戸町 1 丁目大口屋文右衛門（遊女屋）宅より出火
36	慶応 2	1866	江戸町 1，2，揚屋町，京町 1，2 丁目，角町ほか	○江戸丁 1 丁目大枡屋いち抱きく事重菊の付け火

注 1）宮本由紀子「吉原仮宅についての一考察」（地方史研究協議会編『都市の地方史—生活と文化』雄山閣，1980 年，所収）表 1 より摘記．
2）N0.28 の付け火については，『近世庶民生活史料　藤岡屋日記　第 3 巻』（三一書房，1988 年）および「梅本記」（狩野文庫）により補訂した．
3）遊女の付け火によるものには，○を付した．

兼々一同申誓置候義ニは候得共、万一右約定違変致し候もの出来候而は不相成旨を以、桜木（遊女の名――横山）義、昨四日拾六人一同連判同様之心得を以、銘々名前可相認《あいしたたむべき》旨、同人義発言いたし候ニ付、尤至極之儀と存、半紙横折え見世順ニ而、福岡を始、夫々《それぞれ》名前相認之儀有之、尤右書付前文又ハ爪印等いたし候儀ハ無之、只名前而已相認候儀ニ而、右之通聢《しか》と取極致し、右書付ハ桜木義所持罷在候処、今五日、主人佐吉義昼寝いたし居候を幸と存、夕七ツ時過、尚又一同申合、表二階格子上、天井え外々之もの共火を付候処、往来之もの見付声立、早速消留《けしとめ》候儀ニ而、私儀其砌《そのみぎり》客有之、火取扱いたし候ものハ誰々ニ候哉、聢と見覚不申候、（下略）

右の史料によれば、一〇年以上遊女として過ごしてきた重本は、付火に至った理由として、①主人が奉公の年季を曖昧にし、季明けを認めないこと、②劣悪な食事、③客を取れない、客が酒食等買物をしない場合などの厳しい折檻、④仕舞金の強要と増額、⑤従わない場合の暴力などを挙げている。しかし、火刑も想定される付火という重大な行為に至る直接の契機は、「迚も身体難保」という暴力による生命の危機だった。付火は、どうせ死ぬのであれば、「存分ニ皆憤を晴シ御法通之御沙汰を受」けたいという、いわば生命を天秤にかけての行為であり生への渇望である。このような付火の動機については、同史料に収録されている小雛、しづか、豊平という三人の遊女の調書にも同様の記載がみられ、付火の企てに参加した一六人に共通する感情だったことが看取される。表の付火がすべて同様の理由であるとは限らないが、一九世紀新吉原において付火という重大犯罪が多発するようになったとすれば、それは遊廓が遊女にとってより過酷な世界となってきたことを意味していよう。

第二に、右の史料は権力側の作成した調書であり、遊女の申口を正確に記したものとは言い切れないが、それでも右に見る重本の語りは、遊女たちが遊女であることを拒否して遊廓から解放されることを直接に求めているのではなく、むしろ身売りや売春という現実を受容していることを示している。重本は申口の冒頭で、飢饉のさなかであろう一八三七年（天保八）に母を亡くし、貧窮の余り父と二人、伝を頼って信州上田在から江戸に出てきたものの、暮らしが立たず、酌取奉公に出てその身代金で父の帰国の路用を賄った旨を述べている。結果として父が娘を売ったのであるが、「親半蔵義も納得之上」という重本の語りは、娘の身売りに忍び難い思いを抱く父の傍らで、一八歳になる重本自身があえて身売りを拒もうとはしなかったことを思わせる。それだけに、契約によって定められたはずの年季が抱え主梅本屋佐吉によってなし崩しに曖昧にされたことは、重本の折り重なる悲しみと深い怒りを呼び覚ましたであろう。もちろん、重本をはじめ一六人の遊女たちが、その真情において遊女であることを深く厭うているのは疑いえない。しかし、その精神世界に思いを馳せてみるならば、売春を払拭しがたい汚点やスティグマとするような近代の性規範を内面化する以前の、自らの属する都市下層の労働世界の一部として売春を受容しつつそこで生き抜こうとする覚悟を、遊女たちが有していたともいえるのではないか。付火は、追い詰められた果ての絶望的な抵抗である。しかし、抱え主の不当性を明らかにした上で「御法通之御沙汰」を受けるというその構えは、根底に右のような強い自己肯定があって取り得るものであろう。また、そのような自らの正当性への確信故に、遊女たちは、無軌道な放火ではなく、「主人方ニ而被責殺《せめころされ》候より、吉原町可焼払《やきはらうべく》存心には無之候得共、早速人目ニ懸り候所へ付火致し、直クニ人集り揉消可申候間、其紛ニ名主方へ欠込」(「梅本記　参」所収、かめ事遊女豊平の調書)という、新吉原数千人の遊女や周囲の人びとの安全を慮りながらの付火に至ったのである。

第三に、付火という企てのなかに、近世民衆の蓄積してきた知が垣間見える点も興味深い。一六人の遊女たちが、怒りを晴らして裁きを受けることを決意した後、違約を防ぐために「一同連判」を作成したこと、また連判順も「見世順」すなわち張見世の座順とし、企図の首謀者等が明示されないよう注意を払っていることなどからは、百姓一揆で用いられる連判状の手法との共通性が見て取れる。遊女たちの抵抗は、「一味同心」に基づく正当性の訴えというスタイルの点でも、近世民衆が共有している現状打開のための異議申し立てと共通するものであったと見ておきたい。

(2) 幕末期における遊廓秩序の動揺

しかし、一九世紀以降、なぜ付火の多発といった激烈な形で遊女の抵抗が表面化してきたのだろうか。近世後期には遊廓の大衆化・下層化が進み、それにともなって性売買のシステム化が強まったことは見てきたとおりであるが、これは、遊女にとっても遊廓にとっても大きな変化を意味していた。太夫のような高級遊女が消滅し、小格子《こごうし》遊女屋、局《つぼね》遊女屋などの下層遊女屋が増大したことは、劣悪な環境で売春を強いられる下層遊女の増加を意味するだけでなく、遊客が一回あたりに支払う揚代金が低額化・標準化したことを意味している。揚代金から運上・町入用（揚代金の約一割三分）を除いた収益を、茶屋口銭（二割）と遊女屋取り分（六割七分）として分け合う遊女屋と茶屋にとって、揚代金の低額化は分け合うべき対象の減少を意味しており、両者の間には対立関係が生じていった。また、小格子・局遊女屋のように、茶屋を通さず客と遊女屋が相対で売買する見世の増加も茶屋にとって厳しい環境となった。

このような状況で遊女屋が収益を確保するには、遊女を増やすか、遊女一人あたりの収益を増やすことがまずは考えられよう。しかし、遊女を増やすためには相当程度の投資が必要であり、遊女屋にとって後者が重視されたことは想像に難くない。とはいえ、すでに一人あたりの揚代金の公定価格が導入されており、遊女一人あたりの収益を増やすには、売る回数を増やす——すなわち薄利多売型とするか、客の有無にかかわらず遊女に負担を課す仕舞日の増加などの方法を採らざるを得ない。前述の重本の申口にあるように、梅本屋では、客が取れない遊女を厳しく折檻して客数をふやし、客を酒食買物に誘導して客単価を上げさせ、さらに仕舞日を多くするなどの方法が採られており、遊客の大衆化・下層化は、遊廓経営の薄利多売体質を生んだ。

幕末期の性売買市場自体は大衆化・下層化に伴って拡大しており、火災をきっかけに新吉原以外の場所で一定期間営業が許可される仮宅も、大規模かつ長期間許可されるようになった（宮本由紀子　一九八〇年、吉田伸之　二〇〇三年）。仮宅は遊女屋に歓迎されたが、火災により数度にわたって新吉原遊廓が全焼したことは、遊女屋や茶屋にとってやはり相当の打撃であった。1節でみた仏光寺貸付金の返済状況をみると、同貸付を受けていた遊女屋・茶屋たちの万延元年九月新吉原全焼後の返済状況は、「当節（一八六一年〈文久元〉三月――横山）之処ニ而は、江戸町家之方へ貸出シ置候分、少々宛納ニ相成申斗《ばかり》にて、新吉原町ハ壱人も納人無之、殊ニ昨年出火後不残イツバイニ貸込候所ニ而、迷惑仕候」（坂本康之氏所蔵文書一四一の口「酉八月より国許書状下」所収、文久元年三月二二日付坂本源之助の当主幸右衛門宛書簡）というもので、類焼後の市中一般の状況に比しても滞納が著しく、遊女屋・茶屋が仮宅移転後も再建に追われている状況を窺わせる。このような状況は前述の薄利多売体質をさらに強めることとなり、性売買市場の規模自体は、全国的に、あるいは江戸市中に限っても、おそらく拡大傾向にあったにもかかわらず、一九世紀新吉原遊廓は、性売買のシステム化と遊客の中下層化→遊女への抑圧強化→付火を含む遊女の抵抗→遊女屋・茶屋の経営悪化→遊女屋・茶屋の亀裂の深刻化、という状況に陥っていた。したがって、幕末期の新吉原遊廓をめぐる社会構造は、生命の危機にすら追い込まれる遊女と「遊廓社会」全体との根底的な対立、およびそのような対立を要因とする「遊廓社会」内部の亀裂の深刻化という重層的な構図として捉えることができる。

　このような構造的矛盾への抜本的な対処がなしえないまま、遊廓は明治維新を迎えた。ここでは、それまでの過程を簡単に見ておこう。一九世紀新吉原遊廓の運営原則は、「遊廓社会」においてヘゲモニーを握る遊女屋仲間を実質的な運営主体として位置づけた一七九五年（寛政七）制定の「新吉原町遊女町規定証文」に基づいていた。しかし、天保改革における株仲間解散政策を機に、名主にたいして規定の見直しが指示された際には、「茶屋共等は巨細ニ渉《わたり》迷惑致し候由ニ而、連印相拒候もの多人数有之」という事情から遊廓内の合意形成は難しくなっていた。天保改革後に模索された新たな規定案には、「遊女屋一統二階ニ水溜桶差置」（狩野文庫「新吉原規定一」、以下同）といった防火の向上を目指した規定が追加される一方、茶屋が遊女屋に渡すべき揚代金を滞らせるという問題を解消するための「五町遊女屋世話役、勘定番之者共会所に立合、遊女屋銘々之客帳持寄、茶屋共客より請取候揚代金持参、立合払方可致」のような、会所において強制的に茶屋から揚代金を取り立てる条項も盛り込まれた。これに対して茶屋側は強く反発し、改訂に携わった名主側も「茶屋共不伏」という状態を収めることができなかったのである。幕府も、一八四六年（弘化三）、いったんは規定証文の改訂を指示しながら、遊廓内の分裂に対処する手だては取れなかった。南町奉行遠山左衛門尉景元は「何となく古キ規定書は立遣置き候様ニ申渡置候方と存候」として、「前々之振合ニ可心得」「娼家之規立を官府ニ而議し可立遣筋《たてつかわすべきすじ》も無之間、奉行所ニ而は沙汰不及惣《すべて》而相対ニ而申合置候様」（旧幕引継書「市中取締類集」吉原規定・関東廻村之部上」などと、その指導性を放棄するに至っている。

4　近世から近代への遊廓の変容——まとめにかえて——

近世の性売買システムを大きく変えることになる一八七二年（明治五）芸娼妓解放令について詳細は本書の人見論文に譲るが、これまでみてきた近世の性売買の社会的実態をふまえ、近代初頭の日本における性売買システムを巡る動きと解放令制定に至る諸条件を瞥見することで本章のまとめにかえたい。

近世の性売買システムの拡大・深化にともない、遊廓は最上級の大名・豪商等の階層を対象とする場所ではなくなり、遊客の中下層化と性売買のシステム化が進んだ。同時にそれは、遊女の管理の強化と抑圧、生活条件の低下に帰結し、幕末の「遊廓社会」の不安定化をもたらした。その結果、維新後、新政府は、国内的には、近世の性売買システムについての二重の矛盾に直面することになったといえよう。一つは、遊廓社会そのもの、すなわち地域秩序の動揺であり、その根底には遊女に対する性的搾取とそれに対する抵抗があった。もう一つは、吉原五町が役と特権に基づいて都市江戸における〝性の秩序化〟を担うという、近世初頭以来の身分制的な性売買政策の行き詰まりである。町共同体がそれぞれに固有の役を負いそれに対応する特権を認められるという、都市における身分的支配の形態は、他の職分を担う諸町においては既に一七世紀末にはその実質が失われていたが〔吉田伸之　二〇一二年〕、同職集住の原則が崩れなかった新吉原の場合、一九世紀までその形態が維持された。寛政期の「新吉原遊女町規定証文」は、遊女屋仲間が町制機構の枠に基づいて策定し、町奉行所がそれを承認し性産業の把握・統治を行なうという身分的な分業統治が寛政期まで維持されていたことを示すが、幕末にはそのような統治と秩序維持はもはや困難になっていた。

遊女を掌握・管理し抵抗を封じ買春を安定化しうるのは、私的営業者としての遊女屋（とその仲間）なのか、あるいは地方制度としての区戸長、国家権力の発動としての警察力なのか。買春に何の疑念も持たない者たちが樹立した維新政府は、役と特権の論理に基づく性の管理に代わる新たな遊廓政策の確立という不可避の課題に直面していた。いいかえれば、遊廓の近代化とは、検梅を含む欧米化の推進という側面だけでなく、身分制解体政策のコロラリーとしての性売買システムの再編という側面を併せ持っていたといえよう。遊廓の近代化は、前近代社会の終わりにさまざまな形で現れる中間団体の自律性に依拠した統治の廃止から近代の社会編成への途上において、多くの国家・地域が直面する課題と共通する性格をもつものでもあったのである。したがって、芸娼妓解放令は、国内的にはそのような近代化の過程の一コマとして理解することができよう。芸娼妓の解放がマリア・ルス号事件を機に遊女の処遇が国際問題化する以前から検討されていた〔大日方純夫　一九九二年〕のは、その点から見れば当然のことであった。

一方、一九世紀世界における芸娼妓解放令制定の意味を、国際的背景を視野に入れて考えるとき、ダニエル・ボツマンが指摘する「自由解放」の契機〔D・V・ボツマン　二〇一四年〕、すなわち一九世紀の〝同時代性〟も不可欠な視点であろう。ボツマンは、芸娼妓解放令を論じる際に、日本の近代化を世界史的背景のなかで見ることが重要だと主張するが、当を得た指摘である。マリア・ルス号事件を通して、苦力《クーリー》貿易を擁護するペルー側が遊女の人身売買を糾弾するという逆説的な形での外圧が昂進したこと、さらにまた、芸娼妓の「一切解放」の布告にもかかわらず、その直後から東京府などによる解放令を骨抜きにしかねない動きが顕著となったこと――これらの要因から、政府は一層はっきりと解放に突き進まざるを得ない状況に追い込まれたが、これは「自由解放」という契機がもつ〝同時代性〟がもたらした現象とみることができる。

とはいえ、そのような欧米の「自由解放」の契機の内容は、当然のことながら一義的に定まっているわけではなく、さまざまな対抗や論争を通じて深められていくものであり、「自由解放」の契機に内在するジェンダーをめぐる闘争も〝同時代性〟の構造の不可欠な要素をなしていた。一八六〇年代に始まりイギリスの国論を二分していく伝染病法反対運動は、イギリス帝国の世界進出過程で生まれた軍事都市や海港での強制検梅政策（伝染病法）を、娼婦の公民権と女性の人権の侵害であると主張し、男女のダブルスタンダードを鋭く衝くものであった。このようなイギリス国内のジェンダーをめぐる闘争が対外進出においてどのように意味をもったのかを具体的に解明する作業は今後の課題であるが、〝同時代性〟を構造的に見ることの重要性を付け加えておきたい。

こうして近世の遊廓は、実質的な人身売買による売春強制という性格を保ったまま、身分制的な性売買システムを克服した近代遊廓に転換していくこととなった。芸娼妓解放令は、売春を行うのは娼婦自身であり、旧来の遊女屋は場所を提供する貸座敷業者だとする新たな論理を打ち出していく。娼婦を拘束しうる公法上の論拠は、契約自由の資本主義原則のもとで娼婦が貸座敷業者に対して負ったとみなされる債務（前借金）と、衛生を理由とした警察権力による検梅のみとなっていく。すなわち、身売りという実質的な人身売買の実態に変化がないにもかかわらず、表向きには債務と検梅が国家の性売買への関与を正当化する論拠となり、遊廓は、検梅を受けた自発的売春女性（近代の公娼）による性売買システムというフィクションを前提に近代化されていくのである。明治一〇年代には、「隠売女《いんばいおんな》」は「隠売女《いんばいおんな》」と呼ばれるようになり、やがて「淫売婦《いんばいふ》」という語が生まれる。娼婦一般への蔑視の強まりを映し出す現象ともいえよう。

しかし一方で、このような〝自売〟の論理は、論理的には新吉原の遊女たちが「売るか売らないかは自分で決める」という意志を持つことを可能にし、彼女たちの闘いを生み出す契機にもなっていった。このような近代遊廓成立期の動向は、次章に譲りたい。

参考文献一覧

〈史料〉

『江戸吉原叢刊』第七巻（江戸吉原叢刊刊行会編、八木書店、二〇一一年）
『加賀市史料』（二）「大聖寺藩士由緒帳」（加賀市立図書館、一九八二年）
『加賀市史料』（九）「笠間日記（上）」（加賀市立図書館、一九八九年）
『崋山書簡集』（小沢耕一編著、国書刊行会、一九八二年）
「狩野文庫」（丸善マイクロフィルム版、一九九二年）
「旧幕引継書」（八〇三―一一「天保度御改正諸事留十」、八一二―三「市中取締類集」、国立国会図書館）
『近世庶民生活史料　藤岡屋日記　第三巻』（三一書房、一九八八年）
『近世風俗志』（三、喜田川守貞著・宇佐美英機校訂、岩波書店、一九九九年）
坂本康之氏所蔵文書
「坂本家文書」（須坂市所蔵）
『世事見聞録』（武陽隠士著、本庄栄治郎校訂、奈良本辰也補訂、岩波文庫、一九九四年）
『東京市史稿』（産業篇四〇、東京都）
『東京市史稿』（市街篇五二・五七、東京都）
東京都公文書館所蔵東京府文書（明治二年「順立帳」二二・三三）
『黙阿弥全集』（河竹糸女補修・河竹繁俊校訂、第一一巻、春陽堂、一九二六年）

『吉原楊枝』（山東京伝著、国立国会図書館所蔵）

〈著書・論文〉

今泉鐸次郎『河井継之助伝』（目黒書店、一九三一年）
宇佐美ミサ子『宿場と飯盛女』（同成社、二〇〇〇年）
―――『宿駅制度と女性差別：買われた性・「飯盛女」』（岩田書院、二〇一二年）
大日方純夫『日本近代国家の成立と警察』（校倉書房、一九九二年）
神田由築『近世の芸能興業と地域社会』（東京大学出版会、一九九九年）
―――「江戸の子供部屋」（佐賀朝・吉田伸之編『シリーズ遊廓社会1　三郡と地方都市』（吉川弘文館、二〇一三年）
古賀十二郎『丸山遊女と唐紅毛人』（長崎文献社　一九六八・六九年）
坂本忠久『天保改革の法と政策』（創文社、一九九七年）
佐賀朝・吉田伸之編『シリーズ遊廓社会1　三都と地方都市』『同2　近世から近代へ』（吉川弘文館、二〇一三年、二〇一四年）
曽根ひろみ『娼婦と近世社会』（吉川弘文館、二〇〇三年）
塚田　孝『近世日本身分制の研究』（兵庫部落問題研究所、一九八七年）
―――『近世身分制と周縁社会』（東京大学出版会、一九九七年）
都市史研究会編『年報都市史研究17　遊廓社会』（山川出版社、二〇一〇年）
D・V・ボツマン「奴隷制なき自由？」（佐賀朝・吉田伸之編『シリーズ遊廓社会2　近世から近代へ』二〇一四年）
牧　英正『近世日本の人身売買の系譜』（創文社、一九七〇年）
三浦俊明『近世寺社名目金の史的研究』（吉川弘文館、一九八三年）
宮地正人『幕末維新期の文化と情報』（名著刊行会、一九九四年）
山城（宮本）由紀子「『吉原細見』の研究」（『駒沢史学』二四、一九七六年）
宮本由紀子「吉原仮宅についての一考察」（地方史研究協議会編『都市の地方史』（雄山閣、一九八〇年）
―――「吉原遊女のゆくえ」（『駒澤大学大学院史学論集』一〇、一九八〇年）
―――「明治期の吉原」（『駒沢史学』三四、一九八六年）

――「隠売女と旗本経営」（『駒沢史学』五五、二〇〇〇年）
横田冬彦「長崎丸山遊廓の『遊女屋宿泊人帳』覚書」（『女性歴史文化研究所紀要』二〇、二〇一二年）
横山百合子「一九世紀江戸・東京の髪結と女髪結」（高澤紀恵、アラン・ティレ、吉田伸之編『別冊都市史研究　パリと江戸　伝統都市の比較史へ』（山川出版社、二〇〇九年）
――「一九世紀都市社会における地域へゲモニーの再編」（『歴史学研究』八八五、二〇一一年）
――「芸娼妓解放令と遊女」（『東京大学日本史学研究室紀要別冊「近世社会史論叢」』二〇一三年ａ）
――「遊女を買う」（佐賀朝・吉田伸之編『シリーズ遊廓社会１三都と地方都市』吉川弘文館、二〇一三年ｂ）
――「新吉原における『遊廓社会』と遊女の歴史的性格」（『部落問題研究』二〇九、二〇一四年）
吉田伸之「新吉原と仮宅」（『身分的周縁と社会＝文化構造』部落問題研究所、二〇〇三年）
――「遊廓社会」『身分的周縁と近世社会４　都市の周縁に生きる』（吉川弘文館、二〇〇六年）
――『伝統社会・江戸』（東京大学出版会、二〇一二年）

（付記）本章は、ＪＳＰＳ科学研究費２５３７０７９５「近世遊廓の構造とその社会的基盤」による研究成果の一部である。

六　セクシュアリティの変容と明治維新
——芸娼妓解放令の歴史的意義——

人見佐知子

はじめに

一八七二年（明治五）一〇月二日の太政官第二九五号と同九日（東京府は八日）の司法省達二二号を内容とする芸娼妓解放令が、近代公娼制度成立の契機となったことについてはひろく了解が成立している（吉見周子　一九八四年、石原征明　一九九五年、倉橋正直　一九九五年、阿部保志　一九九六年、藤目ゆき　一九九七年、宇佐見ミサ子　二〇〇〇年、藤野豊　二〇〇一年、今西一　二〇〇七年など）。すなわち、芸娼妓解放令は売春に「生活上やむを得ないゆえに自ら望んだという口実」を与え、「売春を容認し、売春婦と性病の蔓延を防ぎ、風俗を矯正するために、一部の売春婦を一定の地域に囲い込んで賤業視し、取り締る」という近代公娼制度を確立させたとする（早川紀代　一九九八年）。

これらの議論に共通するのは、芸娼妓解放令の実効性についての否定的見解である。芸娼妓解放令の欺瞞性がつとに指摘されてきたのは周知のとおりである。そのため、「解放」の実態が検討されることはほとんどなかった。星玲子は、函館において芸娼妓解放令後に廃業した娼妓の事例を紹介しているが、しかし、それらは「ごく少数」の例外であり、芸娼妓解放令の効力についてはやはり懐疑的である〔星玲子 一九九一年〕。

そうしたなか〔横山百合子 二〇一一年・二〇一三年〕は、芸娼妓解放令が実際に芸娼妓（遊女）たちのよりよい生存と「解放」をもとめる「闘争」を広範に呼び起こしたことを、遊女かしくの「闘い」をはじめとする新吉原遊廓の実態検討を通じて明らかにした。芸娼妓解放令の再評価を迫る論考として注目される。

本章では、かしくをはじめとする遊女自身の意思と行動がいかなる条件のもとで貫徹し得たのかという問題意識のもと、芸娼妓「解放」の実態を検討する。その際、遊女屋仲間、大区小区制下の地域行政組織と東京府、維新政府のそれぞれの動向をふまえて「解放」の過程を具体的に明らかにすることをめざす。

芸娼妓の「解放」は、近世以来の性売買のあり方をどのように変容せしめたのであろうか。この問題を考えるとき前提にしなければならないのは、近世都市社会史研究において深められてきた「遊廓社会」論である。〔塚田孝 一九九〇年→一九九三年、一九九四年→二〇〇六年・一九九五年→二〇〇六年・一九九六年〕の成果を踏まえ〔吉田伸之 一九九八年→二〇〇三年、一九九九年→二〇〇三年、二〇〇六年〕は、新吉原五町遊女屋仲間を中核に、茶屋仲間、見番（男女芸者を統轄する）を社会的権力として構造化される遊廓と、四宿や岡場所などの「疑似遊廓」、それらに従属的に編成される多様な諸商人・諸職人などによって構成される社会構造を遊廓社会とし、その構造を総体的に把握することを提起した。これをうけて二〇〇八年には都市史研究会シンポジウム「遊廓社会」が開催され〔都市史研究会 二〇一〇年〕、さらに〔佐賀朝・吉田伸之 二〇一三年・二〇一四年〕を得た。しかしながら、明治維新期に限ってみればいまだ残された課題も多い。とりわけ、近世社会固有の構造的特質（身分社会）をふまえて深化してきた遊廓社会論を、近代の遊廓研究にどのように継承するかという課題はようやく自覚されるに至ったという研究状況にある。近世の遊廓社会内部に孕まれた矛盾から、どのようにして新たな構造をもつ近代（市民社会）の遊廓社会が成立するのか。本章ではその問いに十全にこたえることはできないが、芸娼妓解放令が遊廓社会にどのような展開をもたらしたのか、それへの対応をはかるなかで遊廓社会はいかなる変容を迫られたのかを検討しつつ近代転換期の遊廓社会が抱えた矛盾を明らかにし、その後の展開を考察するための手がかりとしたい。

「解放」は芸娼妓のセクシュアリティにいかなる変容をもたらしたのだろうか。セクシュアリティは、性的存在としての個人の全人格を包括する概念である。これを性的人権と仮によぶとすれば、性的自己決定権の在処は、セクシュアリティの問題を考える際に重要な論点となる。芸娼妓のセクシュアリティの在処は、芸娼妓解放令の前後でどのように変化するのか。それについて本章は、「解放」の内実を問うことでこたえたいと思う。

1　芸娼妓解放令の成立

(1)　太政官第二九五号と司法省達二二号

はじめにで述べたように、芸娼妓解放令は通常一八七二年（明治五）一〇月二日付太政官第二九五号と同九日付司法省達二二号を指す。本節では、芸娼妓解放令がこのふたつの法令を内容とする意味について、東京府下の動向から考察する。

太政官第二九五号の成立過程については、すでに大日方純夫による政治史的な観点からの研究がある〔大日方純夫一九八九年→一九九二年〕。大日方は、従来マリア＝ルス号事件との関連で論じられてきた芸娼妓解放令についての通説を否定し、その直接の契機は事件に先行する司法省の「奉公人年期定御布告案」であったこと、芸娼妓解放令はマリア＝ルス号事件と直結した大蔵省案と、司法省および左院の意見が折衷されることで成立したことを明らかにした。

太政官第二九五号の内容は、身売り奉公を事実上の人身売買と認定し、隷属下におかれていた芸娼妓ら年季奉公人の「解放」を命じるものである。くわえて、「右ニ付テノ貸借訴訟総《すべ》テ不取上《とりあげず》候事」といい、関係する金銭貸借訴訟は一切受理しないことを明言した。

これにたいして司法省達は、前借金は「賍金」(不当にだまし取った金銭)であるため返済を求めることはできないこと(借金は棒引き)、売買される人身は牛馬に等しい商品であり、牛馬に返済を求めることはできないのと同様に、芸娼妓への貸金についても芸娼妓に返済をもとめることはできないとして、太政官第二九五号を補完した。

司法省達の意味について、牧英正氏は次のように述べている〔牧英正　一九七一年、一九六頁〕。

江戸時代以来の古慣習では、裁判所で受理しないということはかならずしも債権関係自体を無効とすることを意味しない。江戸幕府は金銭訴訟に制限をくわえ、そもそも金銭の貸借は相互に実意をもって解決すべきこととしていたし、訴権をともなわない債権関係は広汎に存在していた。だからこの司法省令のように念をおす意味はあった。

この指摘は重要である。太政官第二九五号をうけた遊廓社会は、直後から芸娼妓の未償却の借金弁済をめぐって奔走することとなるからである。

そこで次に、太政官第二九五号から司法省達二二号にいたるまでの東京府の動向をみていきたい。すなわち、芸娼妓解放令がふたつの法令を内容とすることの意味について、太政官第二九五号をめぐる遊廓社会の動向から明らかにする。

(2) 太政官第二九五号と東京府

東京府下に太政官第二九五号が達せられたのは一〇月三日のことである〔東京都公文書館所蔵「芸娼妓解放人名」

605.D7.12〕。翌四日には、「解放」の具体的方法について東京府から各区戸長に達があった〔東京都公文書館所蔵「娼妓解放三」604.A2.13〕。その内容は、①各区で「遊女」はもちろん養女の名目で年期を限って抱え置く「芸者」や「酌取人」などを置くものについて洩れのないよう取り調べ、人主から受領した「証書」を「早々」に取り上げる、②「証書」から人主を調べ、抱主から受け取った「証書」を取り上げる、③遊女、芸者、酌取は改業するか、「親元」へ引き取らせるかは「勝手」である、④本人の望みにより、遊女・芸妓などの渡世を継続することを希望するものは吟味のうえ許可することもあろうから、規則は近日中に布達する、というものであった。

ここには、「解放」についての具体的手続きが記されている。ここで確認しておきたいことは、二点である。一点は、太政官第二九五号のいう「右ニ付テノ貸借訴訟総テ不取上候事」を実行するために、戸長らが抱主と人主の両方から「証書」を「取揚」ることとなったこと。もう一点は、「娼妓芸妓等年季奉公人一切解放」とは、具体的には、「親元へ為引取候儀」であったということである。これらのことがもつ意味については、次節以降で詳しく検討する。

五日には、「解放」について「万一心得違」をして「等閑」にするものがいれば「其筋ゟ直ニ取押へ可相成筈《あいなるべきはず》」であり、そのため抱主と芸娼妓から芸娼妓解放令についての「請書」をとって七日九時までに申し出るよう各区戸長に命じた〔東京都公文書館所蔵「娼妓解放二」604.A2.12〕。「芸娼妓解放人名」〔東京都公文書館所蔵 605.D7.12〕には、千住宿の抱主（旅籠屋等）と芸娼妓の請書が存在する。

こうしたなか新吉原遊廓一帯を管轄区域とする第五大区第一二小区の戸長二人（久能木信成、萩原雅行）は、「身代残金」について東京府に伺をたてた〔東京都公文書館所蔵「娼妓解放二」604.A2.12〕。内容と前後の史料から六日のことと推測される。そこから、太政官第二九五号が命じた「貸借訴訟総テ不取上候事」の意味を東京府や戸長らがどのように受け取ったかを知ることができる。以下に詳しくみてみたい。

冒頭に、「遊女年季身代残金一時償《つぐない》兼《かね》候ものハ、主人方江借用証文差入返済可致旨、昨日双方江御説諭之趣《おもむき》篤《とく》

与《と》承領《しょうりょう》仕《つかまつり》候」とある。すなわち、遊女の身代金のうち「一時償兼」るものについて、「主人方」へ借用証文をいれて返済させるように東京府から五日（「昨日」）「説諭」があったようである。遊女の未償却の借金は、「解放」と同時に全額返済させるか、もしくは新たに借用証文をいれて返済させるかのいずれかの方法で償却させるべきことが、この時点での東京府の方針であったらしいことがわかる。そこで戸長らは、新たに作成する借用証文について、その書式と内容（「証書認振」）を東京府にたずねたのである。

案文は二つあった。一案は、「右ハ今般娼妓芸妓年季御解放ニ付、私娘妹者誰身代残金書面之通一時返弁可申処、調達行届不申候ニ付、前書之金高更ニ借用仕候処実正也、返済之義ハ云々」と、芸娼妓解放令によって芸娼妓は「解放」となったが、「身代残金」の全額返済が困難であるため、あらためて（「更ニ」）借用証文を取り交わすという内容である。もう一案は、「右ハ無拠要用ニ差支、書面之金子借用仕候処実正也、返済方之義者来ル何月幾日迄ニ無遅レ返済可致為《いたすべく》後日証書如件《くだんのごとし》」と、身代金とは切り離して新たな借金として証文を取り交わす内容である。

両案を示したのち、戸長らがつづけていうことには、太政官第二九五号は「貸借訴訟総テ不取上候事」という布告であったが、「地方官ニおいて右等之御世話被為在候義ニ付、右取調方可仕旨被仰付」という。この部分は若干言葉足らずで難解だが、地方官（東京府）において「身代残金」の「御世話」をしてもらえるとのことであるから、そのための方法を取り調べるように仰せつけられたということであろう。

そのうえで戸長らは、次の二点を東京府に問うた。まず、一度に弁済することが困難なものにたいして証書を取り交わすことは申すまでもないが、新たに取り交わした証書は「普通之証書」であるから、「官之御裁判」がなくてはならないものであるはずだということについてである。もう一点は、芸娼妓のうちには他県のものが多く、そのため他管轄のものから取り置く「証書」が多いことについてである。これについて戸長らは、他県出身の芸娼妓たちの借金返済が滞った場合は、「御府江申上候ヘハ、総テ返済方之御所置被下置候御義ニ御座候哉《や》」と、東京府へ申し出れば返済を「所置」してもらえるかとたずねた。すなわち、東京府に今後の借金返済についての保障を求めたのである。このことが「判然」としなければ、「自然人心疑惑ヲ抱キ不体裁相見へ候」ため、恐懼を顧みず伺をたてたという。

右の伺と同日（七日付）、「身代残金」の取り調べについて戸長らは、東京府に指示を仰いだ〔東京都公文書館所蔵「娼妓解放二」604.A2.12〕。その内容はこうである。抱証文を調査して「扶助金」を差し引きする（残金を算出する）には、「扶助金」の金額もまちまちで、多人数分を一挙に処理することは「急速捗取不申ニ付」、大見世は「年期長短ニ不拘」「相対」で行うこととし、小格子・局見世については、「御沙汰」のとおり「年期長短ニ寄」新たに借用証文を取り交わす方法で借金の残額を処分したい。

大見世と小格子・局《つぼね》見世《みせ》で身代残金の処分方法をわけた理由は、「遊女屋共ニおゐてハ見世之大小ニ而《て》大ニ人物ニ高下」があるからである。そのため、「中見世以上之分者、夫々《それぞれ》其主人ニ而抱遊女江慈愛を加江、遊女ニおゐても年来主人与相頼ミ候義理を心得、不実無之様、年期長短ニ不拘《かかわらず》、相対之所置に任せ為取計候方穏ニ可行届見込も有之」が、「小格子・局見世ニ至り候而ハ、其主人たるものも召仕方不宜、此遊女ニおゐても所を住替等いたし来、元来生質不宜ものも多分有之候ニ付」、同様には行いがたいというのである。

このように戸長は、芸娼妓の「身代残金」を「一時」に返済させるか、それが困難な場合は改めて借用証文を作成して返済させるかを方針とし、そのための方法を調査していた。司法省達二二号以前に、「貸借訴訟総テ不取上候事」（太政官第二九五号）と政府が前借金への関与を否定しても、芸娼妓の身代金は事実として存在する以上、東京府や戸長らがその返済方法を考案しようとするのは当然であった。しかし、戸長らの伺の内容に驚いたのは東京府であった。

(3) 東京府達番外の意味

七日の東京府達番外は、前項にみた戸長の伺の内容を否定するために出されたと考えられる。すなわち、「今般解放相達候元遊女芸妓等身代金之儀者《は》、精々示談相遂ケ、本人引渡方早々取計、来ル十五日迄ニ無相違可届出事」と、借金返済について「示談」で解決することを命じたのである〔「東京府史料」〕。

「示談」とはどのような意味に解釈されるべきであろうか。それについて番外と同日に出された達が注目される〔東京都公文書館所蔵「娼妓解放三」604.A2.13〕。

別紙之通り御達相成候ニ就而者《ついては》、一昨五日、其区出張説諭ニ及候趣、聊《いささか》意味相違之次第も有之候ニ付、兼而《かねて》御達之通り早急暇差遣《いとまさしつかわ》し候上、身代金示談候様、更ニ可令示置《しめしおかしむべく》候、此段相達候也

壬申十月七日　村上権典事

伊藤権大属

これによれば、五日の「説諭」について、その意味を取り違えていることもあるようなので、兼ねてお達しのとおり早急に「暇」をつかわし、身代金については「示談」とするようにあらためて命じたという。「別紙」は番外をさすと考えられる。ここで東京府が「聊意味相違之次第」といい否定したのは、戸長らの伺にあった地方官（東京府）が「身代残金」の「御世話」をするという点であろう。「解放」にともなう貸借をめぐる繋争に、政府と同様に関与しないという東京府の立場を言明したのである。

東京府達番外は、「引渡」の方法を早々に取り計らい、一五日までに間違いなく届け出るようにときわめて具体的な指示をしている。それと関連する右の達は、とにかく早急に「暇」をつかわしたうえで、身代金は「示談」とするように命じたのである。身代金よりも「解放」が優先されていることに注目したい。東京府は、いまある前借金に返済の義務があることまでは否定しなかったが、芸娼妓解放令が芸娼妓ら年季奉公人の「一切解放」を趣旨とすること

を改めて強調し、いまある借金を理由とした人身拘束を否定した。

以上から、東京府による「示談」解決の意味は、横山のいうように「私的暴力の監視下にある遊女と遊女屋の対等な交渉が成立しえないことを暗黙の了解として出された示談推奨の達であり、前借金を梃子として、事実上遊女屋の営業継続を保障する補足規定」〔横山百合子 二〇一一年、一五頁〕であったとは必ずしもいえない。むしろここでは、「解放」ののちの未償却の借金について、東京府が公的に保障することを否定したことを重視すべきである。「身代残金」にたいする公的保証を求める遊女屋の期待を東京府は裏切った。遊女屋の当惑、衝撃は想像に難くない。第3節で検討する遊廓社会の動揺と混乱は右のような東京府の態度の結果であった。

右の東京府と戸長らのやりとりは、芸娼妓解放令が太政官第二九五号だけでは完結せず、司法省達二二号とあわせてふたつを内容とすることの意味を考えるうえで興味深い。太政官布告第二九五号だけでは、新たな借用証文の取り交わしによって人身拘束が継続される＝「解放」がすすまないという現実に直面した政府は、太政官第二九五号を徹底させるために、前借金の有無にかかわらず無条件で芸娼妓を「解放」するという司法省達二二号を達しなければならなかったのである。以上の政府、東京府の方針に遊廓社会はどのように対応したのだろうか。

2 芸娼妓「解放」と府県・戸長——新治県を事例に——

⑴ 戸長からの「引渡」／人主への「引取」

「娼妓解放府県往復留」〔東京都公文書館所蔵 606.D8.4。以下、本項で用いた史料は特に断らない限り同史料による〕は、芸娼妓の人主〔親など〕が東京府管下に居住し、他県へ奉公に出されていた芸娼妓らについて、たしかに「引取済」であることを、人主が町用掛と連名で東京府に届け出た書類を綴ったものである。そのうち、比較的まとまって存在する新治県（一八七五年、茨城県と千葉県に合併）の分を表にまとめた。千住宿からのびる水戸街道沿いの宿場町の飯盛女らが東京に近いところから順に「解放」されていくようすをよみとることができる。以下に、芸娼妓「解放」における府県や戸長の役割に注目して、新治県の芸娼妓「解放」の過程を具体的に検討する。

ときの場合（表の№35）

ときは、深川常盤町一丁目七番借地大橋伊三郎の娘で、水戸祝町の白木屋与八抱の芸妓であった。伊三郎の申すところによれば、芸娼妓解放令の翌年、一八七三年（明治六）一月九日、東京府から「御呼出」があり、ときを「引取」ように命じられた。そこで伊三郎は居住する小区の「戸長添書」をもって、一月一五日に東京を出立、一八日水戸祝町に到着した。当地の戸長・川上友右衛門に「添書」を差し出そうとしたところ、戸長は「馳行ニ付相待候様」というので、最寄りの旅籠屋に宿泊して戸長の帰宅を待つことにした。五日目に戸長が立ち戻ったため、ときを引き取りたいと申し出たところ、「添書」を持参して県庁に願い出るようにとの指示であった。そのため、一三里立ち戻り県庁を訪れたところ、「御庁江相出ルニ不及、戸長ニ而引渡可申旨申達候趣被仰渡《おおせわたされ》」たために、再度友右衛門を訪ね、ようやく二七日ときを引き取ったという。

水戸祝町の「引取」の例はほかに一九件あるが、もっとも詳細に「引取」の過程が記されているのが、ときの場合である。ただし、一月九日に東京府から「御呼出」をうけ「引取」を申し渡されたこと、一月半ばに東京を出立し、下旬に「引取」、二月はじめに「引取済」であることを町用掛と連名で東京府へ届け出ている点は共通する。他の届出は、伊三郎が記した戸長や県庁とのやりとりを省略し「引取」の事実のみを届け出たとみられる。

水戸祝町では芸娼妓解放令の直後から、芸娼妓の身柄は戸長預けとなっていたようである。にもかかわらず、伊三

寄留先住所	寄留先氏名	業種	年季	「解放」の成否	出典
河内郡若柴宿	石引清四郎	旅籠屋		明治5年11月30日「出奔」につき，新治県から東京府へ通達（明治6年1月19日）	
河内郡若柴宿	板倉留五郎	旅籠屋		明治6年1月8日「出奔」につき，新治県から東京府へ通達（明治6年1月19日）	
信太郡中村宿	飯田六左衛門	旅籠屋	明治4年8月～	明治5年12月1日「引渡」につき新治県から東京府へ通知	*
信太郡中村宿	飯田六左衛門	旅籠屋		明治5年12月1日「引渡」につき新治県から東京府へ通知	*
信太郡中村宿	市村庄之助	旅籠屋		明治6年1月27日「引取済」届	
信太郡中村宿	市村庄之助	旅籠屋		明治6年1月27日「引取済」届	
信太郡中村宿	栗原貞蔵	旅籠屋		明治6年2月17日，はつ「欠落」につき届	
信太郡中村宿	白木屋貞蔵	旅籠屋		明治6年1月28日「引取済」届	
信太郡荒川沖宿	荒井多右衛門	旅籠屋	明治5年3月～	明治6年1月28日「引取済」届	
信太郡荒川沖宿	扇屋誠兵衛	旅籠屋		明治6年1月20日「引取済」届	
信太郡荒川沖宿	扇屋誠兵衛	旅籠屋		宮本善助（青物渡世）方に縁付につき届（明治6年1月31日）	
信太郡荒川沖宿	片岡栄次郎	旅籠屋		明治6年1月25日「引取済」届	
信太郡荒川沖宿	片岡栄次郎	旅籠屋		明治6年1月25日「引取済」届	
匝瑳郡太田村	加瀬万吉	旅籠屋		明治6年1月22日「引取済」届	
匝瑳郡太田村	小林太七		明治4年12月～	明治6年1月27日「引取済」届	
匝瑳郡太田村	片岡勘蔵			明治6年1月30日「引取済」届	
匝瑳郡太田村	小林多吉			明治6年1月30日「引取済」届	
匝瑳郡太田村	松金屋さわ		明治5年10月～	明治6年1月31日「引取済」届	
行方郡潮来村	山口寅右衛門	遊女屋	慶応3年～7年季	明治6年2月17日「引取済」届	**
行方郡潮来村	山口寅右衛門	遊女屋		明治6年1月20日新治県から東京府へ「引渡」達	
行方郡潮来村	松本屋清兵衛		明治5年8月～	明治6年2月18日「引取済」届	
水戸祝町	大内《ママ》万右衛門			年月日欠「引取済」届	
水戸祝町	大木《ママ》万右衛門			明治6年2月2日「引取済」届	
水戸祝町	鹿島屋清五郎	遊女屋	明治4年11月～	明治6年2月3日「引取済」届	
水戸祝町	鹿島屋大吉	旅籠屋		「癪気」養生のため延引届（明治6年2月）	
水戸祝町	鹿島屋大吉	旅籠屋	明治4年10月～	明治6年2月7日「引取済」届	
水戸祝町	鹿島屋大吉	旅籠屋		明治6年2月19日「引取済」届	
水戸祝町	鹿島屋大吉	旅籠屋	明治2年12月～	明治6年2月24日「引取済」届	**
水戸祝町	椎木大吉			明治6年2月2日「引取済」届	
水戸祝町	椎木大吉			明治6年2月3日「引取済」届	
水戸祝町	小松屋豊蔵	旅籠屋	文久4年5月～	明治6年2月7日「引取済」届	
水戸祝町	飛田与八	旅籠屋		明治6年2月4日「引取済」届	
水戸祝町	白木屋与八		文久3年7月～	明治6年2月3日「引取済」届	
水戸祝町	白木屋与八		文久3年7月～	明治6年2月3日「引取済」届	
水戸祝町	白木屋与八			明治6年2月7日「引取済」届	
水戸祝町	飛田庄兵衛	遊女屋		明治6年2月17日「引取済」届	
水戸祝町	飛田庄兵衛	遊女屋		明治6年2月8日「引取済」届	
水戸祝町	日《ママ》田庄兵衛			明治6年2月14日「引取済」届	
水戸祝町	前田弥兵衛		明治3年5月～	明治6年2月10日「引取済」届	
水戸祝町	前田弥兵衛		明治3年5月～	明治6年2月3日「引取済」届	
水戸祝町	米《ママ》田弥兵衛		明治4年10月～	明治6年2月4日「引取済」届	

表　新治県の芸娼妓「解放」

No.	引き取り人住所	引き取り人職業	引き取り人氏名	稼人名前	年齢	業種
1	神田小柳町1丁目	商	大塚屋平吉	娘いま		飯盛女
2	龍閑町3丁目	商	中村瀧蔵	娘わか		飯盛女
3	下谷通新町24番地		高橋善蔵	娘よね		飯盛女
4	錦町1丁目		菊池善兵衛	娘せい		飯盛女
5	神田小柳町24番借店		岡野豊蔵	養女むめ事とよ		飯盛女
6	北本所表町38番屋敷借店		塚本六三郎	妹ふさ		飯盛女
7	浅草聖天横町10番借店	下駄歯入渡世	太田米吉	妻妹はつ	22	飯盛女
8	川口町13番借店		小林与助	娘たき		
9	本所松倉町1丁目4番屋敷借店		駒田弥三郎妻まさ	娘いわ		飯盛女
10	金杉村271番地		小柴伊三郎	妹常		
11	本所松倉町2丁目75番地借店		北村三左衛門	妹ふさ		飯盛女
12	浅草阿部川町102番借店	建具職	井上伊之助	娘ふみ		飯盛女
13	浅草阿部川町102番借店	建具職	井上伊之助	娘はな		飯盛女
14	小石川諏訪町6番借店		畑渕初五郎	娘きく		飯盛女
15	八丁堀中町9番借店		石崎浅治郎	養女まち	18	飯盛女
16	日比谷町2番借店		鈴木兼次郎	妹よし		飯盛女
17	深川八名川町18番借店		金子留吉	妹はま	18	飯盛女
18	猿若町2丁目7番借地		峰岸弁吉	娘千代		飯盛女
19	馬喰町4丁目借店		猪俣新助	妹きん		遊女
20	深川蛤町2丁目嘉左衛門店		岩次郎	妹きく		遊女
21	本郷4丁目1番借店		荒木勘兵衛	娘きん	16	遊女
22	新富町4丁目1番地借		田村庄次郎	同居長谷川かね娘なを		
23	神田旅籠町1丁目12番借地		梅本松五郎	養女あか		芸妓
24	南本所石原町30番地借店		布施冨太郎	娘さく		遊女
25	麻布宮邨町47番借店		加藤和吉	妹よね		芸妓
26	浅草芝崎町1番屋敷内借店		前田重吉	妹とめ		飯盛女
27	浅草寿町30番借店		松村茂兵衛	娘とも		飯盛女
28	浅草福井町3丁目3番借店		藤田八五郎後家きん	娘八重	20	
29	本所吉岡町9番借店		吉田倉治郎	娘むめ		
30	川瀬石町17番借店		鈴木弥三郎	妹わか	17	
31	浅草芝崎町2番屋敷内借店		井村佐兵衛	娘はる		飯盛女
32	本所緑町5丁目2番借地		堀越金四郎	娘かく		芸妓
33	麻布東町9番借地		梅本勝五郎	長女きん	20	遊女
34	麻布東町9番借地		梅本勝五郎	次女たけ	17	遊女
35	深川常盤町1丁目7番借地		大橋伊三郎	娘とき		芸妓
36	足立郡千住宿北組千代田又蔵地借		花井新右衛門	娘こう		芸妓
37	池之端七軒町26番借店		村山定吉	長女きん		遊女
38	松川町5番借店		松山市五郎	娘はな		芸妓
39	中之郷元町24番地借店		黒田勝之助	長女いの事伊之助		芸妓
40	中之郷元町24番地借店		黒田勝之助	？はな	17	芸妓
41	上槙町6番借地		牛山歌吉	孫たか	17	

注　無印は東京都公文書館「娼妓解放府県往復留」606.D8.4より作成.
＊は東京都公文書館「娼妓解放二」604.A2.12より作成.
＊＊は東京都公文書館「娼妓解放四」604.A2.14より作成.
表中の表現は原文を尊重したが，寄留先住所については見やすさを考え整えた.

郎がときを「引取」るため戸長宅をたずねると戸長が留守であったこと、さらに戸長は新治県の許可を求め、新治県は戸長の采配で行うよう指示したことなどは、芸娼妓「引渡」についての現場の混乱を示しているように思われる。

東京府から人主（親）への連絡は、戸籍区である小区を単位に行われたようである。形式上は、小区の戸長から人主（親）への連絡となっているが、それを実際におこなったのは、各町における町用掛である。捜索のうえ、該当する人主がみあたらない場合は、該当者がいないことを町用掛が東京府宛てに届け出ていることからわかる。「娼妓解放府県往復留」には、該当者なしについての届出が、七件含まれている。たとえば、ある小区の○○町に、××という名前のものがいて、その娘△△について引取の要請が他県からあるとする。そうすると、町用掛が町内（および隣接町）を調査し、××を探し当てて△△の引取を命じるのである。「解放」は、行政ルートを通じて極めて系統的に行われていた。

「引取」において重要な意味をもつのが戸長の「添翰」である。八重（No.28）を「引取」に向かった母・きん、きんとたけ（No.33・34）を「引取」に訪れた父・勝五郎は、いずれも戸長「添翰」がないために「引渡」を拒まれやむなく立ち返り、戸長の「添翰」を得て、改めて「引取」に向かった。

「解放」において戸長の「添翰」が意味をもつのは、「解放」が人身の移動をともなっていたからであろう。「解放」によって、芸娼妓の戸籍は人身とともに奉公先から親元（人主の元）へと移動した。当該期に戸籍管理を担当したのは戸長である。そのため、「解放」は、戸長の主導で行われなければならなかった。

注意したいのは、「解放」は「引取」として実施されていることである。抱主にとって「解放」は「引渡」として現出する。「解放」とは、芸娼妓の人身を単に解き放つことではなく、抱主から人主に「引渡」こと、あるいは人主が芸娼妓を「引取」ことであった。「解放」が単なる人身の解き放ちではなく、家（家長）への「引渡」「引取」である以上、「引渡」「引取」を確実に実施するために制度的支援が必要となる。それを保証したのが府県であり戸長であった。

(2)「解放」と戸長

「解放」が戸長の采配で行われたことによって、戸長が「解放」の障害になる場合もあった。次の事例はそのひとつである。

きんの場合（No.19）〔東京都公文書館「娼妓解放四」604.A2.14〕。

東京府馬喰町四丁目借店猪俣新助の妹きんは、一八六七年（慶応三）中「親大病ニ而薬用手当ニ差支」となったため、新治県行方郡潮来村山口寅右衛門方に七年の年季で抱えられた。ようやく、あと一、二年で年季があけるため、きんが帰ってきたら「職業手助も為致度」と思っていたところ、芸娼妓解放令があり、寅右衛門ときん本人からきんを引き取りにくるよう飛脚が到来した。新助は「悦《よろこび》ニ不堪《たえず》」、なんとか路銀を調達し、きんを引き取るため一一月九日東京を出立した。寅右衛門方に参上したところ、同村戸長宍戸蕃之定方へ預けているというので、戸長を訪ねた。ところが戸長は、「未夕売女之御処置不相分候間、元籍江引渡候儀不相成」といい、さらに一〇月二八日からの「預中賄料其外諸雑費」を一日につき一貫五〇〇文差し出すこと、「勘定済」でなければ引き渡すことはできないと「難渋」を申し立てた。すっかり「当惑」した新助であったが、衣類なども売払ってようやく路用を調達したほどであるのでいかんともしがたく、やむをえず「遠路入費遣捨候」だけで帰宅した。一一月二〇日新助は、東京府へ右の経緯を申し述べて調停を願い出た。

東京府は同二四日、新助の上申書を添付して、芸娼妓「解放」については司法省からの達もあるので然るべき処分をするよう新治県へ「掛合」におよんだ。それについての新治県の回答は要領を得なかった。そこで東京府は、再び新助にきん引取にあたっての戸長「難渋」の経緯を嘆願書として提出させ（一月九日）、それを添えて、潮来村戸長の主張する「賄料其外諸雑費」とは「何等之入費ニて本人引渡不相成候哉」と尋ね、相応の対処のうえ回答するように強くせまった。

それにこたえて新治県は、潮来村へ「不都合之義無之様相違シ置」き、速やかに引き渡すことを約束した。一月一〇日、東京府は新助を呼び出し、新治県からの回答を伝えた。新助は早速一六日に出立したいと申し上げたが、一一日さらに常務掛が新助を呼び出し、新治県から正式の通知があるまで待つように申し伝えた。新治県からの「封書」が新助のもとに届いたのは、二月に入ってからのことであった。これは、二月七日の新助請書によってわかる。以上の経緯をへて新助は、二月一六日、ようやくきんを東京へ連れ帰った。

きんの事例から新治県では、芸娼妓解放令ののち、一〇月二八日より芸娼妓らの身柄は戸長のもとへ引き取られていたこと、そこでの「賄料其外諸雑費」は戸長の支弁であったらしいこと、すなわち戸長が「解放」に深く関わっていたことがみてとれる。また、「解放」に問題が生じた場合には、東京府や新治県がそれに積極的に介入していることから、「解放」において府県の役割が小さくなかったことがわかる。

(3) 芸娼妓の抵抗

ところで「解放」は「引渡」であり、「引取」であり、すなわち家（家長）への「解放」であったことは先に述べたとおりである。それにたいして、芸娼妓らはどのように抵抗することができただろうか。本節の最後に、そのことに触れておきたい。

はつの場合（№7）

一八七三年（明治六）二月一七日付の太田米吉の書付によれば、はつは、浅草聖天横町一〇番借店、下駄歯入渡世太田米吉妻つたの妹で、越中国射水郡今井村農・宮原平蔵の娘（二二歳）である。米吉とつたは一五年前に夫婦となった。一八七一年四月、上京したはつが奉公を望んだため、米吉が奉公先を探し、中村宿旅籠屋白木屋貞蔵方へ飯盛女として抱えられることとなった。

芸娼妓解放令ののち、貞蔵から「沙汰」があったものの「不都合」があり、米吉がはつを「引取」にむかったのは翌年一月一八日であった。貞蔵方へむかった米吉は、はつと面会し同二七日はつを「引取」った。「早々連帰」ろうとしたところ、はつはひどい風邪のため歩くことができないと訴えるのでやむをえず、土浦町田町の新井松五郎という人物に預けて帰府した。松五郎は「はつ義染合」だといい、「薬用中」預けおいてくれるようにはつが懇願したようである。

米吉が右の事情を新治県へ「引取書面」として差し出したところ、新治県から東京府への「書翰」を預かった。そこで二月四日、米吉は新治県よりの「書翰」を持参してはつ「引取」の経緯を東京府に上申した。

それにたいして東京府は、はつを連れ帰るように命じた。そこで米吉は、ふたたび松五郎方へ行き、はつとともに東京へ帰る準備をした。ところが、同七日中条町の「岩間や佐七」と申すもの方へ行ったままはつは立ち戻らなかった。米吉は「驚入所々心当り相尋」ねたが見当たらない。そこで、やむなく「岩間や佐七」とともに「其所町会所」へ事情を申し立て、「はつ義欠落」の「始末書」を書き、東京へ立ち戻った。

以上がはつ「欠落」の顚末である。

国元から上京したはつは、姉の夫である米吉によって、飯盛女に売られた。そこへの「解放」をはつが望んでいなかったことは想像に難くない。「解放」が家（家長・人主）への「解放」である以上、はつが米吉の拘束から「解放」されるためには、「欠落」しか選択肢はなかったと考えられる。いま（No.1）、わか（No.2）の「出奔」にも同様のことが推察されよう。ふみとはなの姉妹（No.12、13）は、芸娼妓解放令後に「逃去り」、印幡県で保護されたのち人主（親）が引き取った。芸娼妓解放令後、芸娼妓の意志は「欠落」というかたちで発露した。なお、「欠落」後のはつのゆくえや、松五郎、「岩間や佐七」がいかなる人物かは不詳である。

以上のように、「解放」はその実質において看過できない限界をもっていたとはいえ、地域行政組織の制度的支援を得て行政的な処分として広範に実施された。それゆえに、次節でみるように遊廓社会への衝撃は甚大であった。

3 東京府の公娼制度再編と芸娼妓解放令

(1) 公娼制度再編と戸長

太政官第二九五号の二日後（四日）、「解放」の具体的手続きを指令するなかで東京府は、「今後当人之望ニヨリ遊女芸妓等之渡世致度者ハ、夫々吟味之上可差許次第モ有之候条、規則之儀ハ不日相達可申事」と達していたことはすでに述べた。八日、東京府は「無印鑑」の営業を禁止し、「遊女致シ度望之者ハ印鑑可申請事」、「是迄之遊女屋渡世ハ渾《すべ》テ貸座敷《かしざしき》ト相心得可申事、但、印鑑追テ可願出事」、「芸者渡世之者印鑑可申請事」「是迄自力ヲ以芸者致居候者モ印鑑右同断之事」（「東京府史料」）と達した。「印鑑」（鑑札）を下付するのは戸長である。九日、東京府は戸長にたいし、次のように達した（「東京府史料」）。

先般解放之儀達候ニ付、遊女・芸妓徒食休業致居者有之候趣ニ相聞へ候得共、素々《もともと》右様之御主意ニ無之候間、心取違心配致居候者へ、能々可諭《よくよくさとすべく》候事

一　印鑑ハ願出次第相渡候条、望之者ハ早々可申出事（後略）

戸長が「印鑑」を下付することは、公娼制度にとってどのような意味をもつのだろうか。近世において、だれが遊女であるのかは、客観的な基準によって認定されるのではなく、実質的には遊女をかかえる遊女屋とその仲間集団にゆだねられていた。戸長が本人の「望」によって「印鑑」を渡すという東京府の方針は、右の近世身分社会の論理を否定し、戸長＝地域行政組織が一元的にそれを把握するということを意味した。すなわち、「印鑑」の有無が芸娼妓であるか否かを決定する客観的な指標となり、それを戸長・東京府が管理していくことで、公娼制度はその限りで身分的なあり方を否定し、地域的な社会編成に適合的なかたちに整序されていくこととなる。

いうまでもなく、こうした社会編成原理の変更の背景には芸娼妓解放令があった。芸娼妓解放令は、人身売買を禁止し芸娼妓が債務奴隷たることを否定した。それを具現化するのが、戸長の「印鑑」であった。すなわち「印鑑」は、芸娼妓と貸座敷（元・遊女屋）に介在し、芸娼妓の「望」を保証する役目を果たした。

東京府のこうした方針は、公娼制度の基本的方針をめぐる政府内部（司法省と大蔵省）の対立による中断をはさむものの、一八七三年一二月一〇日の「規則」（貸座敷渡世規則、娼妓規則、芸妓規則）によって明確となった。すなわち、芸娼妓稼業を「真意ヨリ」希望する者の居住する区の戸長が「篤与事実ヲ推問シ奥書調印」（「東京府史料」）することとなった。

ただし、戸長が「推問」する「事実」のうちに、芸娼妓の意思だけではなく、親族の意向も含まれていたことは、注意すべきである。一八七四年五月一九日、東京府は次の内容を各大区区長へ達した（東京都公文書館蔵「達〈第三大区一、二小区〉明治七年」606.B7.01）。東京府は、芸娼妓を出願したもののうちに当人が芸娼妓稼業を望んでいることを「父母兄弟等」「親族」が知らなかった場合があったことを問題視した。そのためそれを「甚不都合之事」とし、これからは「本人之真意出願」はもちろんのこと「親族」においても「異存無之哉」をとくと取り糺し鑑札を願い出るよう、各区区長へ達したのである。「真意」をとわれるときでさえも芸娼妓は決して独立した主体とみなされることなく、家の内部に包摂された存在であった。

一八七四年五月、各大区の区長から東京府へ次のような伺があった〔東京都公文書館蔵「娼妓解放五」604.A2.15〕。芸娼妓廃業のための鑑札返上については、月末か一五日までに小区扱所へ申し出て書面を作成し戸長奥印のうえ東京府へ持参することになっているが、東京府へ持参する途中に病気その他の事故があった場合、あるいは翌日が休暇であれば翌月の二日もしくは一七日に持参することとなる。その際、扱所では奥印の日付で賦金の額を計算するが、東京府の元帳は翌月の二日もしくは一七日となるため、半月分の賦金が不足となり困ったことになる。戸長には注意をうながし、月末もしくは一五日の一、二日前に申し出るようかねてから芸娼妓に説諭させているが、「出稼」のものが多く「一時一般」に届けかねる場合もある。そのため、一五日付け一七日鑑札返上、三〇日（もしくは三一日）付け翌月二日返上の分に限り、半月分の賦金を免除するようにしたいが、どうか。それについて東京府は、余儀なき事情がある場合は、戸長から前日返納の申し出があったことに間違いないという旨の「明証」を差し出させ、それにもとづいて賦金を免除すると通達した。

営業税は、近世では芸娼妓に直接賦課されるのではなく、揚代金のなかから遊女屋仲間が幕府や藩に上納していた。戸長が賦金というかたちで芸娼妓から徴収して東京府に上納することは、遊女屋と芸娼妓の身分的関係を断ち切り、営業（納税）主体として芸娼妓を戸長のもとに位置づけることを意味した。

隠売女取締の権限もまた、戸長に移譲されていく。一八七五年四月の「隠売女処分規則」（東京府第八号）によれば、隠売女を取締り「外ニ生計無之、売淫渡世之者ト見做《みな》シ」たものに娼妓鑑札を下付する権限が、区戸長に与えられた〔「東京府史料」〕。隠売女の取締は、遊女屋仲間にとっては「公認された独占的営業権の実力による擁護」であり、幕府にとっては「遊女屋の仲間集団に依拠した遊女の身分統制と社会秩序維持のねらい」をもっていた〔塚田孝一九九〇年→一九九二年〕が、「隠売女処分規則」はこうした近世以来のあり方に変更を迫るものであった。

以上のことの意味は次のように考えられる。すなわち、営業（納税）主体と位置づけられた芸娼妓への鑑札交付の権限を戸長に与えることによって、芸娼妓と遊女屋を分離して理念的に芸娼妓の身分的把握を脱却させた。さらに従来仲間の自律性に委ねられていた遊廓統制の権限を地域行政組織の長である戸長に移譲することで、身分的な遊廓統制のあり方を否定し遊廓を地域的な社会編成のもとに組み込もうとした。しかし、戸長による遊廓統制は、ある側面で決定的な機能不全に陥った。次にそのことを検討したい。

(2) 芸娼妓解放令と遊廓社会――内藤新宿の場合――

芸娼妓「解放」によって「商品」を失うこととなった遊女屋らの損失と打撃ははかりしれなかった。くわえて芸娼妓解放令は従来の社会編成原理をくつがえすものであったので、遊廓社会の存立を根底から脅かした。ここでは芸娼妓解放令後の遊廓社会のありようを、内藤新宿を事例に検討する。

芸娼妓解放令直後の一八七二年一〇月一〇日、内藤新宿の旅籠屋渡世のものたちは東京府に、「遊女貸座敷渡世御免許地ニ被仰付被下置度」こと、および旧来の旅籠屋営業一七軒に貸座敷渡世を免許してほしい旨を申し出た〔東京都公文書館蔵「娼妓解放三」604.A2.13〕。東京府は内容を検討して許可した。つづいて千住、板橋、品川も同様となり、その結果、黙認（準公認）の存在であった四宿は、新吉原と同様に公認の性売買免許地となった。これは、芸娼妓解放令が公認／黙認（準公認）（／非公認）という近世公娼制度が維持してきた形式上の区別を前提とせず、性売買の実質に即して前借金によって人身拘束下におかれていた芸娼妓をすべて「解放」の対象としたことの結果である。内藤新宿一丁目三七番地借加藤重太郎ほか四七人の「下宿茶屋」業者らが貸座敷渡世を願い出たのはその直後（一一月）のことであった〔東京都公文書館所蔵「娼妓解放二」604.A2.12〕。以下、本項で用いた史料は特に断らない限り同史料による)。

内藤新宿は、一丁目、二丁目、三丁目の三町で構成されていた。一丁目、二丁目の旅籠屋は「大間口」と称され、三丁目の旅籠屋は「小間口」と称されていた。芸娼妓解放令当時「大間口」は一〇軒、「小間口」は二〇軒あった。「大間口」へ休憩・宿泊する客を案内する茶屋を「下宿茶屋」といい、五九軒あった。しかし、芸娼妓解放令によって「食売女」を「不残解放」したため、「大間口」旅籠屋のうち三軒、「小間口」旅籠屋のうち一〇軒が「休業」に追い込まれた。のこり一七軒の旅籠屋はあらためて貸座敷渡世を申し出て「免許」された。それが先に指摘した一〇月一〇日の貸座敷免許願である。

旅籠屋の軒数減は「下宿茶屋」を直撃した。すなわち、「下宿茶屋」は、「業体之便りヲ失ひ当惑仕」こととなり、状況を打開するため五九軒のうち四八軒の業者が「小家貸座敷渡世」を出願することとなった(のち、一一軒は「下宿茶屋」を継続することで「示談」が成立し、願を取り下げる)。芸娼妓「解放」は芸娼妓に依拠して存立する業体にとって存亡の機であった。

「下宿茶屋」の申し出にたいして旧・旅籠屋らは猛反対した。もしそれが認められれば、貸座敷業者は「悉《ことごとく》多分之軒数」となる。くわえて旧・旅籠屋は「素ゟ家作向きも手広ニ而、自然身重」である。また、もともと茶屋らは旅籠屋の領域に「時々立入居、都而《すべて》取入」、茶屋に「休泊」のものをたくさん「引入」ている。茶屋のうち数軒は「東京入口」にあるため、もし茶屋が貸座敷免許を得るようなことがあれば、旧・旅籠屋は「衰微仕及潰候ゟ外無之」となること必至である。そもそも旧・旅籠屋はこれまでの「食売女」を多数「解放」し「給金損失も仕候」状態である。

この争いの仲裁にはいったのは、地主たち(惣代に井上利蔵・松原政七・野谷金助・古河善四郎)である。東京府(知事)への上申書によれば、「何分ニも双方和合致兼、一宿相続方ニも拘り候儀」であるため「深く心配」し、自ら「立入種々説得」したが「和談」とすることかなわず、そのうち「下宿茶屋」らは再度「小家貸座敷御免許」を願い出るにいたった。そこで、「素ゟ私共ニおゐて者、宿為筋ヲ存量り候儀故、何レ江も御寄候儀ニ者無御座候得共」としながらも、茶屋の願いを聞き届ければ、「悉軒数多」くなり、「却而相潰之基」となる可能性があること、かといっていまの軒数（一七軒）では「一宿取余り小軒ニ可有之」、寛政のころ、旅籠屋数三六軒と定められたことを鑑みて、「私共見込」ではそれに準じて貸座敷を三五、六軒と取り決めたく、茶屋のうち、一五、六軒に貸座敷免許を下付するのが「一宿相当之儀」であろうと述べた。ここには、貸座敷の総数を調整し、集団相互の関係によって諸分業間の調整をしようとする近世社会の論理〔塚田孝　一九九七年〕が働いている。

地方惣代は、直接の旅籠屋（貸座敷）経営者ではないが、性売買の利害関係者である。地方惣代の四名は、一八七二年一〇月一〇日の貸座敷渡世願に旧・旅籠屋渡世の一七人とともに「内藤新宿三ヶ町地方惣代」として名を連ねている。旅籠屋の土地所有者たちであろう。

この一件の経過は不明であるが、以上の対立の構図は、〔吉田伸之　二〇〇六年〕が明らかにした仮宅をめぐる遊女屋仲間、茶屋仲間、地主・家主、諸商人など関連業者ら相互の対立の構図を想起させる。しかし、それと決定的に異なるのは、異なる業体であったはずの茶屋仲間の貸座敷（遊女屋）営業への参入という事態である。遊客を遊女屋に案内し、客から預かった揚代金を管理し、手数料として口銭を受け取るという茶屋と遊女屋の決定的な違いは、遊女を抱えているかいないかにあった。芸娼妓解放令は、娼妓の人身売買を禁止し遊女屋を貸座敷としたことで、両者の本質的な相違を失わせた。そのことが、旧・遊女屋（旅籠屋）と茶屋の対立に新たな事態を引き起こしたのである。

この繋争に、貸座敷渡世を希望する者に「印鑑」を与えるはずの戸長は登場しない。資本主義的な経営の論理からすれば、もし貸座敷渡世を希望する者がその要件をみたしていれば、戸長は「印鑑」を拒否できないはずである。しかし、仲間の論理で営業の維持と統制をはかろうとする地域社会にたいして、いずれかの集団の利害を代表する立場にはなく、かといって地域運営の主体にも位置づけられていない大区小区制下の戸長は、旧・旅籠屋仲間と茶屋仲間の間の利害を調整することはできなかったとみられる。

芸娼妓解放令は芸娼妓を営業主体に位置づけることで芸娼妓が身分的存在であることを否定したが、近世身分社会の基底にある社会集団＝仲間の解体を課題として捉えていなかった。そのため、戸長による芸娼妓の管理は、実態的に存在する地域社会の身分的な現状のまえになすすべがない。行政官吏である戸長と、それになじまない身分的な論理で行動する仲間集団と、地域的な社会編成に位置づけられた芸娼妓のねじれの関係が存続する限り、戸長による性売買統制の限界は明らかであった。

一八七五年四月の旧・遊女屋仲間による三業会社の設立は、東京府が目指した戸長による公娼制度再編の放棄を意味した。三業会社は、「三業ヲ営ム者ハ必ラス社中ニ加入」するとし、「入社ノ証トシテ会社ヨリ右鑑札ヲ付与スヘキ事」と芸娼妓解放令以来戸長に委任されていた鑑札下付の権限を会社に与えることとした。戸長は会社に「更ニ不致《かんけい》関係《いたさざるおもむき》趣」であった〔東京都公文書館所蔵「明治八年三業会社取締一件」607.B2.10〕。

しかし、三業会社は遊女屋仲間と引手茶屋仲間の対立によって挫折する。これは、芸娼妓解放令の必然的帰結といえよう。すなわち、芸娼妓解放令は、実体的に存在する地域社会の身分的な現状への対応を意図していなかった。むしろ本項でみたように、芸娼妓解放令は身分集団の存立を脅かし、諸集団間の相克を惹起した。そうしたとき、特定の身分集団（三業会社の場合は旧・遊女屋仲間）の個別の利害に依拠した統治を強いれば、支配の正当性を失うことになりかねない。こうした事態を打開するためには、身分制的な社会編成それ自体が変革の対象とされなければならない。

それを担うべくして登場したのが警視庁である。しかし、警視庁が目指したのは、従来いわれてきたように娼妓を直接把握・管理（および検梅を実施）する体制〔横山百合子　二〇一一年ほか〕とは単純にはいえないように思われる。三業会社の挫折を経験し身分制的な社会編成の変革を具体的な課題として認識するに至ったであろう警視庁は、仲間集団の存在を前提としながら性売買を統制する方向を模索したようである（明治九年四月二七日警視庁第二八一号）〔東京警視監獄署　一八七九年〕。

貸座敷幷《ならびに》引手茶屋等、従来ノ弊習ニ泥《なず》ミ、仲間組合ヲ立、私ニ規定等取設ケ候儀不相成候条、是迄取設有之分ハ総テ可相廃、依テ心得方左ノ通リ相定候条、各所元締幷渡世筋ノ者共へ無洩可相渡事

貸座敷幷引手茶屋心得

一　貸座敷幷引手茶屋等、区域内同渡世中、組合ヲ立テ私ニ規定取設ケ互ニ渡世上ノ便利ヲ妨ケ候様ノ儀、決シテ不相成候事

一　区域内同渡世中、取締ノ為メ不得已《やむをえず》仲間規定等取設クへキ事項ハ、必正副元締ヲ経由シテ指図ヲ受クへキ事

但、渡世違ヒノ者ニ相係リ候約定取結ノ儀モ本文ノ通リタルへシ

（後略）

ここにいう「元締」とは、一八七六年二月二四日の警視庁第四七号「貸座敷幷娼妓規則」によって設置されたもので、「警視官ノ命令ヲ奉承シ業体諸取締向及ヒ黴毒検査等貴金上納方可取扱事」とある〔東京警視監獄署一八七九年〕。元締の位置づけは、具体的には今後の検証を待たねばならないが、ここで警視庁が「仲間組合」の存在を否定していないことの意味は重要である。この段階の近代公娼制度は、実体的に存在する身分集団との対抗関係のなかで再編が図られなければならなかったのである。

おわりに

あらためて本章の内容を整理すれば次のとおりである。

第一に、芸娼妓解放令が太政官第二九五号と司法省達二二号を内容とすることの意味を、遊廓社会の動向から明らかにした。太政官第二九五号に対する遊廓社会の対応にたいして東京府は「示談」の方針を示し、芸娼妓の前借金の返済と「解放」を切り離した。司法省達二二号は東京府の方針を後押しした。

第二に、芸娼妓「解放」の実態を具体的に明らかにした。紙幅の関係から新治県の事例のみをとりあげたが、東京都公文書館所蔵の芸娼妓解放令関係の史料が示すのは、「解放」は広範に実施されたという事実である。

第三に、「解放」が遊廓社会にもたらした衝撃と、その再編の動向を論じた。具体的には、芸娼妓解放令による芸娼妓および遊女屋の法的位置づけの変化が身分集団の存立を脅かし諸集団間の対立を惹起したことを、内藤新宿を事例に検討した。そこでは当初東京府が指向した戸長を介した性売買統制は機能せず、やがて身分制的な社会編成への対応が現実的な課題として浮上してくることをみた。近世社会固有の構造的特質（身分社会）に支えられて存立する遊廓社会の近代への展開は、身分集団に依拠した統治の廃止と地域的な社会編成への移行をふまえて明らかにされる必要がある。

最後に、芸娼妓解放令と芸娼妓のセクシュアリティの在処について触れておく。本章で、芸娼妓の「解放」は、実際には「引渡」「引取」であったことを指摘した。このことは、芸娼妓は「家」に包摂される存在であり、「家」から独立した主体とはみなされていなかったことを如実に示している。その観点からすれば芸娼妓解放令は、奉公契約を結ぶ際に放棄した親権を、再び家長が取り戻すことであった。一方で、「解放」の事実や、形式的にではあれ芸娼妓解放令が芸娼妓を営業・納税主体として法的に認知したことが、芸娼妓のセクシュアリティに及ぼした影響は決して小さくなかったと思われる。それらは遊廓社会に少なからぬ打撃を与えたし、芸娼妓にとっては他者によって一方的に管理されるセクシュアリティに対抗するための理論的支柱となっただろうからである。後年、自由廃業運動というたたかいのなかで芸娼妓解放令の理念を真に実体化させていくのは、芸娼妓自身であった。

参考文献一覧

〈史料〉

「娼妓解放二」「娼妓解放三」「娼妓解放四」「娼妓解放五」「娼妓解放府県往復留」「芸娼妓解放人名」「明治八年三業会社取締一件」（以上、東京都公文書館）

東京警視監獄署編纂『警視本署達要纂』（東京警視監獄署、一八七九年）

「東京府史料」（内閣文庫）

〈著書・論文〉

阿部保志「明治五年井上馨の遊女『解放』建議の考察」（北海道教育大学史学会『史流』第三六号、一九九六年六月）

石原征明「公娼制と廃娼運動」（『歴史評論』五四〇号、一九九五年四月）

今西　一『遊女の社会史』（有志舎、二〇〇七年）

宇佐美ミサ子『宿場と飯盛女』（同成社、二〇〇〇年）

大日方純夫「日本近代国家の成立と売娼問題」（東京都立商科短期大学学術研究会『研究論叢』第三九号、一九八九年六月、のち『日本近代国家の成立と警察』校倉書房、一九九二年所収）

倉橋正直「近代日本の公娼制度」（『歴史評論』五四〇号、一九九五年四月）

佐賀朝・吉田伸之編『シリーズ遊廓社会1　三都と地方都市』（吉川弘文館、二〇一三年）

佐賀朝・吉田伸之編『シリーズ遊廓社会2　近世から近代へ』（吉川弘文館、二〇一四年）

塚田　孝「吉原」（高橋康夫・吉田伸之編『日本都市史入門Ⅲ』東京大学出版会、一九九〇年、のち増補のうえ同著『身分制社会と市民社会』柏書房、一九九二年所収）

――「十七世紀後半の遊女と売女」（『年報都市史研究』一号、一九九三年）

――「近世大坂の茶屋をめぐって」（『ヒストリア』一四五号、一九九四年。のち同著『近世大坂の都市社会』吉川弘文館、二〇〇六年所収）

――「近世大坂の傾城町と茶屋」（『歴史評論』五四〇号、一九九五年。のち同著『近世大坂の都市社会』吉川弘文館、二〇〇六年所収）

――――『近世身分制と周縁社会』（東京大学出版会、一九九七年）
――――「新地開発と茶屋」（同著『近世の都市社会史　大坂を中心に』青木書店、一九九六年）
都市史研究会編『年報都市史研究17　遊廓社会』（山川出版社、二〇一〇年）
早川紀代『近代天皇制国家とジェンダー』（青木書店、一九九八年）
藤野　豊『性の国家管理』（不二出版、二〇〇一年）
藤目ゆき『性の歴史学』（不二出版、一九九七年）
星　玲子「北海道における芸娼妓解放令」（『歴史評論』四九一号、一九九一年三月）
牧　英正『人身売買』（岩波書店、一九七一年）
横山百合子「一九世紀都市社会における地域へゲモニーの再編」（『歴史学研究』八八五号、二〇一一年一〇月）
――――「芸娼妓解放令と遊女」（『東京大学日本史研究室紀要　別冊　近世社会史論叢』二〇一三年）
吉田伸之「新吉原と仮宅」（浅野秀剛・吉田伸之編『浮世絵を読む2　歌麿』朝日新聞社、一九九八年）（のち同著『身分的周縁と社会＝文化構造』部落問題研究所、二〇〇三年所収）
――――「旅籠屋と内藤新宿」（新宿区立新宿歴史博物館『内藤新宿』一九九九年）（のち同著『身分的周縁と社会＝文化構造』部落問題研究所、二〇〇三年所収）
――――「遊廓社会」（塚田孝編『身分的周縁と近世社会4　都市の周縁に生きる』吉川弘文館、二〇〇六年）
吉見周子『売娼の社会史』（雄山閣出版、一九八四年）

（付記）本章は記述・表現に違いはあるものの、拙著『近代公娼制度の社会史的研究』（日本経済評論社）の第一章と同趣旨で執筆されたものであることをお断りします。

七　「産み育てること」の近代

沢山美果子

はじめに

人々にとって「産み育てること」の近代とは何であったのか。本章の課題は、そのことを、近代国家と社会の枠組みが形成される一八八〇年代〔牧原憲夫　二〇〇六年〕への転換期に焦点をあて、地域と家族に生きた人々の側から問うことにある。

「産み育てること」の近代を、近世から近代への重層的展開の中で問うことは、日本の近代化過程における明治維新の意味を、性と生殖のレベルから問うことを意味する。近代国民国家が明治維新以後、いち早く取り組んだのが、民俗規制や法制度のレベルでの性と生殖への介入である。しかし、いのちの問題と深く関わる性と生殖をめぐる民俗は禁令によっても容易には改まらなかった。政治体制の変革のもとでも連続する人々の「産み育てること」をめぐる営みと近代国家による性と生殖への介入との間には様々なズレが生じたと考えられる。そして実は、そのズレの中に、明治維新とは何であったかを考える手がかりがあるのではないだろうか。本章は、こうした問題意識のもとに、一八八〇年代への転換期に地域に生きた人々の側から、その生活に即し「産み育てること」の近代とは何であったかを問う。

1 変革期の子育て論――『福沢諭吉子女の伝』――

(1) 「産み育てること」の変革期の記録

近世から近代への「産み育てること」の変化を象徴的に示すものに、一八七六年(明治九)に書かれた福澤諭吉の『福澤諭吉子女の伝』(以下『子女の伝』)がある。近世以前から近代への子育て論を収録した『子育ての書』〈山住正巳他編 一九七六年〉によれば、福澤は「一夫一婦を中心とし、教養ある母が、知性と愛情とをもって、子どもを育てるという家庭像」を、「自分の育った幕末の下級武士の『家』と重ね合わせて、日本社会に適合する家庭をみずから作り上げる努力を続けた」人物であり、その子育て論は、子育て環境としての家庭作りと、子育ての方法の両面を説いた点で、「近代の、とりわけ変革期の子育て論の特徴」をよく示すものとされる。

『子女の伝』には、一八六三年(文久三)、福澤が三〇歳、妻が一九歳の時に生まれた一太郎に始まり、捨次郎(一八六五年〈慶応元〉)、三《さん》(のち里《さと》)(一八六八年〈明治元〉)、房《ふさ》(一八七〇年)、俊《しゅん》(一八七〇年)、滝《たき》(一八七六年)の二男四女、そして妊娠八ヵ月の早産で死胎となった女子(一八七二年)、難産で死胎となった男女の双子(一八七七年)の出産と子育ての様子が記されている。

福澤は、その後生まれた光《みつ》(一八七九年〈明治一二〉)、三八(一八八一年)、大四郎(一八八三年)も含め、全部で九人、四男五女を設けたが、その自伝で「幸いにして九人とも生まれたままでみな無事で一人も欠けない。九人の内五人までは母の乳で養い、以下四人は多産の母の身体衛生のために乳母を雇うて育てました」〔福澤諭吉　一九七八年〕と述べている。子どもたちの「無事」を実現するうえで種痘が果たした役割は大きく『子女の伝』によれば、長男の一太郎を除き、その後に生まれた子どもはみな種痘を受けている。

幕末から明治維新を挟む変革期に子どもをもうけた福澤は九人と多産だが、明治維新を経て近代国家として出発した日本も近世に比し多産の社会となっていく。また四人の子どもを乳母の乳で育てた福澤はのちに乳母否定に転じていくが、母乳育児が母性愛の象徴とされる近代化の過程で、乳母による授乳は否定されていく。そうした点でも『子女の伝』は、「産み育てること」の近代を象徴的に示す記録である。

(2)　少産から多産へ

福澤は五人兄弟。福澤自身が書き記しているように、下級士族の生活は内職がなければ成り立たなかった〔西澤直子　二〇一一年〕。その生活の厳しさは、多産を許さなかったのだろう。仙台藩の支藩、一関藩でも、幕末期の家族構成は、武士、農民とも一戸平均五人、子どもは三人と推計されている〔大島晃一　二〇〇三年〕。

それに比べ、福澤は子沢山である。この明治以降の出生率の上昇と子沢山家庭の増加をめぐっては、大きく三つの見方がある。その一つは、明治政府がとった明治初年の産婆による売薬・堕胎取扱い禁止に始まり、一八七四年の医制公布、一八八〇年の刑法堕胎罪制定から一九〇七年（明治四〇）の罰則規定強化への改定、一八九九年（明治三二）の産婆規則発布という一連の「堕胎罪体制」と総称されるような人口増加政策による〔藤目ゆき　一九九七年〕という見方である。二つには、堕胎罪の制定は、人口増強策ではなく、親の子どもに対する養育義務という儒教倫理の強制であり、儒教的な生活規律が、家の継承・繁栄のために子どもを産み、養育する行為へと女性たちを動かしていった〔石崎昇子　二〇〇二年〕という、女の側の生活規律の内面化に着目する見方である。三つには、堕胎罪の制定ばかりでなく、身分制廃止や学校教育の導入による社会的上昇の可能性や産業構造の変化、都市への移動などにともなう結婚可能人口の増加、さらには「文明開化」を目のあたりにした人々の将来の可能性に対する感じ方の変化など、「多様な要因」が「複合的に」作用したのではないか〔荻野美穂　二〇〇八年〕とする見方である。

しかし、堕胎・間引きの取り締まりや、生活規律の内面化は、近世後期に人口減少地域で始まった人口増加政策の中ですでに取り組まれていた。とするなら、明治以降の多産への変化も、近世後期以降の性・生殖への介入や人々の「家」存続意識と女の身体や子どものいのちに対する心性の変化をも視野に入れて考える必要がある。と同時に、近代以降、性と生殖の介入にどのような新たな要素が加わったのかも含め「多様な要因を複合的に」考察する必要があろう。また多産の要因の一つに、種痘などによる子どものいのちの危機の回避という医学的要因があったことは間違いない。福澤の『子女の伝』は、その意味でも、子どもが死に易かった時代から種痘などの医療により子どものいのちの危険が減少した近代以降への人口動態の変化を象徴的に示す。

(3)　乳母養育から乳母否定へ

「産み育てること」ことをめぐる人々の紐帯の歴史的変化を考えるうえで、乳母をめぐる福澤の論調の変化も興味深い。と言うのも、近世社会の「産み育てること」ことをめぐる人々の紐帯の核に位置していたのが、乳をめぐる紐帯だったからである。乳児死亡率、産婦死亡率ともに高い近世社会にあって、「産み育てること」の基本は、何よりも子どものいのちの保障におかれ、いのちの保障のために様々な人的な紐帯が必要とされた。その人的な紐帯のなかでも、もっとも子どものいのちと直結していたのが近世の子どもの命綱とも言える乳をめぐる紐帯であった〔沢山美果子　二〇一四年〕。

一八六五年（慶応元）正月、一太郎が生後一歳三ヵ月の頃、それまで豊富だった妻の乳が妊娠のため減ってしまう。

しかし、「小児の栄養は天然に任して可なり、再妊してたとい乳に乏しきも乳母を雇うの理なし」と「唯《ただ》天然説に心粋して」いた福澤は、乳母を雇わなかった。後にそのことを悔み福澤は、四女、滝の時は、「母体の衰弱を恐れ」、「家事も頗る繁多」なため、「性質健康、乳の性も宜し」い二五歳の農民の娘いねを乳母に雇っている。また、一八八九年（明治二二）、長女、里の第二子出産の際には、福澤自ら、乳母への九か条の注文を記した「乳母の心得の事」をしたため贈っている（慶応義塾編　一九七三年、福澤諭吉事典編集委員会編　二〇一〇年）。ここには、乳母の身もきれいにするなど衛生上の事や、時間決め授乳など、近世の子育て書にはない乳母への注意が登場しているものの、乳母自体を否定する論理はみられない。

ところが、一八九九年（明治三二）の『新女大学』になると、「多産又は病身の母なれば、乳母を雇うも母体衛生の為に止むを得ざれども、成る可くば実母の乳を以て養う可し」「小児養育は婦人の責任なれば、仮令《たとえ》富貴の身分にても天然の約束に従て自ら乳を授く可し」と、母親の養育責任と授乳を強調する論へ変化する。母親の子育て責任の強調と、乳母ではなく実母による授乳へという福澤の乳母をめぐる論調の変化は、母親に子育ての責任が担わされていく、近代における「産み育てること」のその後の展開を象徴するものといえる。しかし、「産み育てること」の近代は、階層や地域によって、もっと重層的で多様であったのではないか。そのことを地域に生きた人々の側から複眼的に探ってみたい。

2　「産み育てること」の近世から近代へ

(1)　性と生殖への介入——近世から近代への展開——

一八八〇年代以前の地域の状況とはどのようなものだったのか、『府県史料〈民俗・禁令〉』と『民事慣例類集』によりマクロな状況から探ってみることにしよう。なぜ、この二つの史料がマクロな状況を探るうえで手がかりになるのか、二つの史料の性格にふれておく。

「府県史料〈民俗・禁令〉」は、一八七六年（明治九）、維新後の地方行政の沿革を明らかにする府県史の構想により、修史局が各府県に通達、収集した膨大な未完成稿本である。そこには、村落共同体の慣習を伝える「民俗」（維新以降旧習ヲ変更シ今日ニ至ルマデ凡ソ風尚習俗ニ関スルモノ）と「禁令」（該県布令セシ法度及ビ諸規則等）の二つの項目が含まれている。「民俗」はもちろん「禁令」は、裏返せば現実におこなわれてきた慣行の根強さを示す。その意味で「府県史料〈民俗・禁令〉」は、明治初年までの村落共同体の輪郭を描く手がかりを与えてくれる〔竹内利美・谷川健一編　一九七九年〕。

ただし、ここでの「民俗」は、民間習俗の略ではないことに注意する必要がある。民俗学者の岩本通弥によれば、近世にはあまり使われていなかった「民俗」の語は、明治になるや否や突如政治用語として多用される。「民俗」は、明治新政府が、人民統治策の一環として用いた人民（民情）把握のための用語であった。府県史料に見られる「民俗」の用法の大半も、「民情風俗」の略、いわば民情という気風のようなものを含む概念である。「府県史料〈民俗・禁令〉」でも四四道府県のうち、今日的な「民ノ俗」と解して個別の習俗を列記しているのは三重・島根・山口・長崎だけであり、他の道府県の記述は、専ら「民情」に関するものである〔岩本通弥　一九九八年・二〇〇一年〕。その意味でも「府県史料〈民俗・禁令〉」は、気風も含めた明治初頭の人々の状況を伝える恰好の史料と言える。

まず、性と生殖をめぐる〈禁令〉からみていこう。堕胎・間引き、捨て子に対する〈禁令〉を記している府県は、青森、岩手、山形、福島、栃木、山梨、三重、和歌山、滋賀、京都、岡山、島根、高知、佐賀、宮崎の一五県。その一五県のうち取り締りの具体的な方策を出しているのは、「堕胎ヲ厳禁シ妊婦申告及ヒ救育ノ法」を設け、懐妊五、六月で「警察出張所に書付又は口上で届出」、死産や月数未満で死亡の産児も届け出るよう定めた青森、産婆規制を定め産婆に堕胎を依頼するものがあれば住所氏名を届け出るようにとした栃木、懐妊五月目と臨月に戸長に届け出、流産や生児病死の場合は医師証文を添え戸長へ届け出るとした宮崎の三県のみ。それ以外の県は、具体的方策は出さずに、堕胎・間引き、捨て子は「厳禁」とする教諭をおこなっている。

こうした禁令は、堕胎・間引きを「厳禁」とせざるを得ないような「民俗」が近代初頭にも根強く残っていたことをうかがわせる。石崎昇子は、これら近代初頭の各地の堕胎禁止策は、習俗改編、生活規律の確立を奨励するために布告されたものであり、民衆の生活規律の確立と関係なく、ただ多産奨励から堕胎禁止策が行われた例は見られないとしている〔石崎昇子　二〇〇二年〕。

しかし、注意すべきことは、近世の人口増加政策としての堕胎・間引き取締りも、堕胎・間引き禁止のための教諭をその重要な一環とし、養育料支給も、養育困難というだけでなく勤勉な農民に支給することで養育への自助努力を涵養する、生活規律の確立という側面をもっていた点である。〈禁令〉に示された教諭も、近世以来の、そうした性格を引き継ぐものであり、多産奨励か、生活規律の確立かという二者択一では割り切れない性格を持っている。むしろ注目すべきことは、近代初頭の禁令には、近世には見られなかった変化が現れてくる点だろう。それは、本章が対象とする岡山県の禁令からもみてとれる。

岡山県では一八七五年（明治八）四月二八日に次のような禁令が出されている。

堕胎之儀ハ兼テ厳禁之所間々右ノ所業ニ及候者有之《これある》哉《や》ニ相聞以之外ノ事ニ付役筋之者差廻厳重取締為致《いたさせ》候条為心《こころえ》得《として》相違《そうい》置《おき》候事〔竹内利美・谷川健一編　一九七九年〕

さらに翌年三月一一日には区戸長に対し、「堕胎ノ儀ハ人生ノ巨害ニシテ」「最モ戒メ最モ禁セサル可カラサル」にも拘らず、この禁を犯す者がいること、その多くは貧しくて養育できないか、私生児を生むことを忌むもの〔貧窮ニシテ養育スル能ハス或ハ私和ノ上懐孕ニシテ公然分娩ヲ忌《い》ミ候等ヨリ出る者〕だとし、心得違いの者がないよう普く達するよう指示している。さらに「女子は教育ノ母トモ有之他日人ノ妻トナリテ子を教育スヘキ身分」であり、たとえ不幸にして夫と別れたとしても、「他人ノ救助ヲ請ハス自カラ其業ヲ以テ生計ヲ立テ孤子ヲ養育スルニ足ルヘク独リ孤子ヲ養育スルニ足ルノミナラス永ク名誉ヲ得テ世間ノ亀鑑トモ相成ヘシ」と、「独り」で子を養育すべき母の役割を強調する。

近世の堕胎・間引き取締りの禁令や教諭では、親の養育責任は説かれても母親の「教育」責任が説かれることはなかった。岡山の津山藩領内の神主が書いた間引き教諭書『子宝弁』は、生まれた子どもを愛し育てることは自然の摂理であり、堕胎・間引きは「家」の存続を危うくすると説くものの〔沢山美果子　二〇〇五年〕、母の「教育」責任を説くことはない。しかし、明治初期の岡山県の〈禁令〉では、堕胎の禁止と並んで、母親の「教育」責任が強調される。近代初頭の堕胎禁止の禁令は、近世同様、人々の性と生殖への介入をはかるものであった。しかしそこに、母親の「教育」責任が入り込んできていることに着目したい。

さらに「府県史料〈民俗・禁令〉」からは、性と生殖への介入に、衛生、医療の論理が入り込んでいることがみてとれる。「開明ノ良民」となるよう、新潟県（当時の相川県）が一八七六年に出した達の一〇条は「人間生死ノ事ハ素ヨリ天命ニヨリ医薬ノ外ハ決シテ保護ノ術無之モノニ候」と「祈祷」や「呪詛ニ惑」わず「医薬ヲ用フ」べきことを、一一条は、種痘を受けないのは「惑ノ甚シキモノ」とし「幼児アルモノ」は種痘を受けるべきと説く。

このように近代初頭の禁令は、性と生殖への介入という点で近世の堕胎・間引き禁止策と連続する側面を持ちつつも、母親の「教育」責任や、医療、衛生の論理が入り込んでいる点で新しい様相を呈す。これら医療、衛生の普及は、一面では、女や子どもをいのちの危険から遠ざけるものであったが、「衛生や保健に名を借りた私生活への介入」〔永原和子　二〇一二年〕に他ならないという二面性を持っていた。

(2) 「産み育てること」をめぐる人々の紐帯

次に、近代初頭の「産み育てること」の様相を『全国民事慣例類集』にみることにしよう。『民事慣例類集』(一八七七年〈明治一〇〉)、『全国民事慣例類集』(一八七九年)は、民法編纂の基礎資料の一つとして、「委員を各地方に派遣し、民間慣行の成例に渉《わた》る者を採録せしめ、之を編集した」ものである。一八七六年年五月に始まり一一月頃終了したこの調査は、民法の対象となる生活に焦点を当て、地域特性と身分差に留意し、三都のような中心地ではなく〝地方〟の慣行を集めた〔成沢光 一九九七年〕、過度期の様子がよくわかる〔長志珠絵 二〇〇三年〕史料と言える。

収集された慣行からは、出産を婚家、生家のどちらでするか、出生届の扱い、法律婚外や離別した場合の子どもの扱いなど、一八七一年に戸籍法が制定されてもなお、地域、階層により多様だった「産み育てること」の様相が見えてくる。そこには、産みの親以外にさまざまな仮の親子関係を結ぶ紐帯があった。

その一つに、宮参りには「実母」だけでなく「乳母」も「出生ノ子を抱テ氏神ニ参拝スル」(筑後国三潴《みずま》郡)(壱岐国石田郡)風習や、「子生レテ三日間五香湯ヲ飲シム、三日の後乳附《チツケ》とて悪疾なき婦人を選て始めて」(筑後国御井《みい》郡)乳を与える、「三日目ニ乳附ト唱ヘ親族ノ妻ノ子アル者ニ囑シテ哺乳セシム」(但馬国出石郡)など、乳母、乳附け親といった乳をめぐる紐帯があった。子どものいのちと成育は人々の紐帯のなかで保障されるものであり、子どもの養育責任は、授乳一つとっても、母だけが担うものではなかったのである。その背後には、失われやすい子どものいのちがあり、「産み育てること」をめぐる紐帯は、子どものいのちをめぐるセーフティネットに他ならなかったと言えよう。

では、近世から近代へ、明治維新以降、「産み育てること」という性と生殖をめぐる営みは、どう変化したのか、ミクロな地域に焦点をあててみていくことにしたい。

3　地域からみた「産み育てること」の重層性

ここでは、一八八〇年代への転換期の岡山県邑久《おく》郡（現、岡山県瀬戸内市）に焦点をあわせ、明治維新を挟む近世から近代への転換期に生きた人々の「産み育てること」の一端を探る。そのことは、明治維新とは何であったのかを、近世から近代への転換期に生きた地域の人々の側から問うことを意味する。

用いるのは幕末期から明治維新を挟んだ一八八〇年代までの、いずれも邑久郡の、一つは出産や子どもの通過儀礼に関する祝儀簿、二つは医者の処方の記録、三つは神職の日記という、それぞれ性質を異にする三種類の史料である。邑久郡という一つの地域に残された産育儀礼、医療、出産、育児を含む日常生活の日記という三種類の史料を重ねあわせ、かつ複眼的にみるとき、そこには、どのような「産み育てること」の近代が浮かびあがるのだろうか。

(1)　祝儀簿にみる近世から近代

最初に取り上げるのは、邑久郡福山《ふくやま》村の土松家に残された一八五二年（嘉永五）から一八八五年（明治一八）の「万嬉《よろずうれ》ひ遺取覚帳《やりとりおぼえちょう》」（邑久町史編纂委員会編『邑久町史　史料編（下）』二〇〇七年）である。その特徴は、近世末から近代初頭までの祝儀簿がひとまとまりのものとして残され、近世から近代への変化を追える点にある。ここには、出産や子どもの通過儀礼に関する祝儀簿も含まれ、近世から近代へ、産育儀礼がどのように変化したかを探る手がかりを与えてくれる。土松家は、一八五八年（安政五）の「五人組頭嬉ひ」の祝儀簿が示すように、幕末には五人組頭を務め、一八八〇年代には、その戸主、土松丈助が村の用掛や村会議長を務めるなど、幕末から明治初期にかけて、村の上層に位置する家であった。

「万嬉ひ遣取覚帳」に収められた祝儀簿（表1）の内訳をみると、幕末の祝儀簿は、一八五二年（嘉永五）から一八五八年（安政五）までの一三冊、明治以降は、一八七六年（明治九）から一八八五年（明治一八）までの二二冊と、明治以降のほうが多い。では、近世と近代を比較した時、どのようなことが明らかになるのだろうか。

まず眼をひくのは、出産をめぐる祝儀簿の名称そのものの変化である。一八五三年の「さん後嬉ひ附」（番号2、

表1　万嬉ひ遣取覚帳（1852～85年）

番号	年号	文書名	記載人数
1	1852年（嘉永5）4月	婚礼節	52
2	1853年（嘉永6）10月	＊さん後嬉ひ附	14
3		＊さん後嬉ひ	22
4	1855年（安政2）3月	伊勢参宮嬉ひ附	50
5	〃　11月	御花むけ	16
6	1857年（安政4）正月	＊長蔵初酉	12
7		＊長蔵初しようぶ	43
8		六十壱歳	20
9		忌中見舞	40
10	1858年（安政5）12月	五人組頭嬉ひ	44
11		初ほニ覚	15
12		母忌中見舞	34
13		母盆ニ	8
14	1876年（明治9）5月11日	おたみ餞別	20
15		婚礼之節	36
16	1878年（明治11）	おなか花むけ	19
17		＊松野産歓	10
18	1882年（明治15）	＊産歓	24
19		＊小正初ひな	18
20		伊勢参宮歓	7
21		餞別	1
22		＊紐落	14
23	1885年（明治18）	千代造餞別	15
24		＊出産歓	14
25		＊初雛たき野	7
26		＊たき野初正月祝	4
27		三十三祝	1
28		＊虎吾生	17
29		＊タキノ紐落	18
30		＊虎吾初正月	13
31		丈七六十一	14
32		＊武義初幟	3
33		＊武義初着	1
34		卯吉献（婚）礼	31
35		＊高義出産歓	8

注　＊印は出産，子どもに関するもの．

以下は表1の番号)、「さん後嬉ひ」(3)と「さん後」の名称が付された近世の二つの祝儀簿によれば、出産と産の忌明けの二回、祝いがおこなわれている。しかし、明治期になると、祝儀簿の名称は、「松野産歓」(17)、「産歓」(18)、「出産歓」(24)というように、近世の祝儀簿では「産後」であったのに対し「産」、「出産」に変化する。また「虎吾生」(28)、「高義出産歓」(35)のように、生まれた子どもの名前を付したものも登場する。

このように祝儀簿の名称からは、近世末には、産後の祝い、産の忌あけに重点が置かれていたのに対し、近代になると、出産そのもの、あるいは、子どもの誕生と名付けに重点が置かれるようになるという変化がみてとれる。では、「産後」から「出産」へ、産婦の無事の祝いから、子どもの名付けの祝いへの変化は、「産み育てること」をめぐる近世から近代への、どのような変化を物語っているのだろうか。

この変化の意味を考えるうえで、近世農村の祝儀簿の名称の変化に着目した太田素子の研究〔太田素子　一九九三年〕は示唆的である。太田は一八〇〇年(寛政一二)までは、「産立祝儀」「産屋祝儀」「産室祝儀」など産屋明祝儀が、それに対し一八〇八年(文化五)から一八九一年(明治二四)には、「平産祝」「出産見舞」などの出産や、そして赤子の名づけがなされる七夜の祝儀に比重が置かれるようになる変化を指摘する。とともに、その変化の背後に「出産と赤ん坊に対する何らかの意識の変化」と結び付いている可能性を指摘する。

近世の「産後」から近代の「出産」、子どもの出生へという祝儀簿の名称の変化の背後に、「出産と赤ん坊」に対する意識の変化があったのではないかとの指摘は重要である。歴史人口学の鬼頭宏は、近世後期の飛騨の過去帳から、産褥死と難産死は二一歳から五〇歳の女性の死因の二五%以上を占めていたと推計している〔鬼頭宏　二〇〇〇年〕。出産可能年齢の四分の一が出産で死ぬということは、近世の人々の身内や周辺には、出産で亡くなる産婦が数多くいたことを物語る。産後は、産婦にとって危険な時期であった。岡山の津山城下の一七八一年(天明元)から一八〇九年(文化六)年まで二八年間の産婦死亡の事例でも、産後に赤子が胎内から排出されない「無離胎」による死亡は、その四七％を占める。そのためだろう。これら津山の妊娠、出産をめぐる文書では、赤子が死んでも産婦が無事であれば「安産」と記されている〔沢山美果子　一九九八年〕。産婦のみならず、赤子も死にやすかった。歴史人口学では、近世後半の出産の一〇～一五％が死産、出生児の二〇％近くが一歳未満で死亡していたと推計している〔鬼頭宏　二〇〇〇年〕。

そうした女と子どものいのちをめぐる状況のもとでは、産後、とくに産後七日めの産の忌あけは大きな意味を持っていた。とするなら、明治以降、その名称が出産そのものの祝儀や名付けの祝儀に変化したことは、産婦死亡や乳児死亡といった女と子どものいのちの危険性が回避されるようになったことを示すとみることができるのではないだろうか。この点は、医者の処方の記録と重ねあわせ、さらに検討することにしたい。

幕末から明治以降への変化でもう一つ眼を引くことは、子どもの祝儀件数の増加である。子どもをめぐる祝儀は、近世末には、二件（6、7）だったのに対し、明治以降は一〇件（19、22、25、26、28、29、30、32、33、35）に増加する。しかも、そこでは、子どもの「生」、「初正月」、「初雛」、「初幟」、「初着」、「紐落」と、子どもの生育にそった祝儀がなされ、女の子の祝いが四件、男の子は五件と、男女双方の子どもへの関心の増大を見て取れる。それは、子どもたちの生育がより確実になるなかでなされた子どもの祝儀であった。

次に、祝儀の内容に目を向けると、産をめぐる祝儀の贈答品（表2）にも変化の様相がみてとれる。近世末の一八五三年（嘉永六）から一八七八年（明治一一年）までは、邑久という地域が瀬戸内海に面した地域であることを反映してだろう、贈答品の多くが、地元で多く採れる「いな」（ぼらの幼魚）、「ぼら」、「つなし」などの魚類でしめられる。そのほかの贈答品も、狭い地域内で生活に直結した商業活動が展開されていた邑久郡内で入手したと思われる、うどん（うむとん）、酒、松茸、餅などである。

しかし、一八八二年以降には変化がみられる。贈答品のなかに、「長州ちジミ」、「阿波チジミ」といった長州や阿

餅2										
葉餅1重、へにもめんはたき共	長州ちじミ、紅もめん8尺つつ	ちぢみ8尺	しぼり8尺	しほり1重、いりはせ1重	新ちりもよふ入2尺5寸	かね巾しま8尺、本京いり地しま8尺	かね巾かすり8尺	きしもん附かすり	げた2	金2円
	阿波チジミ11尺	阿部やカタビラ1丈3尺、1丈2尺	カスリカタビラ1丈2尺							

波の縮のほか、もめん、かすりなどの布製品や「阿部やカタビラ」といった商品、そして「金二円」など、商品流通をうかがわせる贈答品が登場する。このような変化は邑久郡だけのものではない。丹波亀岡の川関村（現、亀岡市千代川町）の八木家に残された一七九〇年（寛政二）から一九〇四年（明治三七）まで一三冊の安産もらい物帳からも同様な変化を見て取ることが出来る。近世の「安産もらい物覚」では白木綿などの反物、布地であったが、近代以降になると「ゆふき嶋」（結城縞）、「チ、ブ縞」（秩父縞）、「友染縮緬」（友禅縮緬）など遠方からの縞や縮緬、さらに「金弐円」などに変化する〔亀岡市文化資料館　二〇一三年〕。

こうした変化の背後にあったのが一八八〇年代以降の日本経済を支えた製糸・紡績などの繊維産業の発展である。開港から一八七〇年代前半まで綿布の輸入は非常に高い増加率を示していた。この輸入綿糸の導入は、開港後に埼玉、栃木、徳島などの新興綿布生産地域を形成する契機になるとともに、輸入綿糸の利用は、製品の価格低下を通じて潜在的な綿布需要を顕在化させることとなる〔谷本雅之　二〇〇〇年〕。近代以降の祝儀簿の中に、白木綿ではなく秩父、阿波、結城など各地の木綿が贈答品として多く登場する背景には、こうした変化があった。

また、明治維新によって中央政府が樹立され、中央集権体制が発足するにともなって、人の動きや物質の動きも活発となる。明治になっても、近世と

表2　産をめぐる祝儀の贈答品の変化

年代	史料名	贈答品名								
1853年（嘉永6）10月	さん後嬉ひ附	せい7	つなし48	赤めはる27	ほそ12	いな7	はね1	小たなご19	うむとん1.5	
1853年（嘉永6）10月	さん後嬉ひ	せい53	つなし10	小めばる5		いな30	はね1	あい16	酒2升	松茸
1878年（明治11）	松野産歓	せい14	にへ3	赤めはる5	さば1	いな5	中たい1			
1882年（明治15）	産歓	はぜ25	中にべ1	めばる1	げた2	中ひら2	中鯛1		うむとん1	□大はり1
1885年（明治18）	高義出産歓	黒はせ5							ウむどん2	

変わらない状態が続いていた邑久郡の道路も、拡張や新設をめぐる道路改良工事が強く要請され始め、一八八〇年に道路改良工事に着手する（邑久町史編纂委員会編『邑久町史　通史編』二〇〇九年）。

贈答品の変化は、これら一八八〇年代以降の布市場の成立や流通の展開と連動していた。では、こうした流通の展開は、「産み育てること」をめぐる情報網の展開でもあったのだろうか。また、祝儀簿にみられる出産や子どもへの意識の変化の背後には、女と子どものいのちをめぐるどのような変化があったのだろう。邑久郡の医者の処方の記録の中にさらに探ってみることにしよう。

(2)　中島家の処方の記録と出産

取り上げるのは、邑久郡北島村の医者、中島哲《たもつ》の一八七九年の処方の記録「処剤録」である。この記録は、一八七九年一月二二日から翌八〇年の二月八日までの旧暦で区切られ、医者のレベルでも、いまだ旧暦の世界が展開していたことを示す、過度期の処方の記録である。

北島村（近世には北地村）で代々、在村医として医療活動を行った中島家は、産科との関わりの深い家であった。二代の宗仙（一七五九〈宝暦九〉～一八二五〈文政八〉年）は、京都の吉益南涯に古医方と産科・外科を学び、四代友玄（一八〇七〈文化四〉～一八七六〈明治九〉）は、天保期、京都に遊学し、本格的に賀川流産科を学ぶ〔岡山県医師会編　一九五九年〕。

一八六五年（慶応元）、友玄は、邑久郡内の有志の医師一六名とともに、種痘が急務であることを説き、郡中に除痘館を設ける事を進言している。その口上書には、一八六四年（元治元）、天然痘の流行で多くの者が死亡したが種痘を受けた者は感染せず、「仁術の妙」に「医家一緒感心」したため、「御郡中に除痘館」を設け、「医家交代ニ而病児之数を計り」種痘するとある〔『慶応元丑年　種痘諸事控　中島氏控』邑久町史編纂委員会編『邑久町史史料編（上）』二〇〇七年〕。口上書で興味深いのは、種痘により子どものいのちを守ることが「嬰児之幸福」になるということが強く押し出されている点である。この願いは、早速許可され、翌一八六六年（慶応二）二月に、神崎村の佐渡屋庄右衛門宅を借りて邑久郡除痘館を開設している。岡山の藩営の除痘館が設置される一八七〇年より五年早い設置であった。種痘を受けた子どもには、七日間、神験保赤丸という飲み薬を服用させたようだが、七歳までは五粒、八歳以上は一〇粒と、年齢に応じた服用量を定めていることからも、子どもへの配慮がうかがえる。除痘館の設置は、子どもの死亡率を低める結果になったと思われる。

六代目が中島哲である。先にも述べたように中島哲の記録は旧暦で記され、人々の生活が、いまだ旧暦で刻まれていたことを物語る。同様に、記載方法も近世と地続きである。「処剤録」には、「日付・薬名・代価・住所・氏名」と、医者自身の日々の施療、患者への投薬が記録される。患者名は、家長名を中心に、家長の児、内（妻のこと）、娘、母、妹、女、男など、あくまでも家長との関係で記載される。こうした記載の仕方は、美作国東南条郡籾山村（現、岡山県津山市）の在村医、仁木家に残された一九世紀前半の処方の記録「主方録」（一八一七年〈文化一四〉）、「処剤録」（一八四三年〈天保一四〉）や、同じく美作国久米北條郡錦織村《にしこり》（現、岡山県美咲町）の女医、光後玉江の一八八〇年から一九〇二年までの処方の記録「処剤録」の場合も同様である〔沢山美果子　二〇〇五年〕。いわば一九世紀前半から二〇世紀初頭までの岡山地域の在村医の処方の記録は、どれも同じ記載形式をとっており、そこには「家長」を中心とする「家」意識がみてとれる。

こうした近世の記載様式を受け継ぐ中島哲の「処剤録」は、個人の病歴と医者の診断の所見の記録である近代のカルテとは性格を異にする。そのため、診断を受けても投薬を受けなかった患者は記載されていない可能性があり、個々の患者の具体的な症状、病名や通院、往診の別もわからない。また、光後玉江の「処剤録」には、女性の名前が記載されている場合もあるが、中島の記録には記載がない。ただし患者が死んだ場合は、その名が記載されていることもある。一八七九年の「処剤録」にはコレラで死亡した新村の徳三の、おそらく娘である「滝」「春」の名が記載されている。が、この場合も、死んだ徳三の妻については「徳三内」とのみある。

しかし「処剤録」は、女性一人ひとりの病歴の記録ではないものの、日々の施療記録から女性の受診状況や出産をめぐる状況を知ることができる。「処剤録」に書き上げられた患者の総数は四八〇名、うち男性が約四五％、女性が約五五％と、女性が半数以上を占める。しかも、岡山や小豆島など遠方からの患者のほとんどは女性であり、中島哲が、産科医として優れた技量の持ち主であったことがわかる〔邑久町史編纂委員会編『邑久町史通史編』二〇〇九年〕。

この病名が記されていない「処剤録」に例外が二つだけある。一つはコレラ、もう一つは出産である。コレラは、日本には一八二二年（文政五）にはじめて〝上陸〟し、開国後の一八五八年（安政五）からたびたび流行する。イギリスなどが治外法権を盾に自国船に対する日本の検疫を認めなかったことがコレラ流入の一因だった。コレラは、強い感染力と二、三日で死に至る急激な病状変化のため「コロリ」とも呼ばれ恐れられた。とくに一八七九年、八六年は、日本史上最悪のコレラ大流行の年であり、一〇万人を超える死者が出た。多くの死者を出した日露戦争の死者が約八万人というから、コレラによる死者の数の多さ、そのことにいかに人々が恐れおののいたか、想像できよう〔牧原憲夫　二〇〇六年〕。

ところでコレラ大流行の一八七九年の「処剤録」には、先に記した新村の徳三の妻と二人の娘の処方の記録も含め「虎列剌水《これら》」という薬品名が四ヵ所にみえる他「石炭酸」などを処方した記録がある。そこに浮かびあがるのは、家族内での感染の拡大と死者が次々に出ている様子、そして医者がさまざまな処方を用いて死を食い止めるべく懸命に努力している様子である。この年は、月別患者数でも夏場の患者数の増大が見られ、コレラ流行の影響がうかがえる。コレラという急性伝染病の流行は日本における衛生行政本格化のきっかけとなっていく出来事であった。以後、国家、地域の安全を前面に出した「衛生」が時代のキーワードとなり、医者がその担い手として位置づけられていく。

次に出産の記録だが、一八七九年の「処剤録」（図1）には難産の記録が一件、「順産」の記録が六件記載されている。近世には、難産は医者、平常産である順産は産婆という棲み分けがなされていた。しかし、処剤録からは、女性たちが、順産であっても、医者にかかっていたことがみてとれる。次にあげるのは、難産、そして順産の記録である。

二十二日
一、逍遥散三　壱円五拾銭　大富　久介内
　横産回生
十一日　順産両全術
一、　達生散三一　〆拾九貼
　当匂三六六　外ニサフラン二分　百田　茂次郎内
　サフラン二分　壱円五拾銭入

この二つの事例からは、どのようなことが読み取れるだろう。まず病名だが、横産回生とは、胎児が横向きになって母体から排出されない時に、母親のいのちを救うため強制的に胎児を取り出す施術、順産両全術とは、胎児の姿勢

図1　処剤録

を直して分娩させ母子ともに救う施術をさす。この年の「処剤録」には、そのほか「順産両全術」と記載された事例が一件、「両生術」が一件、「順産指術」が三件ある。

「横産回生」「順産指術」「順産回生」という用語は、近世中期に京都の賀川玄悦が創始した賀川流産科術の用語である〔杉立義一　二〇〇二年〕。回生術とは、文字通り母体生命の回生のための術であった。しかし母体を救うためとはいえ、また原則としては、すでに胎児が胎内で死んでいる死胎の場合に限るとはいえ、難産に際し、胎児を鉄鉤《てつかぎ》で切り砕いて引き出す回生術は、その残酷さゆえに賀川流の秘術とされた〔落合恵美子　一九八九年〕。その後、鉤を使わず、手指で娩出させることで母体を救う双全（両生）術の実現へと、その努力が向けられ、横産の場合、「鉤ヲ用ルニ及ハス……手術ニ掛ルヘシ」〔『達生図説』緒方正清　一九八〇年〕と手術と薬で母子ともに救う術が編みだされていく。

哲の「処剤録」に記載された「両全」「両生」「指術」といった用語からは、賀川流を学んだ友玄を通して伝えられたであろう、近世の賀川流以来の産科が蓄積してきた術の行使がうかがえる。さらに「両全」「両生」と、母子とも安全だったことを意味する用語からは、出産への医者の関与が、出産の危機を回避するものであったことが読み取れる。

さて、この「処剤録」の中で出産に際しもっとも多く用いられている薬は「サフラン」である。サフランは、仙台藩塩釜の産科医、遊佐快真が天保年間（一九世紀前半）に創ったとされ、現在も販売されている婦人薬「さふらん湯」と同種のものだろう。「さふらん湯」の効能書には、遊佐家は、「衆医手をつかねたる難産」についても「秘帳置所の安産軽手術を施」すことができる医者であり、「さふらん湯」は「母子健全に救ひ産婦の精力を養」い母子ともに救うとある〔沢山美果子　一九九八年〕。サフランは、光後玉江の「処剤録」にもよく登場する薬であり、近世以来効能があるとされた薬は、近代初頭にも用いられていた。

一八八〇年代、この地域では多くの売薬が販売される。明治初年に、堕胎との絡みで禁止された売薬が一八七七年に解禁されたためである。なかでも多かったのが産む女の身体や出産に関わる薬であった。邑久郡長船《おさふね》村の守時重太郎が一八八二年（明治一五）に薬種商の免許を得て製造販売した「月経不順の薬」である「月さらゑ」、邑久郡の隣の和気で販売された「産前産後血の道一切」に効き、安産を保障すると謳う「八竜薬王湯」、安産の妙薬「天本湯」などがそれである〔和気医療史刊行会編　二〇〇三年〕。一八八〇年一一月三日の『山陽新聞』紙上に、店主神崎祐《かんざきすけ》一郎《いちろう》が出した「安産妙薬　天本湯」の広告では、出産には「難産」の危機、「命脈ヲ絶ツニ至ル」危機があるので、妊婦は、まずこの薬を飲んで試してほしいとある。そのほか、和気郡伊部村の佐藤家の「さんのかるいくすり　官許家伝安産湯」は、近世以来の長い伝統を持つ「家伝」であると同時に、近代国家によって「官許」された薬であることを謳い、一八八〇年代に、岡山全域、さらに四国にも販路を伸ばしていく〔和気医療史刊行会編　二〇〇三年〕。

光後玉江も一八八八年（明治二一）八月一日、岡山県知事に「売薬検査願」を出し、翌二日に内務省の免許を得て家伝薬「仙傳婦王散」「仙傳婦王湯」を製造、販売している〔沢山美果子　二〇〇五年〕。近代以降は薬も国家によって「官許」されることが必要となり、また「官許」であることは、その効能を保障するものとなっていく。

一八八〇年代という時期は、出産への医者の関与や出産をめぐる薬の流布にみてとれるように、女のいのちや身体、出産の危機の回避への人々の関心が、国家の衛生政策と結び付く形で高まっていく時期であった。中島の「処剤録」は、その一端を写しだす。

(3)　業合日記にみる近世と近代の重層性

最後に取り上げるのは、邑久郡最大の郷社、北島村の豊原北島神社神職、業合《なりあい》年緒の日記（図2）である。一八二三年（文政六）生まれの年緒は、幕末期に二〇代から三〇代を過ごし組頭もつとめている。四五歳で明治維新を経験し、一八七三年には訓導に任命され戸長会にも関わるなど近代化の一端を担い、一九〇〇年、七七歳で死去した年緒は、文字通り近世から近代への転換期を生きた人物と言える。その意味で年緒の日記は、人々にとって近代とは何であったかを知る手がかりを与えてくれる貴重な記録と言える。日記は、一八八二年から一八九八年の一六年間のうち、一一年分が残存している。なかでもここでは、他家に嫁いだ年緒の娘が産後死去し、残された赤子を業合家で引き取り育てる経緯が記された一八八二年の日記を中心に、赤子が三歳を過ぎる一八八六年までの日記を用いる。

日記には、人の出入り、天候、もてなし料理や産育儀礼、品物の値段などのほか、冠婚葬祭、贈答品、買い物、使用人の日雇労働、家族や自分自身の不調、家族、親戚の出入り、そして神職としての歳時など、生活の様々な側面が記録され、人力車など新たな生活スタイルが入ってきていることも垣間みえる。まさに「近代社会成立期における生活のあり様を如実にうかがい知ることができる」〔邑久町史編段委員会編『邑久町史　史料編（下）』二〇〇七年〕

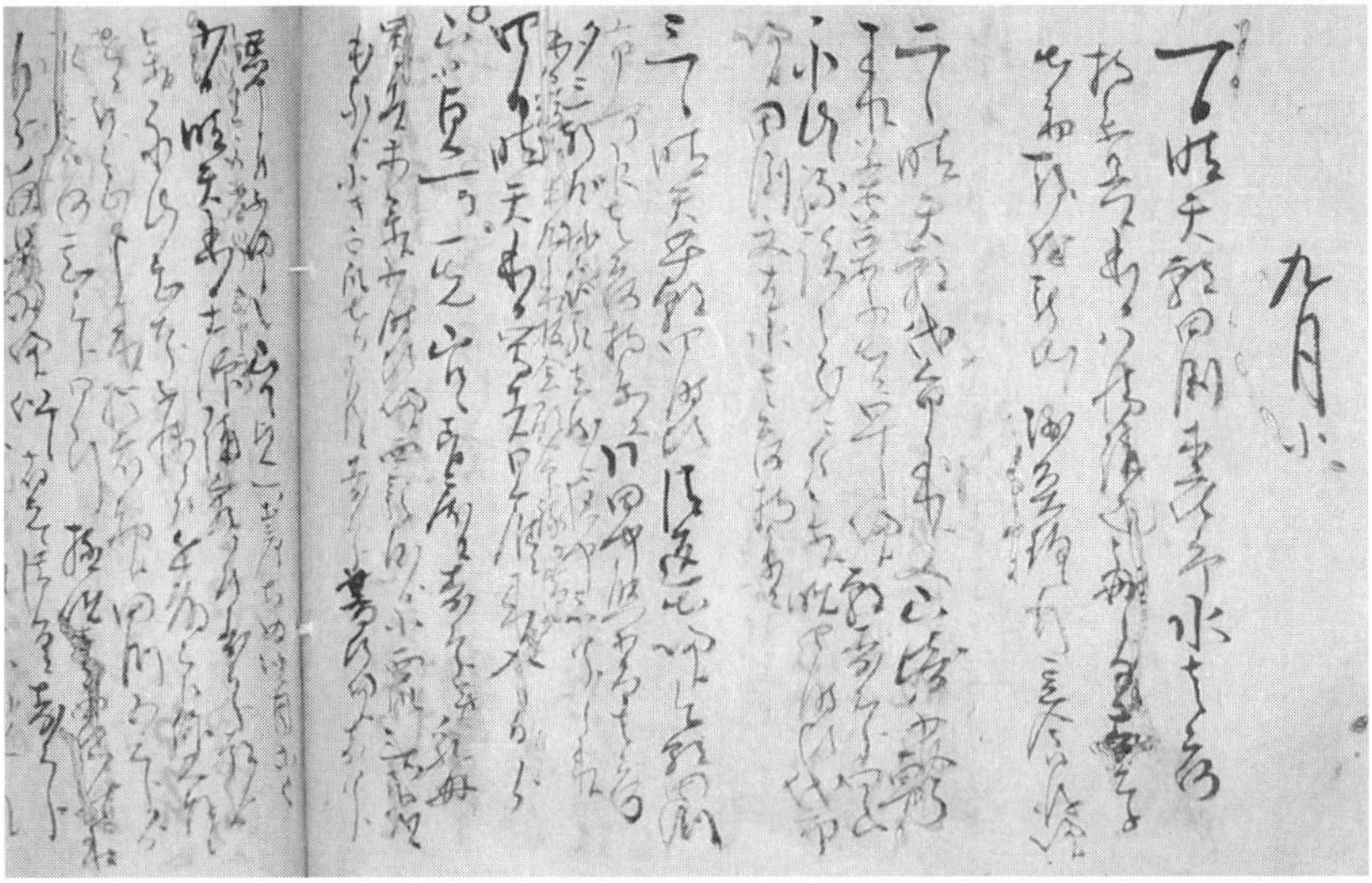

図2　業合日記

記録である。

「明治一五年日記」は「一日　朝四時三十分ニ起、家族年頭ヲ賀シ、毎之通朝祝賀到ス」という記述から始まり、中島哲親子が年始に訪れたことも知れる。新暦で記された日記には時間も正確に記録される。年緒の日記のこうした特徴は、武蔵国橘樹《たちばな》郡長尾村の鈴木藤助《とうすけ》が、ペリー来航をきっかけに、一八五三年（嘉永六）六月から一八九九年一月までの幕末から明治期への三五年間、ほぼ毎日書き綴った日記〔白石通子・小林博子編、鈴木藤助日記研究会編　二〇〇一年〜二〇一〇年〕と比較するとき、より明らかとなる。

年緒より一二歳年長の一八一一年（文化八）生まれの藤助の日記は、一八八七年までの日記のすべてに、日付のほか、「九日発卯先負開運出世」など、干支日・暦日が記載されている。村役人であった藤助にとって村の歳事や村民の吉凶感を規定する干支日・暦日は、欠かせないものであった〔井上攻　二〇一一年〕。他方、藤助の日記では「夜ニ入テ」など時間の記述は曖昧である。それに対し年緒の日記では、正確に時間が記される。時計は文明開化を象徴するものの一つであった〔西本郁子　二〇〇六年〕。

近代国家は、暦と時間の改編に取り組み、欧米先進諸国と同一のグレゴリオ暦と全国共通時間を採用し、民間に流通していた仏滅・大安・友引などの「六曜」や吉凶、日の出・日の入り時刻など生活に関わる情報に満ちていた旧暦は統制の対象となった〔長志珠絵　二〇〇三年〕。しかし、藤助の日記には従来通り旧歴が記載されている。では年緒の日記はどうかというと、大半は新暦で記されているものの、「二月十八日（「今日ハ旧暦之正月朔日也」）」というように旧暦の記述も入り込んでいる。ここからは、近代国家による改暦によって禁止されてもなお、近世社会の中で人々の生活のサイクルを刻んできた五節句や歳時が、新暦に読み替えられて存続していたことが見て取れる。しかもこうした新暦への読み替えは、必ずしも国家の時間の浸透を意味しないことが、年緒の日記からは見えてくる。

近代以降に新たに定められた「国家の時間の区切り」〔長志珠絵　二〇〇三年〕の中で、国民統合のための重要な位置をしめたのが祝祭日である。しかし日記に記されているのは、「神武天皇ノ大祭典也」という一か所のみであり、しかも「紀元節」とは記されていない。また天皇誕生日である天長節は「旧暦の廿三夜」とあるだけである。そのうえ、年緒は「神武天皇ノ大祭典」は息子の寿太郎にまかせ、自らは朝も昼も近隣の家の「宅祭」に行っている。神職である年緒にとってすら、神道による国民教化の一環である神武天皇祭よりも、地域の人々の「宅祭」のほうが重要であったのである。

次に着目したいのは、娘のお定《さだ》（さた）と夫である邑久郡東幸西村の山口代市の間に生まれた貞一をめぐる記述である。一八八二年二月一〇日の日記には、山口家の「老母」が数日お定に物も言わない「分外之仕方」をしたうえ、舅の孫平と夫の代市が、「担棒ニ而弐三十も打擲」する「甚以不埒」なことが起きたと記されている。年緒は、それまでも山口家には色々不満があった。そのうえ、お定は出産間近であった。年緒の長男で、お定とは一二歳年の離れた兄の寿太郎は、すぐお定を連れ帰ると言い、「お定之分色々掛合」ったが、仲裁人も来て断わりを言ったため、この時はそのまま戻っている。この「掛合」なるものが、お定の離縁をさすのか否かは不明である。しかし一二日には、孫平が土産を持参し「お定送籍願之事」で業合家を訪れ、翌一三日の朝には、寿太郎が「お定願之事」で、北島村の戸長である渡辺家に出かけている。『全国民事慣例類集』によれば、山陽道では「双方役場ニ送受籍ヲ為スヲ証トシ別ニ離縁状ト云フコトナシ」とある。また妻の離婚請求権が制限される明治民法の制定は、一八九八年であり、まだこの時期の離婚率は高い。それらを考えあわせると「お定送籍願之事」の「送籍」とは、お定が離縁を申し出たための「送籍」ではないかと思われる。しかし「送籍」には至らなかったようだ。

二月二八日、お定は産気を催し、母親のお寿が呼ばれている。「安産」であった。安産の知らせは業合家を訪れた孫平によってもたらされている。三月五日には七夜の祝いと名付けが行われ、かねてから山口家に名付けを頼まれていた年緒は、「富太郎・保吾・貞一・政治・宗平」の五つの名前から選ぶよう山口家に伝えている。選ばれた名前が「貞一」である。しかし、お定の産後の肥立ちは悪かった。三月一〇日、業合家からの使いの者にお定は実家に養生に行きたいと伝えるが、舅が承知しないため、翌一一日、寿太郎が掛け合いに行き、老母も抱えた山口家ではお定の看病も行き届かないと、お定を実家へ連れ帰り看病している。実家に戻る際には、夫の代市と取り上げ婆も同行しているからお定の出産は取り上げ婆によるものだったようだ。それから約一月後の四月二二日、お定は、山口家が雇った子守とともに再び山口家に帰る。しかしその約四か月後の八月一四日、お定は産後五か月で死去している。業合家に残された一八七〇年四月の「人別幷家数御改帳」から推計すると、このとき、お定は、まだ二〇歳の若さであった。お定の産前から死に至る年緒の日記は、お定の産後の肥立ちの悪さとその結果としての死は、お定の嫁ぎ先の「家」での苦労も関係していたことを思わせる。

その後日記には、生後五ヵ月で母を亡くした貞一を、夫の代市と業合家で、どのように養育していったかが、細かく記述されていく。ここではとくに貞一の養育をめぐる人々の紐帯に焦点をあてて追ってみたい。

(4)「産み育てること」をめぐる紐帯

乳児にとって乳は欠かせない。八月一五日にお定の葬式を済ませた翌々日の一七日、夫の代市が乳母探しの件で業合家を訪れ、一八日、代市は、寿太郎と共に、乳母がいると聞いた村まで出向いている。が、乳母はみつからなかったようだ。二九日、代市は再び「乳ノ事相談」に業合家を訪れ、九月一日には、「貞一ノ布団・ムツキ」そして牛乳を持参している。

この地域には、乳母を斡旋する口入屋のようなものはなく、地域のネットワークを通じた乳母探しがなされている。乳母を雇うにあたっては、「乳母之親血伝聞合ニ行」など親族の血筋調がおこなわれ、雇うことが決まると請状、請判をとっている。香月牛山の『必要記』にもみられるように、近世以来、乳母選びには注意が払われ、無病で家系にも問題がない者を選ぶことが重要とされた〔島野裕子　二〇一二年〕。

それだけではない。乳の質にも注意が払われた。「貞一ノ乳母也」として最初に日記に登場する乳母は、一八八三年七月二五日に雇われた粕谷道太郎の妻である。しかし、八月一〇日、この乳母は、自分の子どもが下痢のため実家に帰り、翌日の一一日には新たな乳母探しが行われる。この間、貞一は頻繁に医者に掛かっており、その原因は乳母の乳にあると考えられたのだろう。一二日の午前中には藤井松雄、夕方には河合林冶という二人の人物が「乳母ノ事」で業合家を訪れ、一三日に乳母の血筋についての聞きあいがなされた結果、一四日には新たな乳母として「上道郡浅越村何某」の妻がやってきている。しかし、この乳母も、雇われて二ヵ月ほどたった一〇月一七日、寿太郎と「訳有」だというので、乳母の親類や乳母の請状、請判をした者と業合家の間でもめごととなり、一九日にやめている。乳母選びにも、また乳母を雇ってからも、様々な困難があったことがうかがえる。

日記からは、この二人の乳母のほかに、業合家の雇い人である新吉や日雇労働に来ている和吉、嘉吉の妻たちから貰い乳をしていること、それに対し代市が「乳ノ挨拶ニ綿毛綿子供ノ表地」や「角煎二袋ツヽ」を送るなどの謝礼をしていることがみてとれる。その他に子守も雇っている。日記には、山口家で雇った子守のほか、お冬、槙野、三津蔵、おはる、四名の子守の名が記されている。この五人の子守のうち、給金が記されているのは、一八八三年一月九日に代市が槙野に払った七円である。年緒の孫、お峰の紐落の際に購入した「緋縮綸子帯」が一円八〇銭だから、七円という給金は、子どもへの駄賃といったものではなく、子守労働への対価という性格を持っていたといえよう。このように、貞一の養育は、乳母、貰乳、子守によってなされた。

また貞一の病気には生田良順、中島哲などの医者たちが関与している（表3）。とくに貞一が一歳六ヵ月の夏場には、往診、通院、薬を貰うなど頻繁に医者にかかっており、父親の代市も見舞いに訪れている。そこには、いのちが失われやすい乳児期の子どもへの両家の関心の高さがみてとれる。もっとも、近代初頭のこの時期、医者といえども、子どものいのちを守れない状況があった。一八八二年九月三日には、生田良順の子どもが死去し、年緒は、生田家へお悔みに出向いている。

そのほか日記には、寿太郎の娘、年緒の孫であるお峰の紐落の祝い、貞一の破魔弓の祝い、そして地域の子どもの紐落の祝いなどの成育儀礼も記されている。紐落は、年祝いの一つであり、幼児に付紐の無い着物を着せて初めて帯を締めさせ、宮参りをさせる儀礼である。日取りは、霜月一五日（一一月一五日）を中心とし、正月、誕生日などを当てることもあった〔福田アジオ他編　二〇〇〇年〕。お峰の紐落の祝いは新暦の一月一日におこなっている。また破魔弓は、子どもの成長の無事を祈り、呪具として男児の初正月や初節句に母親の里方から送られるが、貞一の場合は、旧暦の正月に行われている。子どもの成育儀礼をめぐっても、新暦と旧暦が混在していた。年緒は、地域の子どもの紐落の祝いにも関わり、白足袋一足をお祝いとして送っている。このように地域には、成育儀礼に象徴されるような子どものいのちを守るためのセーフティネットが存在していた。

日記からはこのほか、寿太郎の妻、八重の出産に医者が関与していたことも知れる。一八八二年八月二六日の日記

表３　貞一の受診記録

年月日	貞一の月齢	往診	通院	薬	備考
1883年（明治16）					
3月7日	1歳1ヵ月	中島哲		薬一服	代市見舞いに蜜柑沢山持参
7月24日	1歳5ヵ月	生田良順	生田良順		貞一夜前三度下痢
8月1日	1歳6ヵ月	生田良順・中島哲			代市，朝来る
8月4日	1歳6ヵ月	生田良順			貞一の見舞い
8月5日	1歳6ヵ月			煎薬一服（生田から取り寄せ）	
8月10日	1歳6ヵ月		生田良順	丸薬三服	
8月14日	1歳6ヵ月		生田良順	丸薬三服，煎薬一丁	代市来る
8月16日	1歳6ヵ月		生田良順	キナエン三服	乳母同行
9月14日	1歳7ヵ月		生田良順		貞一不快
9月24日	1歳7ヵ月		生田良順		乳母が薬をとりに
10月3日	1歳8ヵ月		豆田松平	粉薬12服，丸薬3服	乳母同行
1884年（明治17）					
1月11日	1歳11ヵ月		生田良順		貞一不快，代市来る

には、お八重が「少々産気ニ付」、「幸ノ事」にちょうど居合せていた中島哲に「見せ」たとある。この日は、朝、使いをやって生田に往診を頼んだが入れ違いとなったため、中島に頼み「煮薬三服」を取りよせたのであった。日記には、暮頃に生田がやってきたこと、晩にまた生田に人を遣わして薬を取りに行かせ、丸薬を用いるや否や出生したことが記されている。

八重は、翌八三年九月六日にも出産しているが、「安産也、尤小児八月不満故不育」とある。出産により母のいのちが失われやすかった近世には、子どもが死んでも母親が無事であれば「安産」とされたことは先にも述べたが、ここにあるのは、それと地続きの意識である。六日には、「出産後腹痛」の八重のため、中島から「煎薬弐服」を取り寄せ、八重は九日には全快している。このように、八重の出産と産後には、中島、生田の二人の医者が関わり、薬も用いるなど、母体の安全が図られている。一八八〇年代初頭には、業合家のような上層の家では、医者が出産に関わることで、出産と産後の安全を図るような状況が生まれていた。

このように日記からは、母を亡くした貞一の養育をめぐる、年緒、そして代市と、母方、父方双方の様々な努力、そして、乳児のいのちを保障するための乳母、貰い乳、子守、医者、さらには成育儀礼を通した人々の紐帯がみてとれる。お定の妊娠中には、離縁の話まであった両家の関係、とくに年緒と代市の関係が、貞一を中心に結ばれていく様子は、お定が、遺された者たちに託した貞一をめぐる人々の紐帯といえるかもしれない。しかし、その一方には、お定の産後死、お八重の月不足の胎児の死、医者である生田の子どもの死など、いまだ母にとっても子にとっても厳しいいのちの状況が存在していた。

おわりに

では、人々にとって「産み育てること」の近代とは何であったのだろうか。幕末から明治維新を挟む近代初頭の過渡期に九人の子どもを産み育てた福澤諭吉の子育て論は、少産から多産へ、「家」から「家庭」へ、乳母養育から母の養育と授乳の重視へといった近世から近代への「産み育てること」をめぐる歴史的変化を象徴的に示す。

しかし、地域に生きた人々の側に目を向けると、近世から近代への変化は、福澤に象徴されるような単線的なものではなく重層的なものであったことがみえてくる。「府県史料〈民俗・禁令〉」や「民事慣例類集」からは、近代国家の枠組みが制定されてもなお、堕胎・間引き、捨て子を「厳禁」とする禁令を出さざるを得ない地域の状況、そして母親の育児責任や衛生を強調する近代国家による性と生殖への介入と、近世以来の性と生殖の世界が連続していた地域との間のせめぎあい、また戸籍という形で個々の家を把握しようとする近代国家に対し、地域には、失われやすい子どものいのちを守るために、近世以来の「産み育てること」をめぐる多様な紐帯が生き続けている重層的な状況がみえてくる。

さらに、一八八〇年代への転換期の岡山県邑久郡に生きた人々が残した記録からは、幕末から明治初頭へ、出産や天然痘などで失われやすかった女・子どものいのちの危険が、人々の女・子どものいのちへの願いを背景に、医療や薬、種痘によって回避される状況が生まれてきていたことが浮かびあがる。とともに、生まれて間もなく母を亡くした子どもの養育に象徴的に示されるような、乳母、貰い乳、子守、といった地域のネットワークをはじめ、近世以来の様々な「産み育てること」の紐帯が、子どものいのちを守るためのセーフティネットとして機能していたことがみえてくる。

では、「産み育てること」の近代は、その後、どのように展開していくのか、とくに「産み育てること」の紐帯をめぐるその後の歴史的変化をめぐる見通しについて、最後に触れておく。

一八八〇年代半ば、女性たちの啓蒙を意図した『女学雑誌』は、母親たちが乳母や子守に子育てを任せる状況を批判し、乳母ではなく「本母」の乳で養うことを説く。しかし、その一方で、一八八八年（明治二一）に職業斡旋のために設けられた「交詢案内新設の事」（九八号）では、教師や髪結などとともに、「うば」の募集がなされている〔石橋順子　二〇一〇年〕。一八八〇年代という時期は、母による育児が強調され乳母が否定される一方で、乳母が職業として存在しているという、まさに過渡期であった。

こうした過度的状況は、一八九〇年（明治二三）に刊行された手紙用例集兼女性用手引書『実地応用新撰貴女用文』（図3）からもみてとれる。一般に広く流布したこの書は、岡山地域の上層農民の蔵書にも、その所蔵を確認できる〔有元家文書　岡山県記録資料館蔵〕。そこには「幼児は母の乳のみにて育つもの」「乳不足なる時は牛乳を少しずつ呑すべし」と母による授乳が説かれる一方で、用例文には「乳母をたのむ文」が記される。「先日雇ひ入候乳母この頃ちゝ不足になり、医者の検査を受けさせ候処、性質の宜しからぬよしゆえ、いとま遣わし、只今ハ牛乳のみにて養ひ居候へども、不自由にて困り入候て、もし然るべきうば、御こころ当りも候ハヾ御世話下されたくねがひ上候」という文からは、乳母養育の意味づけが、衛生、牛乳、医学との関係で、重層化している様子がみてとれる。

図３『実地応用新撰貴女用文』

一八八〇年代には、『女学雑誌』に代表されるような女性雑誌の言説空間では、ホームとしての「家庭」という近代家族像や「家庭の天使」という新たな子ども像、育児に専念する母親像が説かれていく。しかし地域にあっては、上、中層の「家」の妻たちが、乳母や子守を雇うことは、ごく当たり前の事であった（沢山美果子二〇一三年）。こうした状況は、岡山地域の場合、一九〇〇年代初頭になっても続いていく。そのことは、一九〇三年頃（明治三六）、邑久郡牛文《うしふみ》村の入江家に嫁ぎ出産した娘、千代にあてた実家の母の手紙（入江家文書　岡山県記録資料館蔵）からもみてとれる。手紙からは、子守を雇い子育てをしようとする千代、地域のネットワークを使って子守奉公人を探す実家の母、そして、「百姓なさずげんじゆうなる内なれば、いつ迄なりとも」（百姓をせずに済みしっかりした家ならばいつまでも子守奉公をしたい）と自らの希望を述べる一三歳の子守奉公人の姿が浮かびあがる（沢山

美果子　二〇一一年）。

このように地域の側から「産み育てること」の近代を見るとき、そこには決して単線的ではない重層的な展開の様相が浮かびあがる。しかし、日本における少産少死社会の起点となる一九一〇年代から二〇年代、都市に新しく形成された新中間層家族の、「産み育てること」（沢山美果子　二〇一三年）は、歴史的に形成されてきた、子どものいのちをめぐるセーフティネットとしての様々な紐帯とは切り離された「家庭」の、とりわけ母親の、閉鎖的な営みとなっていく。

参考文献一覧

〈史料〉

「入江家文書」（岡山県立記録資料館）
「慶応元丑年　種痘諸事留」「中島家文書」（邑久町史編纂委員会編『邑久町史　史料編（上）』二〇〇七年）
『実地応用新撰貴女用文』「有元家文書」（岡山県立記録資料館）
「豊原北島神社業合年緒の日記」（邑久町史編纂委員会編『邑久町史　史料編（下）』二〇〇七年）
「中島家文書」（岡山県瀬戸内市）
「業合家文書」（岡山大学附属図書館）
「八木家文書」（八木皓至氏蔵）
「万嬉ひ遺取覚帳」「土松家文書」（邑久町史編纂委員会編『邑久町史　史料編（下）』二〇〇七年）

〈著書・論文〉

石崎昇子「明治維新と生殖倫理」（黒田弘子・長野ひろ子編『エスニシティ・ジェンダーからみる日本の歴史』吉川弘文館、二〇〇二年）
井上　攻「幕末維新期の農村日記活用」（『日本歴史』七六〇号、二〇一一年）

岩本通弥「民俗・風俗・殊俗」（宮田登編『現代民俗の視点三　民俗の思想』朝倉書店、一九九八年）
――「『民俗』を対象とするから民俗学なのか」（『日本民俗学』二一五号、二〇〇一年八月）
大島晃一「幕末期における陸奥国一関藩の家中と城下」（『一関市博物館研究報告』第六号、二〇〇三年）
太田素子「近世農村社会における子どもをめぐる社交」（『国立歴史民俗博物館研究報告』第五四集、一九九三年）
緒方正清『日本産科学史』〈復刻版〉（科学書院、一九八〇年）
岡山県医師会編『備作医人伝』（岡山県医師会、一九五九年）
荻野美穂『「家族計画」への道』（岩波書店、二〇〇八年）
邑久町史編纂委員会編『邑久町史　通史編』（瀬戸内市、二〇〇九年）
――『邑久町史　史料編（下）』（瀬戸内市、二〇〇七年）
――『邑久町史　史料編（下）』（瀬戸内市、二〇〇七年）
長志珠絵「文明化と国民化」（大門正克・安田常雄・天野正子編『近代社会を生きる』（吉川弘文館、二〇〇三年）
落合恵美子『近代家族とフェミニズム』（勁草書房、一九八九年）
加藤周一他編、海野福寿・大島美津子校注『日本近代思想大系二〇　家と村』（岩波書店、一九八九年）
亀岡市文化資料館編『第五三回企画展　かめおか子育て物語』（亀岡市文化資料館、二〇一三年）
鬼頭　宏『人口から読む日本の歴史』（講談社学術文庫、二〇〇〇年）
慶応義塾編纂『福澤諭吉全集　第二〇巻』（岩波書店、一九七三年）
沢山美果子『出産と身体の近世』（勁草書房、一九九八年）
――『性と生殖の近世』（勁草書房、二〇〇五年）
――「岡山県立記録資料館　第四四回所蔵資料展『家族模様の今昔』雑感」（『岡山地方史研究』一二三号、岡山地方史研究会、二〇一一年）
――『近代家族と子育て』（吉川弘文館、二〇一三年）
――「乳からみた近世日本の捨て子の養育」（橋本伸也・沢山美果子編『保護と遺棄の子ども史』昭和堂、二〇一四年）
杉立義一『お産の歴史』（集英社新書、二〇〇二年）

鈴木藤助日記研究会編『武州橘樹郡長尾村鈴木藤助日記　一〜六』（二〇〇一年〜二〇一〇年、但し一・二巻は白石通子・小林博子編）
竹内利美・谷川建一編「府県史料〈民俗・禁令〉」『日本庶民生活史料集成　第二一巻　村落共同体』（三一書房、一九七九年）
谷本雅之「在来産業の変容と展開」（石井寛治ほか編『日本経済史1　幕末維新期』東京大学出版会、二〇〇〇年）
鶴巻孝雄『近代化と伝統的民衆世界』（東京大学出版会、一九九二年）
永原和子「民俗の転換と女性の役割」『近現代女性史論　家族・戦争・平和』（吉川弘文館、二〇一二年）
成沢　光『現代日本の社会秩序』（岩波書店、一九九七年）
西澤直子『福沢諭吉と女性』（慶応義塾大学出版会、二〇一一年）
西本郁子『時間意識の近代』（法政大学出版局、二〇〇六年）
福澤諭吉『新訂　福翁自伝』（岩波文庫、一九七八年）
――『新女大学』（石川松太郎編『女大学集』東洋文庫）
福澤諭吉事典編集委員会編『福澤諭吉事典』（慶応義塾大学、二〇一〇年）
福田アジオ他編『日本民俗大辞典』下（吉川弘文館、二〇〇〇年）
藤目ゆき『性の歴史学―公娼制度・堕胎罪体制から売春防止法・優性保護法体制へ』（不二出版、一九九七年）
法務大臣官房司法法制調査部監修『司法省蔵版　明治一三年七月刊行　全国民事慣例類集』（商事法務研究会、一九八九年）
牧原憲夫『シリーズ日本近現代史②　民権と憲法』（岩波新書、二〇〇六年）
安丸良夫『文明化の経験　近代転換期の日本』（岩波書店、二〇〇七年）
山住正巳・中江和恵編『子育ての書』（平凡社東洋文庫、一九九〇年）
和気医療史研究会編纂委員会編『和気の医療史　通史編』（吉備人出版、二〇〇三年）

文献目録

※本巻「文献目録」の作成は西澤直子・長南伸治が行った。

〈史料〉

「石山家文書」（埼玉県所沢市教育委員会所蔵）
「維新史料稿本」（東京大学史料編纂所データベース）
『維新史料綱要』全一〇巻（東京大学出版会、一九八三〜一九八四年）
『井関隆子日記』上・下（深沢秋男校注、勉誠社、一九七八・一九八一年）
『伊東万喜書簡集』清文堂史料叢書第一二三刊（妻鹿淳子編、清文堂、二〇一三年）
「入江家文書」（岡山県立記録資料館所蔵）
『江戸吉原叢刊』第七巻（江戸吉原叢刊刊行会編、八木書店、二〇一一年）
『青梅市史史料集　御殿女中・吉野みちの手紙』第四〇号（青梅市教育委員会、一九九一年）
『邑久町史　史料編』上・下（邑久町史編纂委員会編、瀬戸内市、二〇〇七年）
「奥富家文書」（埼玉県越生町教育委員会所蔵）
『女大学集』（石川松太郎編、平凡社、一九七七年）
『女大学資料集成』全二〇巻（石川松太郎監修、小泉吉永編、大空社、二〇〇三〜二〇〇六年）
『加賀市史料』二・九（加賀市立図書館、一九八二・一九八九年）
「下級裁判所民事判決原本」（国際日本文化研究センター民事判決原本データベース）
『崋山書簡集』（小沢耕一編著、国書刊行会、一九八二年）
「狩野文庫」（丸善マイクロフィルム版、一九九二年）
『北佐久郡志資料集』（北佐久郡志資料集編纂委員会編、佐久教育会、一九六七年）

『木戸孝允日記』全三巻（妻木忠太編、日本史籍協会、一九三二〜一九三三年）
『教育勅語衍義』（重野安繹著、小林喜右衛門、一八九二年）
『近世庶民生活史料　藤岡屋日記　第三巻』（三一書房、一九八八年）
『近世風俗志（守貞漫考）』二・三（喜田川守貞著・宇佐美英機校訂、岩波書店、一九九九年）
「黒澤家史料」（茨城県立歴史館所蔵）
『群馬県織物現況調査書』（群馬県第三部編、群馬県、一九〇六年）
『警視本署達要纂』（東京警視監獄署編、東京警視監獄署、一八七九年）
『公私日記』一・二・三（鈴木平九郎著、公私日記研究会編、立川市教育委員会、二〇一一〜二〇一三年）
『小梅日記』全三巻（川合小梅著、志賀裕春・村田静子校訂、平凡社、一九七四年）
『古事類苑　産業部二』（神宮司庁編、一九〇八年。復刻版、吉川弘文館、一九七一年）
『子育ての書』全三巻（山住正己・中江和恵編注、平凡社東洋文庫、一九七六年）
『史料　国家と教育』（長浜功編、明石書店、一九九四年）
「坂本家文書」（長野県坂本康之家所蔵・須坂市所蔵）
『紫琴全集』（清水紫琴著、古在由重編、草土文化、一九八三年）
「市中取締類集」（旧幕引継文書、国立国会図書館所蔵）
『実地応用新撰貴女用文』（「有元家文書」岡山県立記録資料館所蔵）
『信濃蚕業沿革史料』（高島諒多、上田町信濃蚕種組合事務所内内田金次郎、一八九二年。『明治前期産業発達史資料』別冊五五（一）所収、明治文献資料刊行会、一九七〇年）
『司法省蔵版　明治一三年七月刊行　全国民事慣例類集』（法務大臣官房司法法制調査部監修、商事法務研究会、一九八九年）
『湘煙選集』全四巻（岸田俊子著、鈴木裕子編、不二出版、一九八五〜一九八六年）
『関口日記』全二三巻・別巻三冊（横浜市文化財研究調査会編、一九七一〜一九八五年）
『世事見聞録』（武陽隠士著、本庄栄治郎校訂、奈良本辰也補訂、岩波文庫、一九九四年）
『世田谷区教育史　資料編一』（世田谷区教育委員会、一九八八年）
『続日本史籍協会叢書』二一―一・二「静寛院宮御日記」他（東京大学出版会、一九七六年）

『大君の都』上・中・下（オールコック・ラザフォード著、山口光朔訳、岩波書店、一九六二年）
「大審院民事判決原本」（国立公文書館所蔵）
『大日本維新史料　類纂之部　井伊家史料』第一八巻（東京大学出版会、一九九三年）
「天保度御改正諸事留　十」（旧幕引継書、国立国会図書館所蔵）
『東京市史稿』産業篇四〇（東京都、一九九六年）
『東京市史稿』市街篇五二・五七（東京都、二〇〇一・二〇〇二年）
『東京の女子教育』（東京都都政史料館、一九六一年）
『東京府開学明細書』一～六巻（東京都都政史料館、一九六一～一九六三年）
『東京府志料』一～五巻（東京都都政史料館、一九五九～一九六一年）
「東京府史料」（内閣文庫所蔵）
『徳山市立中央図書館叢書』二八・二九・三〇（中山三屋著、徳山市立中央図書館、一九九一・一九九二・一九九七年）
『富岡製糸場誌』上・下（富岡製糸場誌編さん委員会編、富岡市教育委員会、一九七七年）
『富岡日記』（和田英著、一九〇七～一九一三年。復刻版、みすず書房、二〇一一年）
「中島家文書」（岡山県瀬戸内市所蔵）
「業合家文書」（岡山大学附属図書館所蔵）
『日本教育思想大系一六　近世女子教育思想三』（日本図書センター、一九八〇年）
『日本近代思想大系二〇　家と村』（加藤周一ほか編、海野福寿・大島美津子校注、岩波書店、一九八九年）
『日本女性運動資料集成』全一〇巻・別巻（鈴木裕子編・解説、不二出版、一九九三～一九九八年）
『日本庶民生活史料集成』一五「柏崎日記・桑名日記」・二一「府県史料〈民俗・禁令〉」（三一書房、一九七一年・一九七九年）
『野村望東尼全集』（佐佐木信綱編、野村望東尼全集刊行会、一九五八年）
『福沢諭吉全集』全二一巻・別巻（慶應義塾編、岩波書店、一九六九～一九七一年）
『福田英子集』（福田英子著、村田静子・大木基子編、不二出版、一九九八年）
『武州橘樹郡長尾村鈴木藤助日記』全六巻（鈴木藤助日記研究会編、但し一・二巻は白石通子・小林博子編、二〇〇一～二〇一〇年）
『特命全権大使　米欧回覧実記』全五巻（久米邦武編、田中彰校注、岩波書店、一九八五年）

『法令全書』慶応三年～（国立印刷局・内閣官報局、一八八五年～）
本庄宿生糸仲間「生糸引立方大略」（田村均氏所蔵）
『三田村鳶魚全集』全二六巻（中央公論社、一九七五～一九七七年）
『資料　明治啓蒙期の婦人問題論争の周辺』（山口美代子編集・解説、ドメス出版、一九八九年）
『明治前期家族法資料』第一巻第一冊・第二冊、第二巻第一冊・第二冊（上・下）、第三巻第一冊・第二冊（外岡茂十郎編、早稲田大学、一九六七～一九七一年）
『明治前期財政経済史料集成』全二一巻（大内兵衛・土屋喬雄編、改造社、一九三二～一九三六年）
『明治前期産業発達史資料』（明治文献資料刊行会、一九五九年～一九七五年）
『明治前期大審院民事判決録』一～一三Ｉ（三和書房、一九五七～一九七六年）
明治二年「順立帳」二二・三三（東京都公文書館所蔵、東京府文書）
『明六雑誌』上・中・下（山室信一・中野目徹校注、岩波書店、一九九九～二〇〇九年）
『黙阿弥全集』一一（河竹黙阿弥他著、河竹糸女補修、河竹繁俊校訂、春陽堂、一九三六年）
「森村家文書」（埼玉県越生町教育委員会所蔵）
「八木家文書」（八木皓至氏所蔵）
『山川菊栄集』全一〇巻・別巻（山川菊栄著、田中寿美子・山川振作編、岩波書店、一九八一～一九八二年）
「吉原楊枝」（山東京伝作、国立国会図書館所蔵）
『米沢市史編集資料二〇　米沢製糸場関係史料』（米沢市史編さん委員会、一九八七年）

〈著書・論文〉

會田範治、原田春乃『近世女流文人伝』（明治書院、一九六〇年）
アイヴァン・モリス著、斎藤和明訳『高貴なる敗北』（中央公論社、一九八一年。*The Nobility of Failure*, New American Library, 1975）
青木美智男「近世後期、読者としての江戸下層社会の女性」（『歴史評論』六〇五、二〇〇〇年）
――――『深読み浮世風呂』（小学館、二〇〇三年）
青木美智子「『武州世直し一揆』と女性たち」（『職員研修誌』三一、埼玉県立小川高等学校教科指導部、一九八七年）

――「近世後期・北関東における女性労働の特質とジェンダー」（大口勇次郎編『女の社会史』山川出版社、二〇〇一年）
――「近世村社会における女性の村政参加と『村自治』」（『総合女性史研究』一八、二〇〇一年）
――「女性相続にみる近世村社会の変容」（『歴史評論』七四〇、二〇一一年）
秋枝蕭子「森有礼と植木枝盛」（『九州国際大学論集教養研究』四―二・三、一九九三年）
穐本洋哉『前工業化時代の経済』（ミネルヴァ書房、一九八七年）
朝尾直弘『朝尾直弘著作集第七巻　身分制社会論』（岩波書店、二〇〇四年）
浅川純子「『婦女鑑』の成立事情と徳目構成」（『お茶の水女子大学人文科学紀要』四六、一九九三年）
浅野美和子「ジェンダーで歴史を読む」（『江戸期おんな考』九、一九九八年）
――「國島勢以と『庭すずめ』」上・下（『江戸期おんな考』一三・一四、東京桂の会編、二〇〇二・二〇〇三年）
――『江戸期ひと文庫六番　ジェンダーの形成と越境』（桂文庫、二〇〇三年）
跡見学園『跡見開学百年』（跡見学園、一九七五年）
阿部勇・井川克彦・西川武臣『蚕都信州上田の近代』（岩田書院、二〇一一年）
阿部武司「明治前期における日本の在来産業」（梅村又次・中村隆英編『松方財政と殖産興業政策』国際連合大学・東京大学出版会、一九八三年）
――「明治期在来産業研究の問題点」（『年報近代日本研究一〇　近代日本研究の検討と課題』山川出版社、一九八八年）
――『日本における産地綿織物業の展開』（東京大学出版会、一九八九年）
阿部恒久・大日方純夫・天野正子編『男性史』（日本経済評論社、二〇〇六年）
阿部恒久「近代化と男性労働者像」（阿部恒久・大日方純夫・天野正子編『男性史』日本経済評論社、二〇〇六年）
阿部恒久・佐藤能丸『日本近現代女性史』（芙蓉書房出版、二〇〇〇年）
阿部保志「明治五年井上馨の遊女『解放』建議の考察」（『史流』三六、北海道教育大学史学会、一九九六年）
――「明治五年横浜における貸座敷制の成立」（『史流』三七、北海道教育大学史学会、一九九七年）
網野善彦『中世の非人と遊女』（明石書店、一九九四年。のち講談社学術文庫、二〇〇五年）
荒野泰典「近世日本の国家領域と境界」（史学会編『歴史学の最前線』東京大学出版会、二〇〇四年）
アリエス・フィリップ著、杉山光信・杉山恵美子訳『〈子供〉の誕生』（みすず書房、一九八〇年）

有元正雄先生退官記念論文集刊行会編『近世近代の社会と民衆』（清文堂出版、一九九三年）
安西敏三『福澤諭吉と自由主義』（慶應義塾大学出版会、二〇〇七年）
安蔵良子「女寺子屋師匠の生活」（『江戸期おんな考』一一、桂文庫、二〇〇〇年）
――「黒澤止幾子の生涯と思想」（『茨城史林』二五、二〇〇一年）
――「日記に見る元治甲子の乱」（『江戸期おんな考』一三、桂文庫、二〇〇二年）
――「女寺子屋師匠の生活」（『総合女性史研究』二一、二〇〇四年）
安藤精一・藤田貞一郎編『市場と経営の歴史』（清文堂出版、一九九六年）
井川克彦「横浜開港前における上田小県地方の製糸業」（阿部勇・井川克彦・西川武臣編『蚕都信州上田の近代』岩田書院、二〇一一年）
石井寛治・海野福寿・中村政則編『近代日本経済史を学ぶ　上　明治』（有斐閣、一九七七年）
石井寛治・関口尚志編『世界市場と幕末開港』（東京大学出版会、一九八二年）
石井良助『長子相続制（法学理論篇）』（日本評論社、一九五〇年。のち後掲『日本相続法史』所収）
――『明治文化史二　法制』（洋々社、一九五四年。のち原書房、一九八〇年）
――『日本相続法史』（創文社、一九八〇年）
石川松太郎監修、小泉吉永編『女大学資料集成』別巻（大空社、二〇〇六年）
石崎昇子「生殖の自由と産児調節運動」（『歴史評論』五〇三、一九九二年。のち女性史研究会編『日本女性史論集九　性と身体』吉川弘文館、一九九八年）
――「明治期の生殖をめぐる国家政策」（『歴史評論』六〇〇、二〇〇〇年）
――「明治維新と生殖倫理」（黒田弘子・長野ひろ子編『エスニシティ・ジェンダーからみる日本の歴史』吉川弘文館、二〇〇二年）
石原征明「公娼制と廃娼運動」（『歴史評論』五四〇、一九九五年）
石山秀和「幕末維新期における江戸東京の手習塾と教育内容について」（『東京都江戸東京博物館研究報告』九、二〇〇三年）
磯野有秀「日本の『家』制度と女性運動」（『山口女子大学文学部紀要』二、一九九二年）
市川寛明「江戸における庶民のリテラシーとジェンダー」（石川照子・高橋裕子編著『ジェンダー史叢書二　家族と教育』明石書店、二〇一一年）
市原正恵『静岡おんな百年』上（ドメス出版、一九八二年）

市村咸人『松尾多勢子遺芳帖』（田中商店、一九一八年）
――『信濃郷土叢書　松尾多勢子』（信濃郷土文化普及会、一九三〇年）
一番ヶ瀬康子・津曲裕次・河尾豊司編『無名の人　石井筆子』（ドメス出版、二〇〇四年）
伊藤忠士「『ええじゃないか騒動』における女性」（総合女性史研究会編『日本女性史論集一〇　女性と運動』吉川弘文館、一九九八年）
伊藤康子「地域女性史の可能性」（総合女性史研究会編『日本女性史論集一　女性史の視座』吉川弘文館、一九九七年）
井戸田博史「法的家族像と家族法制」（『日本文化史研究』一七、一九九二年）
絲屋寿雄『明治維新と女性の夜明け』（汐文社、一九七六年）
犬丸義一「近代日本婦人運動史研究のために」（『歴史評論』三一一、一九七六年）
井上　攻「幕末維新期の農村日記活用」（『日本歴史』七六〇、二〇一一年）
井上輝子『女性学とその周辺』（勁草書房、一九八〇年）
井上靖・児玉幸多監修『図説人物日本の女性史九　維新期の才女たち』（小学館、一九八〇年）
今井幹夫「富岡製糸場の歴史と文化」（洞口治夫編『大学教育のイノベーター』法政大学イノベーション・マネジメント研究センター、二〇〇八年）
今泉鐸次郎『河井継之助伝』（目黒書店、一九三一年）
今西　一『近代日本成立期の民衆運動』（柏書房、一九九一年）
――「文明開化と性文化」（明治維新史学会編『明治維新の地域と民衆』吉川弘文館、一九九六年）
――『近代日本の差別と性文化』（雄山閣出版、一九九八年）
――『遊女の社会史』（有志舎、二〇〇七年）
岩田みゆき「おしゅんが語る女性の生活」（氏家幹人・桜井由幾・谷本雅之・長野ひろ子編訳『日本近代国家の成立とジェンダー』柏書房、二〇〇三年）
岩堀容子「明治中期欧化主義思想にみる主婦理想像の形成」（脇田晴子、ハンレー・S・B編『ジェンダーの日本史　下』東京大学出版会、一九九五年）
岩本通弥「民俗・風俗・殊俗」（宮田登編『現代民俗学の視点三　民俗の思想』朝倉書店、一九九八年）
――「『民俗』を対象とするから民俗学なのか」（『日本民俗学』二一五、一九九八年）

上杉　聰『明治維新と賤民廃止令』（解放出版社、一九九〇年）
上野千鶴子『近代家族の成立と終焉』（岩波書店、一九九四年）
――「歴史学とフェミニズム」（『岩波講座日本通史別巻一　歴史意識の現在』岩波書店、一九九五年）
――「『国民国家』と『ジェンダー』」（『現代思想』二四―一二、青土社、一九九六年）
ウォルソール・アン「松尾多勢子と明治維新」（脇田晴子、ハンレー・S・B編『ジェンダーの日本史　下』東京大学出版会、一九九五年）
ウォルソール・アン著、菅原和子・田崎公司・高橋彩訳『たをやめと明治維新』（ぺりかん社、二〇〇五年。*The Weak Body of a Useless Woman*, University of Chicago Press, 1998）
ウォルソール・アン　Walthall, Anne. "Fragments of Friendship" *Monumenta Nipponica* 64, no.2 2009
浮須婦紗「『女学雑誌』の整理」一～一六（『学苑』五四〇～六三三、一九八四～一九九二年）
宇佐美ミサ子『宿場と飯盛女』（同成社、二〇〇〇年）
――『宿駅制度と女性差別』（岩田書院、二〇一二年）
氏家幹人『江戸奇人伝：旗本・川路家の人びと』（平凡社、二〇〇一年）
――「伝統文化と教養　嘉永四年、妻からの手紙」（熊倉功夫編『遊芸文化と伝統』吉川弘文館、二〇〇三年）
――「『美しき』強姦の物語」（氏家幹人・桜井由幾・谷本雅之・長野ひろ子編訳『日本近代国家の成立とジェンダー』柏書房、二〇〇三年）
氏家幹人・桜井由幾・谷本雅之・長野ひろ子編訳『日本近代国家の成立とジェンダー』（柏書房、二〇〇三年）
宇野勝子「明治宮廷改革と女官」（『女性官僚の歴史』吉川弘文館、二〇一三年）
宇野文重「明治民法起草委員の『家』と戸主権理解」（『法政研究』七四―三、二〇〇七年）
梅村佳代「高等女学校令成立の思想的基盤」（『暁学園短期大学紀要』八、一九七五年。のち石崎昇子・塩見美奈子編『日本女性史論集八　教育と思想』吉川弘文館、一九九八年）
梅村又次・山本有造編『日本経済史三　開港と維新』（岩波書店、一九八九年）
江刺昭子『女の一生を書く』（日本エディタースクール出版部、一九九四年）
――「石阪美那子の個性と自我形成」（総合女性史研究会編『日本女性史論集七　文化と女性』吉川弘文館、一九九八年）
遠藤正敬『戸籍と国籍の近現代史』（明石書店、二〇一三年）

大門正克『近代日本と農村社会』（日本経済評論社、一九九四年）

大川由美「近代検黴制度の導入と英国『伝染病予防法』」（『日本歴史』六二三、二〇〇〇年）

――「近代検黴制度の導入と梅毒病院」（福田眞人・鈴木則子編『日本梅毒史の研究』思文閣出版、二〇〇五年）

大木基子「明治国家における女権論と天職論」（総合女性史研究会編『日本女性史論集二　政治と女性』吉川弘文館、一九九七年）

――『自由民権運動と女性』（ドメス出版、二〇〇三年）

大口勇次郎「近世農村における女性相続人」（『お茶の水女子大学女性文化資料館報』一、一九八〇年。のち後掲『女性のいる近世』所収）

――「農民日記に見る女性像」（『歴史評論』四七九、一九九〇年）

――『女性のいる近世』（勁草書房、一九九五年）

――「日本近世におけるデモクラシーとジェンダー」（近江吉明、西川正雄、ピエール・スイリ監修『歴史におけるデモクラシーと集会』専修大学出版局、二〇〇三年）

大口勇次郎・成田龍一・服藤早苗『ジェンダー史』（山川出版社、二〇一四年）

大久保利謙『岩倉使節の研究』（宗高書房、一九七六年）

大竹秀男『「家」と女性の歴史』（弘文堂、一九七七年）

太田素子「近世農村社会における子どもをめぐる社交」（『国立歴史民俗博物館研究報告』五四、一九九三年）

大藤　修『近世農民と家・村・国家』（吉川弘文館、一九九四年）

――『近世村人のライフサイクル』（山川出版社、二〇〇三年）

岡光夫・山崎隆三編著『日本経済史』（ミネルヴァ書房、一九八三年）

緒方正清『日本産科学史』（復刻版、科学書院、一九八〇年）

岡山県医師会編『備作医人伝』（岡山県医師会、一九五九年）

岡山女性史研究会「岡山女子懇親会について」（総合女性史研究会編『日本女性史論集一〇　女性と運動』吉川弘文館、一九九八年）

小川煙村『幕末裏面史』（新人物往来社、一九九八年）

小木新造『東京庶民生活史研究』（日本放送出版協会、一九七九年）

荻野美穂「日本における女性史研究とフェミニズム」（日本科学者会議編『日本の科学者』二八―一二、本の泉社、一九九三年）

――「性差の歴史学」（総合女性史研究会編『日本女性史論集一　女性史の視座』吉川弘文館、一九九七年）

――――『「家族計画」への道』（岩波書店、二〇〇八年）
荻原　稔「禊教祖井上正鐵の妻安西男也」（『江戸期おんな考』一〇、東京桂の会編、一九九九年）
――――「禊教祖井上正鐵の流謫生活と水汲みお初」（『江戸期おんな考』一三、東京桂の会編、二〇〇二年）
奥　武則「『国民国家』の中の女性」（奥田暁子編『女と男の時空　日本女性史再考Ⅴ』藤原書店、一九九五年）
邑久町史編纂委員会編『邑久町史　通史編』（瀬戸内市、二〇〇九年）
奥村　弘「近代地方権力と『国民』の形成」（『歴史学研究』六三八、一九九二年）
長志珠絵「文明化と国民化」（大門正克・安田常雄・天野正子編『近代社会を生きる』吉川弘文館、二〇〇三年）
――――「岸田俊子と福田英子」（村田雄二郎ほか編『講座東アジアの知識人一　文明と伝統社会』有志舎、二〇一三年）
尾高煌之助・山本有造編『幕末・明治の日本経済』（日本経済新聞社、一九八八年）
落合恵美子『近代家族とフェミニズム』（勁草書房、一九八九年）
――――「近代家族論の曲がり角」（『日本研究』一二、一九九五年）
お茶の水女子大学百年史刊行委員会編『お茶の水女子大学百年史』（お茶の水女子大学百年史刊行委員会、一九八四年）
大日方純夫「日本近代国家の成立と売娼問題」（東京都立商科短期大学学術研究会『研究論叢』三九、一九八九年。のち総合女性史研究会編『日本女性史論集九　性と身体』吉川弘文館、一九九八年）
――――『日本近代国家の成立と警察』（校倉書房、一九九二年）
折井美耶子「近代日本の公娼制と買春」（『総合女性史研究』一三、一九九六年）
――――「明治民法制定までの妻の氏」（『歴史評論』六三六、二〇〇三年）
折井美耶子・山辺恵巳子『地域女性史文献目録』（ドメス出版、二〇〇三年）
海保洋子「蝦夷地の戸籍史料について」（『北海道史研究』二二、一九八〇年。のち後掲『近代北方史』所収）
――――「近世北海道における『遊女』の成立と展開」（『歴史評論』四五六、一九八八年。のち後掲『近代北方史』所収）
――――『近代北方史』（三一書房、一九九二年）
籠谷次郎『日本教育史基本文献・史料叢書一九　明治期地方教育史の諸問題』（大空社、一九九三年）
家族史研究会編『近代熊本の女たち』上・下（熊本日々新聞社、一九八一年）
片倉比佐子「幕末維新期の都市家族と女子労働」（総合女性史研究会編『日本女性史論集六　女性の暮らしと労働』吉川弘文館、

一九九八年）
――――「日尾直子とその周辺」（『江戸期おんな考』一一、東京桂の会編、二〇〇〇年）
――――「日尾家女三代の作品」（『江戸期おんな考』一五、東京桂の会編、二〇〇四年）
片野真佐子『皇后の近代』（講談社、二〇〇三年）
――――「婦人矯風会に見る廃娼運動の思想」（総合女性史研究会編『日本女性史論集五　女性と宗教』吉川弘文館、一九九八年）
桂村史編さん委員会編『桂村史　通史編』（桂村、二〇〇四年）
加藤貴行著、原田博二・鶴田文史監修『花月史　長崎丸山文化史』（花月、二〇一二年）
金津日出美「明治初年の『妾』論議の再検討」（馬原鉄男・岩井忠熊編『天皇制国家の統合と支配』文理閣、一九九二年。のち佐々木潤之介ほか編『日本家族史論集五　家族の諸相』吉川弘文館、二〇〇二年）
――――「近代日本における『堕胎ノ罪』の成立」（『女性史学』六、一九九六年）
金森敦子「黒沢止幾『上京日記』、『京都捕れの文』」（『国文学解釈と鑑賞』七一―八、二〇〇六年）
金子幸子「明治期における西欧女性解放論の受容過程」（総合女性史研究会編『日本女性史論集九　教育と思想』吉川弘文館、一九九八年）
――――『近代日本女性論の系譜』（不二出版、一九九九年）
金子幸子・黒田弘子・菅野則子・義江明子編『日本女性史大辞典』（吉川弘文館、二〇〇八年）
金子（山高）しげり『婦人問題の知識』（非凡閣、一九三四年。『近代婦人問題名著選集』九所収、日本図書センター、一九八二年）
兼重宗和「森有礼の女子教育」（『徳山大学論叢』三八、一九九二年）
鹿野政直「女性史研究雑感」（『歴史評論』三一一、一九七六年）
上笙一郎・山崎朋子編『日本女性史叢書　別巻』（クレス出版、二〇一二年）
上條宏之ほか編『信州の近代化と女性』（銀河書房、一九八七年）
亀岡市文化資料館編『第五三回企画展　かめおか子育て物語』（亀岡市文化資料館、二〇一三年）
川勝平太「明治前期における内外綿布の価格」（『早稲田政治経済学雑誌』二四四・二四五、一九七六年）
――――「明治前期における内外綿関係品の品質」（『早稲田政治経済学雑誌』二五〇・二五一、一九七七年）
――――『日本文明と近代西洋』（日本放送出版協会、一九九一年）
川田　順「女丈夫　松尾多勢子」（『婦人公論』二四―九、一九三九年）

川村邦光「〝性家族〟の肖像」(『思想』八四五、岩波書店、一九九四年)
河村瑞江・山田真由美「木綿縞の染織文化(一)」(『名古屋女子大学紀要　家政・自然編』三九、一九九三年)
河村瑞江・南谷真由美・安井麻美「木綿縞の染織文化(二)」(『名古屋女子大学紀要　家政・自然編』四〇、一九九四年)
河村瑞江・山本麻美「江戸・明治期の縞帳の比較研究(第一報)(第二報)」(『名古屋女子大学紀要　家政・自然編』四五・四六、一九九九・二〇〇〇年)
神田由築『近世の芸能興行と地域社会』(東京大学出版会、一九九九年)
――――「近世・近代移行期における甲府の遊所」(『年報都市史研究』一七、二〇一〇年)
――――「江戸の子供屋」(佐賀朝・吉田伸之編『シリーズ遊廓社会一　三都と地方都市』吉川弘文館、二〇一三年)
神田より子『神子と修験の宗教民俗学的研究』(岩田書院、二〇〇一年)
菅野聡美「近代日本の二重規範」(『法学研究』六七―一二、慶應義塾大学法学研究会、一九九四年)
北小路健「松尾多勢子」(小西四郎編『日本女性の歴史一〇　幕末維新の女性』暁教育図書株式会社、一九七八年)
北崎豊二編著『明治維新と被差別民』(解放出版社、二〇〇七年)
北隅静子「近代初頭における北海道の助産婦(産婆)制度の確立過程と産婆の実像」(『地域史研究はこだて』二八、一九九八年)
木谷喜美枝「幕末・維新期の女流文学」(『幕末維新を生きた一三人の女たち』新人物往来社、一九七九年)
北原糸子「西南戦争の銃後」(『歴史評論』五〇三、一九九二年)
木下博道「日本における『近代』家族の誕生」(『帝塚山大学教養学部紀要』四一、一九九五年)
木村修二「公家奉公をした在地女性」(『泉佐野市史研究』六、二〇〇〇年)
京極興一「『女性』の語誌」(『上田女子短期大学紀要』一七、一九九四年)
京都市編『京都の歴史七　維新の激動』(学芸書林、一九七四年)
桐生織物史編纂会編『桐生織物史 上巻』(桐生織物同業組合、一九三五年)
近代日本研究会編『幕末・維新の日本』(山川出版社、一九八一年)
櫛田真澄『男女平等教育阻害の要因』(明石書店、二〇〇九年)
楠戸義昭『維新の女』(毎日新聞社、一九九二年)
熊谷敬太郎『日本列女伝』(明治出版社、一九一三年)

熊原理恵「直系家族と近代小家族の成立と変容」（『立命館大学人文科学研究所紀要』五八、一九九三年）
久米邦武『久米博士九十年回顧録』（早稲田大学出版部、一九三四年。復刻版、宗高書房、一九八五年）
倉橋正直「近代日本の公娼制度」（『歴史評論』五四〇、一九九五年）
郡司篤信編『古今無双烈女時子』（郡司篤信出版、一九〇〇年）
ケリー・ジョアン Kelly, Joan. "Did Women Have a Renaissance?" In *Becoming Visible*, edited by Renata Bridenthal, Claudia Koonz, and Susan Stuard, Houghton Mifflin, 1987
高知市立自由民権記念館『明治の女性』（高知市立自由民権記念館、一九九六年）
古賀十二郎著、長崎学会編『丸山遊女と唐紅毛人』前篇・後編（長崎文献社　一九六八・一九六九年）
コシュマン・J・ヴィクター　Koschmann, J. Victor. "Action as a Text" In *Conflict in Modern Japanese History*, edited by Tetsuo Najita and J. Victor Koschmann, Princeton University Press, 1982
後藤　靖「水子と国家について」（京都橘女子大学女性歴史文化研究所編『家と女性の社会史』日本エディタースクール出版部、一九九八年）
小西四郎編『日本女性の歴史一〇　幕末維新の女性』（暁教育図書、一九七八年）
小林雅子「公娼制の成立と展開」（女性史総合研究会編『日本女性史第三巻　近世』東京大学出版会、一九八二年）
小桧山ルイ『アメリカ婦人宣教師』（東京大学出版会、一九九二年）
小山静子『良妻賢母という規範』（勁草書房、一九九一年）
――「『良妻賢母』と家族制度」（『女性学年報』一三、一九九二年）
――「ジェンダーと教育」『教育学研究』六二―三、日本教育学会、一九九五年）
――「家族の近代」（西川長夫・松宮秀治編『幕末・明治期の国民国家形成と文化変容』新曜社、一九九五年）
――「明治啓蒙期の妾論議と廃妾の実現」（総合女性史研究会編『日本女性史論集九　性と身体』吉川弘文館、一九九八年）
――『家庭の生成と女性の国民化』（勁草書房、一九九九年）
小山　騰「明治前期国際結婚の研究」（『近代日本研究』一一、慶應義塾福澤研究センター、一九九四年）
近藤哲夫「殖産興業と在来産業」（『岩波講座日本歴史一四　近代一』岩波書店、一九七五年）
齋藤康彦『産業近代化と民衆の生活基盤』（岩田書院、二〇〇五年）

佐賀　朝『近代大阪の都市社会構造』(日本経済評論社、二〇〇七年)
――「明治初年の遊廓社会」(吉田伸之・伊藤毅編『伝統都市四　分節構造』東京大学出版会、二〇一〇年)
――「居留地付遊廓の社会構造」(『部落問題研究』二〇三、二〇一三年)
佐賀朝・吉田伸之編『シリーズ遊廓社会一　三都と地方都市』(吉川弘文館、二〇一三年)
――『シリーズ遊廓社会二　近世から近代へ』(吉川弘文館、二〇一四年)
阪谷芳直著・阪谷綾子編『黎明期を生きた女性たち』(吉川弘文館、二〇一二年)
さがみ女性史研究会「さねさし」編『あつぎの女性二〇人』(さがみ女性史研究会、二〇〇四年)
――『続・あつぎの女性』(さがみ女性史研究会、二〇〇九年)
坂本清泉・坂本智恵子『近代女子教育の成立と女紅場』(あゆみ出版、一九八三年)
坂本忠久『天保改革の法と政策』(創文社、一九九七年)
桜井由幾「女性の移動」(『江戸期おんな考』一四、東京桂の会編、二〇〇三年)
――「商家奉公人のライフコース」(氏家幹人・桜井由幾・谷本雅之・長野ひろ子編訳『日本近代国家の成立とジェンダー』柏書房、二〇〇三年)
佐々木潤之介『幕末社会論』(塙書房、一九六九年)
――「幕末期河内の豪農」(森杉夫先生退官記念会編『政治経済の史的研究』巌南堂書店、一九八三年)
札幌女性史研究会編『北の女性史』(北海道新聞社、一九八六年)
佐貫尹・佐貫美奈子『高機物語』(芸艸堂、二〇〇二年)
沢山美果子『出産と身体の近世』(勁草書房、一九九八年)
――『性と生殖の近世』(勁草書房、二〇〇五年)
――「岡山県立記録資料館　第四四回所蔵資料展『家族模様の今昔』雑感」(『岡山地方史研究』一二三、二〇一一年)
――『近代家族と子育て』(吉川弘文館、二〇一三年)
――「保護と遺棄の問題水域と可能性」(橋本伸也・沢山美香子編『保護と遺棄の子ども史』昭和堂、二〇一四年)
篠崎勝監修・女性史サークル編『愛媛の女性史　近現代　第一集』(女性史サークル、一八八四年)
篠塚英子『二〇世紀の日本八　女性と家族』(読売新聞社、一九九五年)

柴　桂子「埋もれた勤王女流歌人 中山三屋」（『江戸期おんな考』三、東京桂の会編、一九九四年）
――『二宮文』（『江戸期ひと文庫』三番、桂文庫、一九九五年）
――「徳川慶喜の母貞芳院吉子と奥女中西宮秀」（『江戸期おんな考』九、一九九八年）
渋川久子ほか『近代日本女性史』一～七（鹿島研究所出版会、一九七〇～一九七二年）
清水謹一『勤王文傑贈正五位松尾多勢子』（公論社、一九〇四年）
下重　清『〈身売り〉の日本史』（吉川弘文館、二〇一二年）
正田健一郎編『八王子織物史 上巻』（八王子織物工業組合、一九六五年）
女子学院史編纂委員会編『女子学院の歴史』（女子学院、一九八五年）
女子学習院編『女流著作解題』（女子学習院、一九三九年）
女性史総合研究会編『日本女性史第三巻　近世』（東京大学出版会、一九八二年）
――『日本女性史第四巻　近代』（東京大学出版会、一九八二年）
――『日本女性史研究文献目録』（東京大学出版会、一九八三年）
――『日本女性史研究文献目録』二（一八八二～一八八六）（東京大学出版会、一九八八年）
――『日本女性史研究文献目録』三（一九八七～一九九一）（東京大学出版会、一九九四年）
――『日本女性史研究文献目録』四（一九九二～一九九六）（東京大学出版会、二〇〇三年）
――『日本女性史研究文献目録　一八六八―二〇〇二　CD―ROM版』（東京大学出版会、二〇一四年）
菅野則子『村と改革』（三省堂、一九九二年）
――「寺子屋と女師匠」（『一橋論叢』一一―二、一九九四年。のち総合女性史研究会編『日本女性史論集八　教育と思想』吉川弘文館、一九九八年）
――「吉田松陰の女子教育」（阿部猛・田村貞雄編『明治期日本の光と影』同成社、二〇〇八年）
――「望まれる維新期の女性像」（『歴史の理論と教育』一三二、二〇〇九年）
――「岸田俊子と『女大学』」（『帝京史学』二五、二〇一〇年）
――『文字・文・ことばの近代化』（同成社、二〇一一年）
杉立義一『お産の歴史』（集英社新書、二〇〇二年）

――「乳からみた近世日本の捨て子養育」（橋本伸也・沢山美果子編『保護と遺棄の子ども史』昭和堂、二〇一四年）
スコット・ジョーン・W著、荻野美穂訳『ジェンダーと歴史学』（平凡社、一九九二年、二〇〇四年に増補新版）
鈴木しづ子『「男女同権論」の男』（日本経済評論社、二〇〇七年）
関口すみ子『御一新とジェンダー』（東京大学出版会、二〇〇五年）
――「岸田俊子を読み直す」（『法学志林』一一〇―一、二〇一二年）
関口裕子「歴史学における女性史研究の意義」（総合女性史研究会編『日本女性史論集一　女性史の視座』吉川弘文館、一九九七年）
世田谷区教育委員会編『世田谷代官大場家女性史』（東京都世田谷区教育委員会、一九八〇年）
世田谷区・世田谷女性史編纂委員会編『せたがや女性史』（ドメス出版、一九九九年）
世田谷区立郷土資料館編『激動を生きた代官の妻』（世田谷区立郷土資料館、一九八八年）
仙波千枝『良妻賢母の世界』（慶友社、二〇〇八年）
総合女性史研究会『史料にみる日本女性のあゆみ』（吉川弘文館、二〇〇〇年）
――『時代を生きた女性たち』（朝日新聞出版、二〇一〇年）
外崎光廣「近代日本における離婚法の変遷と女性の地位」（高知短期大学社会科学会編『社会科学論集』四、一九五六年、のち総合女性史研究会編『日本女性史論集四　婚姻と女性』吉川弘文館、一九九八年に抄録）
曽根ひろみ『娼婦と近世社会』（吉川弘文館、二〇〇三年）
曽根ひろみ・人見佐知子「公娼制の成立・展開と廃娼運動」（服藤早苗・三成美保編著『ジェンダー史叢書一　権力と身体』明石書店、二〇一一年）
宋　恵敬「文明開化期『男女交際論』の受容と展開」（『総合女性史研究』二七、二〇一〇年）
第七回全国女性史研究交流のつどい実行委員会編『新ミレニアムへの伝言』（ドメス出版、一九九九年）
高井　浩『天保期、少年少女の教養形成過程の研究』（河出書房新社、一九九一年）
高木　侃「離縁状に関する若干の考察」（総合女性史研究会編『日本女性史論集四　婚姻と女性』吉川弘文館、一九九八年）
――「明治時代離婚法五題」（青木美智男・森謙二編『三くだり半の世界とその周辺』日本経済評論社、二〇一二年）
高木俊輔「草莽の女性」（女性史総合研究会編『日本女性史第三巻　近世』東京大学出版会、一九八二年）
――『それからの志士』（有斐閣、一九八五年）

――「明治維新と女性」（上條宏之ほか編『信州の近代化と女性』銀河書房、一九八七年）
高橋裕子『津田梅子の社会史』（玉川大学出版部、二〇〇二年）
――「津田梅子とアメリカ」（『歴史評論』七五六、二〇一三年）
高村直助「江戸後期における木曽商人」（『日本歴史』四二五、一九八三年）
――「維新後の〝外圧〟をめぐる一、二の問題」（『社会科学研究』三九―四、東京大学社会科学研究所、一九八七年）
――『再発見　明治の経済』（塙書房、一九九五年）
高柳真三『明治家族法史』（日本評論社、一九五一年。のち高柳『明治前期家族法の新装』有斐閣、一九八七年）
――『明治前期家族法の新装』（有斐閣、一九八七年）
瀧沢利行「衛生思想の中の女性」（鈴木則子編『歴史における周縁と共生』思文閣出版、二〇一四年）
竹村英二「荘田平五郎の言動と武士的素養」（氏家幹人・桜井由幾・谷本雅之・長野ひろ子編訳『日本近代国家の成立とジェンダー』柏書房、二〇〇三年）
田﨑公司「婦人束髪運動の展開」（『福大史学』四六・四七、一九八九年）
舘かおる『女性学・ジェンダー研究の創成と展開』（世織書房、二〇一四年）
田中　彰『松陰と女囚と明治維新』（日本放送出版協会、一九九一年）
田中彰・高田誠二『「米欧回覧実記」の学際的研究』（北海道大学図書刊行会、一九九三年）
田中　彰『岩倉使節団の歴史的研究』（岩波書店、二〇〇二年）
谷口笙子「函館における公娼制度と廃娼運動」（桑原真人編『北海道の研究』六、清水堂出版、一九八三年）
谷本雅之「幕末・明治期綿布国内市場の展開」（『土地制度史学』二九―三、一九八七年）
――「地域経済の発展と衰退」（近代日本研究会編『年報近代日本研究』一四、山川出版社、一九九二年）
――『日本における在来的経済発展と織物業』（名古屋大学出版会、一九九八年）
――「在来産業の変容と展開」（石井寛治ほか編『日本経済史一　幕末維新期』東京大学出版会、二〇〇〇年）
――「近代日本の女性労働と『小経営』」（氏家幹人・桜井由幾・谷本雅之・長野ひろ子編訳『日本近代国家の成立とジェンダー』柏書房、二〇〇三年）
――「『在来的経済発展』とその制度的基盤」（『近世史サマーフォーラムの記録　二〇〇四』二〇〇五年）

玉川寛治『製糸工女と富国強兵の時代』（新日本出版社、二〇〇二年）
田村　均『ファッションの社会経済史』（日本経済評論社、二〇〇四年）
――「木綿の東方伝播と唐桟模倣」（『埼玉大学紀要　教育学部』五九―一、二〇一〇年）
――「高機再考」（『埼玉大学紀要　教育学部』五九―二、二〇一〇年）
――「近代移行期における高機の改良とその普及」（『埼玉大学紀要　教育学部』六〇―一、二〇一一年）
――「物・ファッション」（社会経済史学会編『社会経済史学の課題と展望』有斐閣、二〇一二年）
丹野静子「明治初年における甲州道中布田五宿の芸娼妓」（『神奈川県史研究』三五、一九七八年）
千葉乗隆「仏教における女性組織の近代化」（総合女性史研究会編『日本女性史論集五　女性と宗教』吉川弘文館、一九九八年）
張　静　敏「福沢諭吉の女子教育論」（『教育学科研究年報』二二、関西学院大学文学部教育学科、一九九六年）
陳　妊　湲『東アジアの良妻賢母論』（勁草書房、二〇〇六年）
塚田　孝『近世日本身分制の研究』（兵庫部落問題研究所、一九八七年）
――「吉原」（『身分制社会と市民社会』、柏書房、一九九二年）
――「十七世紀後半の遊女と売女」（『年報都市史研究』一、一九九三年）
――『近世の都市社会史』（青木書店、一九九六年）
――『近世身分制と周縁社会』（東京大学出版会、一九九七年）
辻ミチ子『和宮』（ミネルヴァ書房、二〇〇八年）
辻村みよ子「女性の政治参加」（総合女性史研究会編『日本女性史論集一　女性史の視座』吉川弘文館、一九九七年）
津田多嘉子「福沢諭吉の女性論と民法論」（『東邦学誌』二五―二、一九九二年）
鶴巻孝雄『近代化と伝統的民衆世界』（東京大学出版会、一九九二年）
鶴見和子ほか監修・奥田暁子編『女と男の時空　日本女性史再考Ⅸ』（藤原書店、二〇〇〇年）
東條由紀彦「『キカイ』の出現と生活世界」（『シリーズ日本近現代史二　資本主義と「自由主義」』岩波書店、一九九三年）
――『近代・労働・市民社会』（ミネルヴァ書房、二〇〇五年）
ドーア、R・P著、松居弘道訳『江戸時代の教育』（岩波書店、一九七〇年）
都市史研究会編『年報都市史研究一七　遊廓社会』（山川出版社、二〇一〇年）

利谷信義「近代法体系の成立」(『岩波講座日本歴史一六　近代三』岩波書店、一九七六年)
鳥海　靖『日本近代史講義』(東京大学出版会、一九八八年)
永井路子「明治維新は女性にとって何であったか」(『幕末維新を生きた一三人の女たち』新人物往来社、一九七九年)
中岡哲郎『日本近代技術の形成』(朝日新聞出版、二〇〇六年)
長沢美津編『女人和歌大系　三』(風間書房、一九六八年)
中嶌　邦「女子教育の体制化」(『講座日本教育史三　近代Ⅱ・近代Ⅲ』第一法規出版、一九八四年)
中嶋久人「明治国家と自由民権運動」(『東アジアの近代移行と民衆』三、アジア民衆史研究会、一九九七年)
長島淳子「幕末農村女性の行動の自由と家事労働」(近世女性史研究会編『論集　近世女性史』吉川弘文館、一九八六年)
――――「近世女性の従属と自立をめぐって」(『争点日本の歴史五　近世編』新人物往来社、一九九一年)
――――「幕藩制社会における性規範」(『総合女性史研究』二五、二〇〇八年)
中島みさき「一八九〇年代における『社会公共』概念と女性」(『研究室紀要』二二、東京大学大学院教育研究科教育研究室、一九九六年)
中野節子『考える女たち』(大空社、一九九七年)
長野ひろ子「幕藩制国家の政治構造と女性」(総合女性史研究会編『日本女性史論集二　政治と女性』吉川弘文館、一九九七年)
――――『日本近世ジェンダー論』(吉川弘文館、二〇〇三年)
――――「明治前期におけるジェンダーの再構築と語り」(氏家幹人・桜井由幾・谷本雅之・長野ひろ子編訳『日本近代国家の成立とジェンダー』柏書房、二〇〇三年)
――――「明治前期のジェンダー再構築と絵島」(歴史学研究会編『性と権力関係の歴史』青木書店、二〇〇四年)
――――「転換期のジェンダー分析について」(『中央大学経済研究所年報』三六、二〇〇五年)
――――「女中と明治維新」(『経済学論纂』四六―三・四、二〇〇六年)
――――「近代化・工業化とジェンダー」(長野ひろ子・松本悠子編著『ジェンダー史叢書六　経済と消費社会』明石書店、二〇〇九年)
――――「維新変革とジェンダー　女中のゆくえ、武士のゆくえ」(長野ひろ子・松本悠子編著『ジェンダー史叢書六　経済と消費社会』明石書店、二〇〇九年)
――――「維新変革とジェンダー　再構築をめぐって」(『メトロポリタン史学』九、二〇一三年)
中原雅夫『明治維新と女性』(木耳社、一九七四年)

永原和子『近現代女性史論』(吉川弘文館、二〇一二年)
中村　哲「世界資本主義と日本綿業の変革」(河野健二・飯沼二郎編『世界資本主義の形成』岩波書店、一九六七年)
――『明治維新の基礎構造』(未来社、一九六八年)
中村敏子「福沢諭吉における文明と家族」(『北大法学論集』四四―三、一九九三年)
――『福澤諭吉文明と社会構想』(創文社、二〇〇〇年)
奈良本辰也「松尾多勢子」(井上靖・児玉幸多監修『図説人物日本の女性史九　維新期の才女たち』小学館、一九八〇年)
成沢　光『現代日本の社会秩序』(岩波書店、一九九七年)
西川祐子・上野千鶴子「フェミニズム批評とは何か」(『群像』四八―一、講談社、一九九三年)
西川祐子「日本型近代家族と住まいの変遷」(『立命館言語文化研究』六―一、一九九四年)
――「男の家，女の家，性別のない部屋」(脇田晴子、ハンレー・S・B編『ジェンダーの日本史　下』東京大学出版会、一九九五年)
――『近代国家と家族モデル』(吉川弘文館、二〇〇〇年)
西澤直子「小幡甚三郎のアメリカ留学」(『近代日本研究』一四、慶應義塾福澤研究センター、一九九八年)
――『福澤諭吉と女性』(慶應義塾大学出版会、二〇一一年)
西田かほる「神子」(高埜利彦編『民間に生きる宗教者』吉川弘文館、二〇〇〇年)
西本郁子『時間意識の近代』(法政大学出版局、二〇〇六年)
二宮周平「近代戸籍制度の確立と家族の統制」(比較家族史学会編『シリーズ比較家族七　戸籍と身分登録』早稲田大学出版部、一九九五年)
布村安弘『明治維新と女性』(立命館出版部、一九三六年)
沼田　哲『元田永孚と明治国家』(吉川弘文館、二〇〇五年)
根岸秀行「幕末開港期における生糸繰糸技術転換の意義について」(『社会経済史学』五三―一、一九八七年)
野口勝一「黒沢時女伝」(日本史籍協会編『野史台維新史料叢書』一六　伝記七、東京大学出版会、一九七五年)
野田秋生『豊前・中津「田舎新聞」「田舎新報」の研究』(エヌワイ企画、二〇〇六年)
野田満智子「井上毅による高等女学校規程『家』事」の起草過程」(『日本家庭科教育学会誌』三九―二、一九九六年)
ハーデカー・ヘレン Hardacre, Helen. "Conflict between Shugendō and the New Religions of Bakumatsu Japan" *Japanese Journal of Religious*

バード・イザベラ著、金坂清則訳『完訳日本奥地紀行』（平凡社東洋文庫、二〇一二年）
芳賀　登『変革期における国学』（三一書房、一九七五年）
芳賀登編『良妻賢母論』（雄山閣出版、一九九〇年）
———『日本女性人名辞典』（日本図書センター、一九九三年）
長谷川博子「女・男・子供の関係史にむけて」（総合女性史研究会編『日本女性史論集一　女性史の視座』吉川弘文館、一九九七年）
畑　尚子『幕末の大奥』（岩波書店、二〇〇七年）
早川紀代「歴史における「生活」」（総合女性史研究会編『日本女性史論集一　女性史の視座』吉川弘文館、一九九七年）
———『近代天皇制国家とジェンダー』（青木書店、一九九八年）
———「帝国意識の生成と展開」（富坂キリスト教センター編『女性キリスト者と戦争』行路社、二〇〇二年）
———「グローバルな研究の可能性」（『歴史評論』六六〇、二〇〇五年）
———『近代天皇制と国民国家』（青木書店、二〇〇五年）
原口　清『日本近代国家の形成』（岩波書店、一九六八年。のち『原口清著作集四　日本近代国家の成立』岩田書院、二〇〇八年）
原田伴彦『日本女性史』（河出書房新社、一九六五年）
ビアード・メリー・R著、加藤シヅエ訳『日本女性史』（河出書房、一九五三年）
比嘉道子「美から蛮風へ」（奥田暁子編『女と男の時空　日本女性史再考V』藤原書店、一九九五年）
土方苑子『東京の近代小学校』（東京大学出版会、二〇〇二年）
土方苑子編『各種学校の歴史的研究』（東京大学出版会、二〇〇八年）
人見佐知子「欧化主義の『男女交際』論の射程」（『ヒストリア』一九〇、大阪歴史学会、二〇〇四年）
ひろたまさき「啓蒙思想と文明開化」（『岩波講座日本歴史一四　近代一』岩波書店、一九七五年）
平田由美『女性表現の明治史』（岩波書店、一九九九年）
———『文明開化と民衆意識』（青木書店、一九八〇年）
———「明治期における『女のつくられる過程』に関するノート」（『日本学報』一一、大阪大学、一九九二年）
———「近代エリート女性のアイデンティティー」（脇田晴子、ハンレー・S・B編『ジェンダーの日本史　下』東京大学出版会、

一九九五年）
―――『差別の視線』（吉川弘文館、一九九八年）
―――『女の老いと男の老い』（吉川弘文館、二〇〇五年）
深谷昌志『良妻賢母主義の教育』（黎明書房、一九九〇年）
福澤諭吉事典編集委員会編『福澤諭吉事典』（慶応義塾、二〇一〇年）
福島正夫・利谷信義「明治前期における戸籍制度の発展」（『「家」制度の研究　資料編一』東京大学出版会、一九五九年。のち佐々木潤之介編『日本家族史論集三　家族と国家』吉川弘文館、二〇〇二年）
福島正夫『日本資本主義の発達と私法』（東京大学出版会、一九八八年）
福田アジオほか編『日本民俗大辞典』下（吉川弘文館、二〇〇〇年）
福田千鶴「奥向研究の現状と課題」（『メトロポリタン史学』九、二〇一三年）
福田真人・鈴木則子編『日本梅毒史の研究』（思文閣出版、二〇〇五年）
服藤弘司『相続法の特質』（創文社、一九八二年）
藤田　薫「江戸・東京赤坂における寺子屋・家塾・私立小学校の系譜」（『地方教育史研究』二〇、一九九九年）
―――「江戸・東京における寺子屋師匠の筆道修業について」（『慶應義塾大学大学院社会学研究科紀要』五八、二〇〇四年）
藤野　豊『性の国家管理』（不二出版、二〇〇一年）
藤目ゆき「近代日本の公娼制度と廃娼運動」（脇田晴子、ハンレー・S・B編『ジェンダーの日本史　下』東京大学出版会、一九九五年）
―――『性の歴史学』（不二出版、一九九七年）
フリューシュトゥック・サビーネ、ウォルソール・アン編著、長野ひろ子監訳、内田雅克・長野麻紀子・粟倉大輔訳『日本人の「男らしさ」』（明石書店、二〇一三年）
古川貞雄「村の生活と変化」（『長野県史 通史編』六、一九八九年）
古島敏雄『日本封建農業史』（東京大学出版会、一九七四年）
ベーコン・アリス著、久野明子訳『華族女学校教師の見た明治日本の内側』（中央公論社、一九九四年）
保坂　智「一揆・騒動と女性」（総合女性史研究会編『日本女性史論集一〇　女性と運動』吉川弘文館、一九九八年）
星　玲子「北海道における娼妓解放令」（『歴史評論』四九一、一九九一年）

――――「近代公娼制度における賦金の実態について」（『総合女性史研究』一八、二〇〇一年）
ボツマン・ダニエル・V「奴隷制なき自由？」（佐賀朝・吉田伸之編『シリーズ遊廓社会二　近世から近代へ』吉川弘文館、二〇一四年）
前田正治「明治初年の相続法」（中川善之助編『家族問題と家族法Ⅳ　相続』酒井書店、一九六一年）
牧　英正『近世日本の人身売買の系譜』（創文社、一九七〇年）
――――『人身売買』（岩波書店、一九七一年）
牧原憲夫『客分と国民のあいだ』（吉川弘文館、一九九八年）
――――『シリーズ日本近現代史二　民権と憲法』（岩波書店、二〇〇六年）
――――『全集日本の歴史一三　文明国をめざして』（小学館、二〇〇八年）
真下道子「出産・育児における近世」（女性史総合研究会編『日本女性生活史三　近世』東京大学出版会、一九九〇年）
増田淑美『女の史料一　吉野みちの手紙から』（『江戸期おんな考』一、東京桂の会編、一九九〇年）
――――「鈴木平九郎日記に見る子供の病気」（『江戸期おんな考』五、東京桂の会編、一九九四年）
――――「幕末期武州多摩郡柴崎村の尼と尼寺」（『江戸期おんな考』三、東京桂の会編、一九九四年）
――――「儀三郎日記から」（『江戸期おんな考』九、東京桂の会編、一九九八年）
――――「指田日記の婚姻をめぐって」（『江戸期おんな考』一二、東京桂の会編、二〇〇一年）
松井洋子「ジェンダーから見る近世日本の対外関係」（荒野泰典ほか編『日本の対外関係六』吉川弘文館、二〇一〇年）
――――「長崎と丸山遊女」（佐賀朝・吉田伸之編『遊廓社会一』吉川弘文館、二〇一三年）
松浦利隆『在来技術改良の支えた近代化』（岩田書店、二〇〇六年）
松尾美恵子「江戸幕府女中分限帳について」（総合女性史研究会編『日本女性史論集二　政治と女性』吉川弘文館、一九九七年）
松崎瑠美「大名家の正室の役割と奥向の儀礼」（『歴史評論』七四七、二〇一二年）
松沢弘陽『近代日本の形成と西洋経験』（岩波書店、一九九三年）
松沢裕作『明治地方自治体制の起源』（東京大学出版会、二〇〇九年）
松田有紀子「祇園」（佐賀朝・吉田伸之編『シリーズ遊廓社会二　近世から近代へ』吉川弘文館、二〇一三年）
松村　洋『近世の女たち』（東方出版、一九八九年）
松本四郎「幕末・明治初期における都市と流通市場の変化」（『地方史研究』三七―四、地方史研究協議会、一九八七年）

三浦俊明『近世寺社名目金の史的研究』（吉川弘文館、一九八三年）
水田珠枝「資本主義における家族の変化」（総合女性史研究会編『日本女性史論集一　女性史の視座』吉川弘文館、一九九七年）
水野真知子『高等女学校の研究』上・下（野間教育研究所、二〇〇九年）
水野悠子『江戸東京娘義太夫の歴史』（法政大学出版局、二〇〇三年）
水戸市教育委員会『水戸の先達』（水戸市教育委員会、二〇〇〇年）
水戸市史編纂委員会編『水戸市史』中巻四（水戸市、一九八二年）
皆川美恵子「近世末期の『桑名日記・柏崎日記』にみられる養育文化」（総合女性史研究会編『日本女性史論集七　文化と女性』吉川弘文館、一九九八年）
宮川勝彦「維新期に死をもって自らを貫いた女たち」（『江戸期おんな考』二、一九九一年）
宮城公子「明治革命とフェミニズム」（『女性史学』三、一九九三年。のち後掲『幕末期の思想と習俗』所収）
――『幕末期の思想と習俗』（ぺりかん社、二〇〇四年）
宮家　準 Miyake Hitoshi, "Religious Rituals in Shugendō" *Japanese Journal of Religious Studies* 16 1989
宮崎千穂「日本最初の梅毒検査とロシア艦隊」（福田眞人・鈴木則子編『日本梅毒史の研究』思文閣出版、二〇〇五年）
宮崎ふみ子「富士講・不二道の女性不浄観批判」（鈴木則子編『歴史における周縁と共生』思文閣出版、二〇一四年）
宮崎黎子「エジンバラで論じられた近代日本女性史」（『歴史評論』六五〇、二〇〇四年）
宮地正人『幕末維新期の文化と情報』（名著刊行会、一九九四年）
――『幕末維新期の社会的政治史研究』（岩波書店、一九九九年）
宮本由紀子「吉原仮宅についての一考察」（地方史研究協議会編『都市の地方史』雄山閣出版、一九八〇年）
――「吉原遊女のゆくえ」（『駒澤大学大学院史学論集』一〇、一九八〇年）
――「明治期の吉原」（『駒沢史学』三四、一九八六年）
――「隠売女と旗本経営」（『駒沢史学』五五、二〇〇〇年）
宮本義己「武家女性の資産相続」（『國学院雑誌』七六―七、一九七五年）
三好信浩『日本の女性と産業教育』（東信堂、二〇〇〇年）
向井　健「明治初年の相続法」（『講座家族五　相続と継承』弘文堂、一九七四年）

牟田和恵『戦略としての家族』（新曜社、一九九六年）
――「日本型近代家族の成立と陥穽」（井上俊也編『〈家族〉の社会学』岩波書店、一九九六年）
――「セクシュアリティの編成と近代国家」（井上俊他編『セクシュアリティの社会学』岩波書店、一九九六年）
――「日本近代化と家族」（総合女性史研究会編『日本女性史論集三　家と女性』吉川弘文館、一九九七年）
――『ジェンダー家族を超えて』（新曜社、二〇〇六年）
村上一博『明治離婚裁判史論』（法律文化社、一九九四年）
――「明治前期における妾と裁判」（『法律論叢』七一―二・三、明治大学法律研究所、一九九八年。のち村上『日本近代婚姻法史論』所収）
――『日本近代婚姻法史論』（法律文化社、二〇〇三年）
――「明治前期の民事判決例にみる妾の法的地位」（屋敷二郎編『法文化叢書一〇　夫婦』国際書院、二〇一二年）
――「明治前期の妾関係判決」（『法律論叢』八四―四・五、明治大学法律研究所、二〇一二年）
村上　直「近世・増上寺領における『女学校発起之趣意書』について」（『法政史学』三〇、一九七八年）
村田静子「明治女性運動史の一齣」（総合女性史研究会編『日本女性史論集二　政治と女性』吉川弘文館、一九九七年）
妻鹿淳子『武家に嫁いだ女性の手紙』（吉川弘文館、二〇一一年）
モース・E・S著、石川欣一訳『日本その日その日』（平凡社東洋文庫、一九七八年）
森　安彦「幕末維新期村落女性のライフ・コースの研究」一・二（『史料館研究紀要』一六・一七、一九八四・一九八五年）
――『世田谷女性史』中（世田谷区教育委員会、一九八六年）
――「草莽の志士と郷学運動」（津田秀夫編『近世国家と明治維新』三省堂、一九八九年）
安間公観『幕末の愛国女性松尾多勢子の生涯』（育生社、一九三八年）
安丸良夫『出口なお』（朝日新聞社、一九八七年）
――『〈方法〉としての思想史』（校倉書房、一九九六年）
――『文明化の経験』（岩波書店、二〇〇七年）
柳谷慶子「仙台藩領における姉家督慣行」（石巻市史編さん委員会『石巻の歴史』六、一九九二年。のち片倉比佐子・黒田弘子編『日本女性史論集三　家と女性』吉川弘文館、一九九七年）

――――『近世の女性相続と介護』（吉川弘文館、二〇〇七年）
――――「武家のジェンダー」（大口勇次郎・成田龍一・服藤早苗編『新体系日本史九　ジェンダー史』山川出版社、二〇一四年）
藪田　貫「文字と女性」（『岩波講座日本通史一五　近世五』、岩波書店、一九九五年）
藪田貫・関西大学『明治前期日本女性史とアメリカ』（文部科学省科学研究費補助金研究成果報告書、二〇〇三年）
山口美代子編『資料明治啓蒙期の婦人問題論争の周辺』（ドメス出版、一九八九年）
山口美代子「近代女性史料探訪」（国立国会図書館主題情報部編『参考書誌研究』四〇、一九九一年）
山城（宮本）由紀子「『吉原細見』の研究」（『駒沢史学』二四、一九七七年）
山中永之佑『幕藩・維新期の国家支配と法』（信山社出版、一九九一年）
横澤清子『自由民権家中島信行と岸田俊子』（明石書店、二〇〇六年）
横田冬彦「鹿子絞の女たち」（京都橘女子大学女性歴史文化研究所編『家と女性の社会史』日本エディタースクール出版部、一九九八年）
――――「混血児追放令と異人遊廓の成立」（ひろたまさき・横田冬彦編『異文化交流史の再検討』平凡社、二〇一一年）
――――「長崎丸山遊郭の『遊女屋宿泊人帳』覚書」（『女性歴史文化研究所紀要』二〇、京都橘女子大学女性歴史文化研究所、二〇一二年）
横浜市史編集室『横浜市史 第二巻』（横浜市、一九五九年）
横山鈴子「近世後期『主婦権』に関する歴史的考察」（『総合女性史研究』二〇、二〇〇三年）
横山百合子「明治維新と近世身分制の解体」（歴史学研究会・日本史研究会編『日本史講座　第七巻　近世の解体』東京大学出版会、二〇〇五年）
――――「一九世紀江戸・東京の髪結と女髪結」（高澤紀恵、ティレ・アラン、吉田伸之編『パリと江戸』山川出版社、二〇〇九年）
――――「一九世紀都市社会における地域へゲモニーの再編」（『歴史学研究』八八五、二〇一一年）
――――「芸娼妓解放令と遊女」（東京大学大学院人文社会系研究科・文学部日本史学研究室編『近世社会史論叢』二〇一三年）
――――「遊女を買う」（佐賀朝・吉田伸之編『シリーズ遊廓社会一　三都と地方都市』吉川弘文館、二〇一三年）
――――「新吉原における『遊廓社会』と遊女の歴史的性格」（『部落問題研究』二〇九、二〇一四年）
吉岡泰子「有栖川宮家に奉公した女性」（『総合女性史研究』二二、二〇〇五年）
吉田熊次『女子研究』（同文館、一九一一年）

吉田伸之「新吉原と仮宅」（『身分的周縁と社会＝文化構造』、部落問題研究所、二〇〇三年）
――「旅籠屋と内藤新宿」（『身分的周縁と社会＝文化構造』、部落問題研究所、二〇〇三年）
――「遊廓社会」（塚田孝編『都市の周縁に生きる』吉川弘文館、二〇〇六年）
――『身分的周縁と社会＝文化構造』（部落問題研究所、二〇〇三年）
――『伝統社会・江戸』（東京大学出版会、二〇一二年）
吉田ゆり子「外国人遊参所と横須賀」（『市史研究横須賀』創刊号、二〇〇二年）
――「浦賀の町と遊所」（伊藤毅・吉田伸之編『水辺と都市』山川出版社、二〇〇五年）
――「幕末維新期における横須賀大瀧遊廓」（『年報都市史研究』一七、二〇一〇年
――「幕末開港と『倭夷之差別』」（佐賀朝・吉田伸之編『シリーズ遊廓社会二　近世から近代へ』吉川弘文館、二〇一三年）
吉見周子「売娼の実態と廃娼運動」（女性史総合研究会編『日本女性史第四巻　近代』東京大学出版会、一九八二年）
――『売娼の社会史』（雄山閣出版、一九八四年）
米田佐代子『近代日本女性史』上・下（新日本出版社、一九七二年）
――「フェミニズムと歴史学」（総合女性史研究会編『日本女性史論集一　女性史の視座』吉川弘文館、一九九七年）
米村千代「日本近代における資本家華族の登場と「家」の再編」（『比較家族史研究』一〇、一九九六年）
歴史科学協議会編「日本女性史研究のすすめ」（『歴史評論』三一一、一九七六年）
――「海外の日本女性史・ジェンダー史研究」（『歴史評論』六六〇、二〇〇五年）
若桑みどり「美術史とフェミニズム」（総合女性史研究会編『日本女性史論集一　女性史の視座』吉川弘文館、一九九七年）
――『皇后の肖像』（筑摩書房、二〇〇一年）
和気医療史研究会編纂委員会編『和気の医療史　通史編』（吉備人出版、二〇〇三年）
脇田晴子、ハンレー・スーザン・B編『ジェンダーの日本史』上・下（東京大学出版会、一九九四年・一九九五年）

執筆者紹介（執筆順）

横山百合子　→編集担当者紹介参照
西 澤 直 子　→編集担当者紹介参照
田 村　 均（たむら　ひとし）　1957年生まれ　埼玉大学教育学部教授
ラウラ・ネンヅィ（Laura Nenzi）　1969年生まれ　テネシー大学歴史学部准教授
大口勇次郎（おおぐち　ゆうじろう）　1935年生まれ　お茶の水女子大学名誉教授
村 上 一 博（むらかみ　かずひろ）　1956年生まれ　明治大学法学部教授
人見佐知子（ひとみ　さちこ）　1975年生まれ　岐阜大学地域科学部助教
沢山美果子（さわやま　みかこ）　1951年生まれ　岡山大学大学院社会文化科学研究所客員研究員

編集担当者紹介

西澤　直子　にしざわ なおこ

1961年生まれ．慶應義塾大学大学院文学研究科修士課程修了．

現在，慶應義塾福澤研究センター教授．

主要著書：『福澤諭吉とフリーラヴ』（慶應義塾大学出版会，2014年），『福澤諭吉と女性』（慶應義塾大学出版会，2011年），『近代日本と福澤諭吉』（共著，小室正紀編，慶應義塾大学出版会，2013年），『ふだん着の福澤諭吉』（西川俊作との共編，慶應義塾大学出版会，1998年）

横山百合子　よこやま　ゆりこ

1956年生まれ．東京大学大学院人文社会系研究科博士課程単位取得退学．

現在，国立歴史民俗博物館教授　博士（文学）．

主要著書・論文：『明治維新と近世身分制の解体』（山川出版社，2005年），「屠場をめぐる人びと」（塚田孝編『身分的周縁と近世社会　第4巻　都市の周縁に生きる』（吉川弘文館，2006年），「19世紀都市社会における地域ヘゲモニーの再編―女髪結・遊女の生存と〈解放〉をめぐって―」（『歴史学研究』885，2011年），「新吉原における『遊廓社会』と遊女の歴史的性格」（『部落問題研究』209，2014年）

講座　明治維新9

明治維新と女性

2015年2月20日　第1刷発行

編　者　明治維新史学会

発行者　永滝　稔

発行所　有限会社　有　志　舎

〒101-0051　東京都千代田区神田神保町3丁目10番、宝栄ビル403

電話　03(3511)6085　　FAX　03(3511)8484

http://www18.ocn.ne.jp/~yushisha

振替口座　00110-2-666491

DTP　言海書房

装　幀　古川文夫

印　刷　株式会社シナノ

製　本　株式会社シナノ

ISBN978-4-903426-92-1

明治維新史学会編「講座　明治維新」全12巻

編集委員　佐々木寛司・木村直也・青山忠正・松尾正人・勝田政治・原田敬一・森田朋子・奥田晴樹・勝部眞人・西澤直子・小林丈広・高木博志・羽賀祥二

巻名は仮題もあります。
（　）内は編集担当者
＊印は既刊

＊1　世界史のなかの明治維新（木村直也・三谷博）
＊2　幕末政治と社会変動（青山忠正・岸本覚）
＊3　維新政権の創設（松尾正人・佐々木克）
＊4　近代国家の形成（勝田政治・中川壽之）
＊5　立憲制と帝国への道（原田敬一・飯塚一幸）
6　明治維新と外交（森田朋子・小風秀雅）
＊7　明治維新と地域社会　改訂版（奥田晴樹・牛米努）
＊8　明治維新の経済過程（佐々木寛司・勝部眞人）
＊9　明治維新と女性（西澤直子・横山百合子）
10　明治維新と思想・社会（小林丈広・若尾政希）
11　明治維新と宗教・文化（高木博志・谷川穣）
12　明治維新とは何か（羽賀祥二・佐々木寛司）